アイドル的人気を誇った漫才ブームの頃の B&B

がばいばあちゃんと暮らした、佐賀での中学生時代

B＆Bの漫才は、お茶の間を爆笑の渦に巻き込んだ

東京進出後、レコードを出すほどの人気コンビに！

日本一のしゃべくり芸を持つ島田洋七も、時にはダンディーに!?

苦楽を共にした、若かりし頃のB&B

90 年代に入っても、
2 人の漫才は舌好調

漫才の歴史に名を刻んだB&B

お笑いがばい交友譚

漫才ブームB&B裏面史はこの一冊に全部ある!

島田洋七

njs

目次

第2章 大親友・ビートたけし

第3章 世話になった先輩芸人

第4章
苦楽を共にした同期や後輩芸人

第5章 スター歌手との交友

終わりに

プロローグ

最高の家出やったな——芸能生活を振り返り、この言葉がピッタリだなと、嫁とよく話しているんです。

幼い頃は母ちゃんと広島で暮らし、小学校2年の時に佐賀のばあちゃんの家に預けられた。当時の暮らしぶりは拙著『佐賀のがばいばあちゃん』に綴りましたよ。最初は自費出版だった同書も、日本で大ヒットすると、さまざまな言語に翻訳され、シリーズ累計で1000万部を超えました。しかも映画やドラマ、舞台にもなるなんて夢にも思わなかったことですよ。

小学校から草野球を始め、中学校で頭角を現した俺は、母ちゃんと過ごした広島の野球強豪校へ進学することになった。でも、高校2年の時に怪我をして野球の道を諦めたんです。

高校卒業後は、八百屋で住み込みのバイトをしながら生計を立てていましたね。当時の彼女、今の嫁と俺はどうしても都会への憧れがあってね。俺と嫁は家出同然で東京へ出ることにしたんです。ところが、東京に圧倒されてしまった。

次に訪れたのが、野球部の先輩を頼り、大阪へ。先輩から「大阪と言えば花月や」と言われ、初めて間近で見たのが、やすきよ（横山やすし・西川きよし）さんや笑福亭仁鶴さんといった人気芸人が会場を爆笑の渦に包む姿。物凄い芸を披露している人は簡単そうに見えるものなんです。俺も簡単だと勘違いし、芸人になることを決心したんです。この時、舞台で見た芸人さんがウケていなかったら、きっと漫才師になっていなかったかもしれませんね。

初めは、花月の進行係といって新喜劇のセットを組んだり、落語家さんの落語台を壇上に置く仕事をしながら、アルバイトもして嫁さんと同棲生活を送っていた。

その後、師匠である島田洋之介・今喜多代のところに弟子入りしたんです。島田洋之介・今喜多代さんは夫婦漫才で、関西では有名な芸人さんでした。師匠を看板に、営業で各地を回ったこともありましたよ。

島田一門は、島田一の介さんや今いくよ・くるよさんがいたんです。後に、紳助・

竜介（島田紳助・松本竜介）の島田紳助も弟子入りしましたね。

師匠から色々と学びながら、徐々に関西ローカルのテレビ番組に出演させてもらうようになった。でも、当時は関西のローカル番組は、ばあちゃんや友だちのいる佐賀や母ちゃんのいる広島では放送されていなかった。活躍する姿を見せたくて、全国放送の番組に出るために、俺は東京進出を考え始めたんです。

洋八と2人で東京進出を決意。吉本興業と師匠に許しを請い、東京の事務所に移籍しました。初めはうまくいきませんでしたよ。でも、『花王名人劇場』や『THE MANZAI』が火付け役となり、漫才ブームが起こったんです。すると、レギュラー17本の一躍売れっ子になった。その頃は昼のワイド番組『笑ってる場合ですよ！』や歌番組の司会も務めていたから、幼い頃からテレビ画面や銀幕でしか見たことがない綺羅星の如く輝くスターや憧れの野球選手とも何人も会いましたね。当時は俺自身も売れっ子だったんですが、元々芸人になりたかったわけではないから、「うわ、芸能人や」という意識で眺めていましたよ。東京に進出していなければ、売れなければ、これだけ多くの有名人と話すこともなかった。だからこそ芸能界を観察してきたような意識があるんです。２００１年に佐賀に戻り、芸能生活を振り返った時に、嫁との家出は最高の家出だったなと思うんですよ。

第1章

弟弟子・島田紳助

紳助が漫才師になったワケ

島田紳助は、２０１１年８月に緊急記者会見を開いて、人気絶頂のまま芸能界から引退したでしょ。芸能界を引退して、もう12年。今でも俺にとっては、弟弟子であり、本当の弟のような存在ですよ。月に１回くらいは電話で話したり、メールしてますね。コロナ禍で直接会うことはなかなか叶わないですけど、紳助は友だちとの会話で俺の話題が出るたびに電話を寄こすんです。大体が「洋七兄さんはほんまおもろいわ。８割が嘘で、２割が作り話やから」だと。でも、きちんとその後フォローはしてくれるんですよ。

紳助は、俺が24歳の頃に、大学へ進学するのを諦めて、うちの師匠、島田洋之介・今喜多代の内弟子となった。内弟子とは、住み込みの弟子で、師匠のお世話をする弟子のことです。

紳助はなんでも俺を倒すために漫才師になったらしいです。

「B&BがNHK上方漫才コンテストで優勝したのを見て、この人は面白いな。俺は絶対に漫才師になると決めた。B&Bの島田洋七を倒すことに青春を捧げるために、漫才師になったんやけど、兄さんが勝手に倒れましたわ（笑）」

後に一緒に受けたインタビューで、そう告白していましたよ。そういうインタビューでもしっかりと話を落とすんです。

漫才は真似することから

師匠は、焼き肉が好きで、よく弟子を連れていってくれましたよ。今いくよ・くるよ姉さんにB&B、そして紳助や運転手も入れて、総勢で7〜8人はいましたね。しかもみんな若いからよく食べるでしょ。40年以上前だけど、1回の食事で5〜6万円は支払っていましたね。一度、「払ってこい」と師匠に言われ、大金を渡され手が震えましたよ。だって当時、俺は嫁さんと家賃7000円の共同トイレ、風呂なしのアパートに住んでましたから。

紳助は、師匠のカバン持ちなどしながら修業する中で、よく俺たちの漫才を舞台袖から見てましたよ。舞台から降りると「このネタはどうやって作るんですか？」と聞くから、「見といたらわかるわ。『芸は盗む』と言うけど、どんどん盗んでエエねん。特に漫才のパターンは盗んで、言葉なんかを変えればエエねんで」とアドバイスしましたね。漫才を作ったことがない人が、ネタを作れないでしょ。型をある程度覚えないと作れないいんですよ。俺たちだって、やすきよ（横山やすし・西川きよし）さんの漫才のパターンを最初は真似してましたよ。相撲だって、先輩の稽古を見て、型を覚えるでしょ。それと一緒ですよ。

芸を盗むのもまた才能なんです。同じネタを同じように違うコンビがやってもウケない。間だったり、ネタの展開だったりが関係してきますからね。

以前、弟子にB&Bの漫才をすべて教えて、やらしてみたことがあるんです。でもB&Bのようにはウケないんですよ。その点、紳助は真似るのが上手かった。勉強ができる頭の良さではなく、お笑い芸人として抜群の頭の良さを持っていますからね。

ただ、間だけは持って生まれたものだと思うんですよ。たとえば「0・1秒早く突っ込め」なんて言われてもわからないし、教えることもできないでしょ。

あとは、しゃべくりも紳助と話したことあるけど、95％は才能ですよ。稽古したからといって、そこまで上手くなるものでもない。島田一門は、師匠がしゃべくり芸の人だったから、いくよ・くるよ姉さんもB＆Bも紳助・竜介もみんなしゃべくりなんですよ。ドツキ漫才はしないいんです。

腹を空かせた弟子時代

下積み時代は食うのにも困るでしょ。洋之介師匠が「今日はカレー食いたいな」と言ったので、料理が得意な紳助が作った。その時、師匠の自宅には、いくよ・くるよ姉さんや島田一の介さん、そして俺らがいたんです。カレーができたから、俺が師匠へ伝えに行くと「先に食べておけ」。俺ら弟子はみんなでカレーを先に食べ終わり、他の部屋にいると、紳助が師匠に「先に食べておけとは言ったけど、俺の分も残しておくのが当たり前やろ」と怒鳴られている声が聞こえてくる。紳助は、いつもなら師匠が一番最初に食べ、俺が師匠の部屋へカレーを運んだものだとばかり勘違いして、残っていたカレーを全部食べてしまったらしいんですよ。まだ19歳くらいで若かったから、余計にお腹が空いてたんでしょうね。でも、次の瞬間、師匠は「そんなに食べやがって。吐き出せ（笑）」と言ったんですよ。さすが漫才師だなと思いましたね。

内弟子時代はお金がないから紳助はよく腹を空かせてました。俺が焼き飯を食べていると、横でジーッと見ている。「お腹空いてるんか？」と聞くと「はい」と答えたから、焼き飯1杯でお腹がいっぱいになる方法を教えたんです。焼き飯にまずは胡椒をたくさんかけて、その後にソースを少しかけるんです。すると、辛いから一口食べるたびに水を飲まないと食べられない。それを繰り返すと焼き飯1杯でも腹がいっぱいになるんですよ。「兄さん、工夫したら腹いっぱいになりますね」と感心していましたね。

後日、紳助は師匠が食べ終わったうどんの残りに、白米を入れて鍋で煮て雑炊のようにして食べていましたよ。「兄さんの焼き飯のアイデアをパクりました」と言ってましたわ。こういうところにも人の真似をして、自分でアレンジする才能があるんです。

俺が大好きな寿司屋へ行っても、イワシなどの安いネタばかりを食べていたんですよ。そうすると寿司屋の大将がたまにマグロをサービスしてくれたんです。漫才ブームで売れてから、そういうお世話になったお店に恩返ししようと、大阪で紳助と仕事が一緒になった時には、その寿司屋へ行って、マグロばかりを注文したこともありましたね。そうしたら大将が「無理してマグロばかりを頼まんでエエねん。昔みたいにイワシでもエエやんか」と返されましたよ。

毎年暮れになると、師匠は墨をすって年賀状を書いていた。墨がなくなり、紳助に1万円を渡して買いに行かせたことがあったんです。しばらくして戻ってきた紳助が玄関で「師匠、買ってきました！」。すると師匠は「こっちに持ってこんかい」。「こんなん座敷には持っていけませんわ」と言うから、師匠が玄関へ様子を窺いに行くと紳助は墨ではなく、俵で売っている炭を買ってきてたんですよ。師匠の家の座敷には火鉢が置いてあり、炭を入れて暖を取ることがあった。1万円も渡されたから〝墨〟と〝炭〟を勘違いしたんですよ。「バカか、お前は。俺は年賀状を書いてるやろ」と師匠は呆れてましたね。うちの師匠は、挨拶だけきちんとすれば、あとはほとんど怒ることがなかったのですが、この時ばかりはね。

紳助とコミックバンド

紳助とその友だちを巻き込んで、コミックバンドを組んだこともありましたね。まだ、紳助・竜介を組む前です。

俺と紳助で京都の厚生年金会館を借りて、バンドと一緒にライブを開催したことがあるんです。会場費は、俺が全部立て替えましたよ。当時は、ザ・ドリフターズが流行り、あのねのねも売れていたから、コミックバンドのようなネタがウケるんじゃないかと思ってね。

紳助の地元、京都の友だちがエレキギターやエレクトーンを弾けたり、サックスを吹ける子らがいたから『不愉快な仲間たち』というグループを組んだんです。ゲストに間寛平を呼んで、入場料は500円。会場費が賄えればいいと思ったんです。

チラシを印刷するお金なんて当然ないから、紳助の京都の実家で、白い紙にマジックで日時と場所、値段を手書きで300～400枚ほど書いて、パチンコ屋さんに貼ってもらったり、当時はまだ存在した吉本の京都花月近くのお店に飛び込みで入ってはチケットを手売りしたんです。京都花月のまわりは賑やかな場所だったから、お店はたくさんあった。「僕ら若手なんです。ライブやります。間寛平もゲストで来ます。来てください」とチラシを配ると、500円という値段も影響したのか、10枚、20枚と買ってくれる人もいた。俺がたまにテレビ出ていたので、少しは顔を知られていたけど、紳助はまだまだ知られていない頃ですよ。もっとチケットを売るために、あちこちの電柱にもチラシを紐でくくりつけたんです。そうしたら区の土木事務所から電話がかかってきて、「すぐに剥がしてください」と注意されてしまった。知らなかったんですよ、勝手に電柱に貼ってはいけないことを。

当日、1000人ほど収容の会場にお客さんが8割くらい入った。バンドが演奏し、突然音が止まると、俺と紳助がコントを始めたりしましたね。コミックバンドとはちょっと違う感じでした。終わった後に、紳助の友だちにコミックバンドを組もうと誘ったんですけど、「まだ大学生ですから親に怒られる」と断られてしまったので、一度きりでしたね。

島田一門の教え

俺も紳助も無名の頃、うちの師匠は「私のまわりや家の中にはお金は落ちていない。お金は舞台の上に落ちている。だからはよ、相方を見つけなさい」と口癖のように言ってましたね。

弟子入りすると、数年間は身の回りの世話をしたり、芸事を習ったりと想像するかもしれないですけど、うちの師匠はそういうところが違った。島田一門では「早く相方を見つけて、漫才をやれ。師匠に気に入られても金にはならんぞ」。怒ることもほとんどなかったですしね。それで相方を見つけて、師匠にネタを見てもらおうとすると、「うちらは夫婦漫才だから、男同士の漫才なんてわからへん。10人でも、20人でも人前で漫才を披露してウケたら、それがあんたらのパターンの漫才やから」と言われましたね。俺ら弟子が舞台に上がると、舞台袖で見てくれて「もう少し声は大きいほうがエエな」とアドバイスしてくれる程度ですよ。

俺らが若い頃は、うちの師匠を看板に漫才コンビが数組で中国地方や九州などを巡業にまわることがあったんですよ。まだまだ売れていない俺らも一緒についていって身の回りの世話や前座としてお客さんの前で漫才ができたんです。紳助もまだ相方の松本竜介と組む前には同行していました。喜多代師匠は着物で舞台に上がっていたから、紳助が着物を出したり、帯を渡したり、お茶を入れ替えたりしていましたね。巡業は大体が10日間くらい。初めて前座を務めさせてもらった後、「B&Bはウケるな。本舞台を踏めるように吉本へ言ったるわ。紳助もはよ相方を見つけて前座をやれ」と言われたのを覚えていますね。それで連れてきたのが竜介だったんです。

俺らB&Bは、段々と関西ローカルのテレビ番組に出演するようになり、東京の番組にもたまに呼んでもらうようになった。関西と東京の全国放送の番組の待遇差も感じましたね。それで俺は東京進出を考え始めたんです。

東京に進出してすぐに漫才ブームが起きたでしょ。ブームに乗ったのが、今いくよ・くるよ姉さん、B&B、島田紳助・松本竜介、ツービート、オール阪神・巨人、ザ・ぼんち、のりお・よしお（西川のりお・上方よしお）だった。島田一門が3組も売れて、師匠は物凄く喜んでましたね。3組の弟子が売れるなんて奇跡ですよ。1組が売れるだけでも、相当な確率ですもんね。

紳助とさんま

紳助は漫才ブーム後、バラエティー番組の司会を務め、一躍売れっ子の仲間入り。「漫才で売れて良かったな。大学へ行くのもひとつの道やけど、漫才でここまで売れたら、漫才師のほうがエエやろ」と声をかけました。大学へ進学するといっても、東大や慶応、早稲田なんかの難関大学にはなかなか入れない。そうなると超一流の企業に就職するのも難しいじゃないですか。紳助に「俺たちの漫才を見て、漫才師になろうと思ったらしいやんか？」と聞くと、「はい」と答えたんで、「これだけ売れたんやから、なんぼか金を払え」って言ってやりましたよ（笑）。

明石家さんまと紳助は、2人とも名司会者としてたくさんのレギュラー番組を抱えていた。同じ歳なこともあり比べられることも多いですね。もちろん、2人ともしゃべくりは物凄く上手いですよ。紳助が涙もろくて〝演歌っぽい〟とすると、さんまは〝明るくてカリフォルニア的〟というのかな。

さんまは、とにかく明るい。あいつがテレビ番組に出ているだけで、画面が明るくなるでしょ。だから、最初から最後までなんの心配もしないで見ていられますね。さんまは生き生きしながら楽しそうに喋って、会場も楽しませて、金儲けまでしてるもんね。テレビが好きなんやなと思いますよ。人の悪口を言うわけでもないしね。みんなに好かれるわけですよ。

紳助もしゃべくりで場を沸かすのは負けてないですよ。おそらく多少なりとも考えて、番組収録に臨んでいると思う。それにさんまよりも、細かい落としが上手い。紳助が司会を務めていた『行列のできる法律相談所』や『人生が変わる1分間の深イイ話』なんかに出させてもらったことがあるけど、俺と紳助のやり取りは漫才みたいになる。同じ釜の飯を食ってきた弟のような存在だからですかね。若手の頃から、みんなを集めてゲームをやったり、仕切るのが上手いんですよ。そういうのも名司会者になった素地があったんだろうね。友だちも多いし、人にも好かれる。昔から涙もろいところも変わらないですよ。

今も変わらぬ紳助との仲

冒頭に書いた通り、紳助は緊急記者会見を開き、引退を表明したでしょ。記者会見が終わり、10分もしないうちに紳助から電話がかかってきたんですよ。

「兄さん、見てくれましたか?」

「見たよ。自分で決めたことだから、それでいいやん。あれだけの記者会見を開いたんやし。引退して店でもやれば、いろんなお客さんも来るやろ」

俺がそういうと、電話の向こうで泣いてましたよ。

2020年2月、新型コロナウイルスがまだここまで猛威を振るうちょっと前に大阪のザ・リッツ・カールトンで俺の講演会があったんですよ。それを知った紳助から「ちょうど兄さんの誕生日やないですか(編注:2月10日は洋七さんの誕生日)。こっちへ来るなら誕生会しましょう」と連絡がありました。当時は、島田一門の兄弟子である島田一の介さんが経営しているお店に、紳助、オール巨人、一の介さん、それに新喜劇の若い子らが集まり誕生日会を開いてくれたんです。

紳助に「引退したけど、漫才師になって良かったな」と声をかけると、それだけで泣くもんね。紳助は泣きながら、俺の影響で漫才師になったことを語るから「あれだけトップで辞めたんやからいいやん。かっこええやん」と言うと、またも泣いてましたよ。ホンマにそう思うんですよ。徐々にテレビ番組に出なくなり、皆さんに忘れられていくより、レギュラー番組をたくさん抱えて、視聴率も稼いでいる最中に引退するほうがかっこいいでしょ。もちろん、あれだけの実力がある芸人だから、いまでももったいないなと思うことはありますよ。でも、自分で決めたことだから、仕方ないですよ。俺も記者会見を見たときは本当に辛かったですよ。

第2章

大親友・ビートたけし

たけしとの出会い「俺は芸を買いたい」

紳助が、芸能界の弟だとすると、芸能界の大親友がビートたけしです。たけしと初めて会ったのは、漫才ブームの前、まだ俺が大阪で活動していた頃でしたね。やすきよ（横山やすし・西川きよし）さんとB&Bで東京のテレビ番組の収録があった。収録が終わると、「夜は空いてるか？　東京におもろい若手の芸人がおるから紹介したる。」一緒に飲みに行こうや」とやすしさんに誘われ、待ち合わせ場所の錦糸町にあるロッテ会館へ向かった。そこに立っていたのがたけしだったんですよ。「北野です。よろしく」と言うから、こっちも「島田です。よろしく」。これが初めて交わした一言。それまでツービートのことは、テレビで見たことがあったくらい。初対面のたけしは大人しい感じだったのを覚えていますね。

3人でタクシーに乗って、やすしさんがクラブかスナックへ飲みに連れていってくれるのかなと思ったら、運転手さんに「千葉へ行って」。千葉のどの辺かは覚えていないんだけど、やすしさんが「ここで止めてや」と言って、タクシーから降りると、目の前には食堂しかなかったんですよ。その食堂には〝毎日食堂〟と看板が吊るされていた。やすしさんの知り合いの方が経営している店で、そこで飲み始めたんです。

しばらくすると、やすしさんとその店の大将がどこかへ行ってしまった。店に取り残された俺とたけしの2人だけで飲みながら、やすしさんが戻ってくるのを待っていたんだけど、夜中の0時をまわっても2人は帰ってこない。女将さんから「そろそろ店閉めていいですか?」。

仕方なく電車で帰ろうと最寄り駅へ向かっても、もう終電は終わっていたんです。タクシーで東京へ戻ろうということになった。

「島田くんはいくら持ってるの?」とたけしに聞かれたけど、500円しか持ってなかったのよ。そうしたらたけしに「大阪から来たのに、それしか持ってないの(笑)」って。「北野くんはいくら持ってんねん?」と聞き返すと「700円」。ほとんど変わらないやん(笑)。

仕方ないから2人で歩いて東京へ戻ることになった。道中いろんな話をしたのを覚えていますね。当時、東京の芸人は歌手の前座としてキャバレーなんかに出演してい て、そこでどんな失敗をしたとか、そんな話ばかりしてたね。「島田くんはどんなところで仕事しているの？」と聞かれたんだけど、大阪だとそういう営業はなかった。当時は、吉本興業に所属していたから、難波や梅田、京都に専用の劇場があり、若手が少なかったから、B＆Bは11ヵ月連続で出ずっぱりだったんです。そのおかげでしゃべくりが上手くなったのかも。

他にも、もし売れて、お金がたくさん入ったらどうするという話をしましたね。若手芸人同士が、よくする会話だね。俺は子どもの頃貧しかったから「サバを一匹まるまるかぶりついて食いたい」と答えたら、たけしは「俺は買えるものなら芸を買いたい」。その時は、深い意味には思わなかったんだけど、変わっているなと思ったね。そこがその後の俺とたけしの開きだね（笑）。

そんな会話をしながら、3〜4時間歩くと、始発が走り出したのが見えて、近くの駅から、電車に乗って泊まっていた赤坂のホテルへ戻ると、フロントにやすしさんの姿があるじゃないですか。「師匠、昨日はどこ行ってたんですか？　大変でしたよ」

と言うと、「何言ってんのや。元気で何よりやがな」だって。

たけしと〝ジョクナイ〟の営業へ

その後、俺らも徐々に大阪のローカル番組にも出演させてもらえるようになったけど、その頃は大阪の番組は、ばあちゃんや友だちがいる佐賀や母ちゃんのいる広島では放送してなかったんですよ。だから、母ちゃんやばあちゃん、友だちに見てもらうことができなかった。東京の全国放送の番組に出れば、みんなに活躍している姿を見せることができると思って、吉本を辞めて東京進出を決心。東京で初めて舞台に立ったのが浅草演芸場だったんです。後に知ったことだけど、その時の観客の半分は東京の芸人だったらしいですよ。B&Bという大阪で人気の若手芸人が東京へ進出してきたから、見に来てたんだって。その中にたけしもいたと聞いたね。

漫才ブームが始まって、B&Bも物凄く忙しくなった。その中の一つが、B&Bが総合司会を務めた昼の帯番組『笑ってる場合ですよ！』。火曜日に『勝ち抜きブス合戦』

というコーナーがあって、そのレギュラーがたけしだったんですよ。そんなコーナーを今やったら、お叱りを受けると思うけど（笑）。

久々に再会して、お互いお酒が好きだから一緒に飲むようになって、どんどんと仲良くなっていったね。

ある日、俺が借りていた都内のマンション近くの屋台で飲んでいると、保険会社の人に出会ったんです。そうしたら、その人に保険会社のイベントで漫才の営業をやってくれないかと頼まれた。保険会社は、市民会館なんかで歌手を呼んでイベントを開いてたからね。その人は、たまには漫才師やお笑いの人も呼んでみたいと。ただ、B&Bだとテレビでお客さんも見慣れているから、「洋七さんとたけしさんで1時間半、漫才で出てもらえませんか」。たけしにそのことを話したらやる気だったんだけど、2人の漫才だけでさすがに1時間半は無理でしょ。1時間くらいは漫才できるとは思うけど、残りの30分をどないしようかとなって、俺らの前に他の芸人さんに30分くらい出てもらおうということになったんです。たけしが「今いくよ・くるよ姉さんに出てもらおうよ」って提案したけど、姉さんたちのような面白い漫才をされたら、あとに出る俺たちは絶対にウケないですからね。それで、名前も売れていて、そこそこ面白い人ということで、たけしが林家ペー・パー子さんにお願いしたら引き受けてくれたんです。

当日、ペーパーさんが漫才をやって、最後にパー子さんが踊りを披露したの。踊りだと拍手だけだから、俺らも漫才やりやすいんですよ。いざ出番になったら、5分くらいたけしがボケて、俺がツッコむ。そしたら「はい、次!」って、ボケとツッコミが交代する。それを5分間隔で交代交代で、1時間くらいやると会場は大爆笑だったんです。お客さんからしたら「はい、次!」というのがギャグだと思ってたみたいだね。そんな漫才見たことないでしょ。

結局、そのイベントをパルテノン多摩や渋谷公会堂など3ヵ所でやったんです。

初めての銀座のクラブは2000万円!?

漫才ブームの時、たけしが出した本が物凄く売れたんですよ。

「洋七も今だったら売れるぞ、本を出せ」と出版社の人を紹介してくれて、1～2回銀座の高級クラブへ飲みに連れていってもらったんです。いつも出版社の人にご馳走してもらっても悪いから、今度は2人の実力で飲みに行ってみようとなったんですけど、銀座のクラブは高いらしいということしか当時の俺らは知らなかった。出版社の人はいつもツケで払っているから、いくらかわからないでしょ。

給料日に、たけしが「銀座へ行くから、2000万円持ってこい」「2000万円もせえへんだろ」って言ったら、「それくらいあるだろ?」って。それで俺はヴィトンのバッグに2000万円を入れて、たけしは百貨店の紙袋に2000万円入れて、ある人に紹介してもらったクラブへ行ったんです。

入口で「お荷物をお預かりします」と言われたんだけど、盗まれたら怖いから「結構です」と断ると、変な目で見られましたね。そのまま席に通され、2人とも小脇に2000万円を抱えながら、飲み始めたんです。ホステスさんも「なんで2人ともカバンを抱えているんですか?」と聞くから、「忘れたらあかんもんだから、自分で持っています」と答えると不思議な顔をしていましたよ。

高級クラブはボトルをいれるでしょう。ボーイさんから当時流行っていたレミーマルタンをすすめられた。たけしに「レミーって女の子知ってるか？」と聞くと、たけしは「レミーっていうねえちゃんは知らねえ」と言うし、今度はボーイさんがヘネシーをすすめると「ヘネシーなんて外国人ホステスさんなんて知らないよ」と。

俺らは高いお酒なんて飲んだことないから、ボーイさんからボトルの名前を言われてもわからなかったんです。知っているサントリーのリザーブを頼んだら、そのクラブにはリザーブが置いてなかったんですよ。

とにかく、いくらするのかが心配で20分くらい経ってからママに「今帰ったらいくらですか？」って恐る恐る尋ねたら、ママは「普段どんな店で飲んでいるんですか」とあっけにとられ、「こういうクラブは時間制じゃないですから、ゆっくりしてください」と言われましたね。それまで時間制の安い店でしか飲んだことがないから、高級クラブのシステムを知らなかったんですよ。

また、たけしが「洋七、こういう店では寿司を頼むと金持ちに見えるらしいぞ」って言うから、ボーイさんを呼んで、ホステスさんの分も含め5人分の寿司を頼んだんです。少し経つと、たけしが「寿司は並じゃなくて、上ね、上だよ」と大きな声で、他のお客さんに聞こえるように言ったんです。そうしたら、ピアノを弾いていた黒人の人が「お呼びですか？」って席へ来たんですよ。その人の名前がジョーだったんです（笑）。

会計になったら、14万円くらいだったんです。30年以上前だし、ママは安くしてくれたんでしょうね。たけしに「2000万円もせえへんやん」と言うと、持っていた週刊誌を指差して「ここに200万円って書いてあるぞ」と。よくよくその記事を読んでみると、銀座のホステスさんの中には、月に200万円くらい稼ぐ人もいると書いてあったんですけど、たけしはそれを1回200万円、ホステスさんら全員で2000万円すると勘違いしていたんです。

フライデー襲撃事件秘話①

たけしは、1986年にたけし軍団とフライデー襲撃事件を起こしたでしょ。芸能人が、事件を起こすと、関わりたくないからとみんな距離を取ったり、付き合わないようになる人も多いんです。それに東京にいるとマスコミに追いかけられる。事件後、半年間の自粛生活に入り、人があまりいない静かな土地で暮らしていた時期があるんです。最初は伊豆の旅館に滞在していましたね。

事件後、たけしから「今、伊豆の旅館にいるからちょっと来い」と電話がかかってきた。なんでもガダルカナル・タカのお姉さんの嫁ぎ先の旅館にいるとのことで、旅館の電話番号を聞いた。当時住んでいた所沢からその宿へ車で向かったんですが、もっと近いと思っていたらなんと4時間近くもかかりましたね。旅館に到着したのは深夜の12時をまわった頃でした。たけしがいる部屋へ案内されると「本当に来たのかよ」と一言。4時間もかかって着いたのに、そう言われて思わず吉本新喜劇のようにズッコケました。部屋にはたけしの他に、付き人が2人いるだけ。

24時間露天風呂に入ることができる旅館だったから、露天風呂で酒でも飲もうということになった。付き人がウイスキーの水割りを作り、俺ら2人は風呂に浸かりながら、風呂に浮かべた桶に置かれたお酒を飲んでいた。喋りながら飲んでいると、段々と酔ってきたんです。「洋七、さっきからウイスキーの温泉割りを飲んでいるぞ」とたけしが言うんです。気がつくと酔いで手が下がり、グラスが風呂に浸っていたんですね。「さっきから風呂のお湯が減ってきたと思ったんだよ」と言うから、「そない減るか！」とツッコミました。

そうこうしていると外から夜鳴きそばの屋台の音がする。たけしは6時半くらいに夕飯を食べて、俺も行く途中にパンを食べたくらいだったから、お腹が空いていたんです。露天風呂のドアを開けた道端にちょうど屋台が止まっていたから、2人で股間だけタオルで隠して、食べに行ったんです。「2つください」と頼むと、屋台のおっちゃんはこっちをチラッと見てからすぐに目をそらし「あなたたちは何やっているんですか？」と聞いてきた。たけしが「裸族です」と答えると「裸族様ですか！」だって。テレビで見たことのある顔の2人が大事な部分をタオルで隠しているとはいえ、裸でラーメンを頼んで混乱していたんでしょうね。以降、一切、こっちを見ることなく、ラーメンを作り終えると、椅子を2脚だけ置いて、次の場所へ移動してしまったんです。やっぱり、屋台は屋台の前で椅子を並べて、食べているから絵になるんですよ。裸の男2人が、道端で椅子に座ってラーメンを食べている姿は滑稽ですね。

そこに、近くの旅館で仕事を終えた60歳くらいのおばちゃん2～3人が偶然通りかかった。俺らの姿を見たおばちゃんらは、

「あんたたち、こんなところで裸でそば食べて行儀悪いわね」

「いや、さっきまで屋台があったんですよ」

「そんなのどこにもないじゃない。中で食べなさい」

怒られた俺らは仕方なく、裸のままタオルで股間を隠しながら、椅子とラーメンを抱えて、露天風呂に戻り食べましたよ。たけしくらいのスターでも道端で裸でそばを食べていたら誰かわからんもんですね。事件を起こしたら、今なら芸能界から消えていくのに、裁判が終わると益々忙しくなったのは、さすが戦後最大のスターだと思いますよ。

フライデー襲撃事件秘話②

沖縄の石垣島で生活していた時期もあるんですよ。

その時もたけしから「石垣島にいるから来いよ」と電話がかかってきたんですよ。俺も最初は、1人で石垣島まで行って、どんな言葉をかければいいのかわからなくて、躊躇していたんです。でも、俺は売れる前からの友だちやし、たけしも精神的にも大変やろうしなと、気になっていたのでやっぱり行くことにしました。

当時、俺はレギュラー番組が数本あるくらいで、漫才ブームの時ほど忙しくなかったんです。番組収録が終わって石垣島へ飛びました。当時は、まだ羽田空港から石垣島まで直行便がなくて、那覇空港経由で行ったのを覚えてますね。石垣空港へ着くと、麦わら帽をかぶり、サングラス姿のたけしが空港まで迎えに来てくれていた。本人は変装しているつもりだったんだろうけど、独特の首の動きですぐにわかりましたわ。

たけしは、ホテルのコテージを借りていましたね。コテージなら他のお客さんとあまり会わないですから。そばには軍団もいなくて、身の回りの面倒を見る弟子が1人いるだけでした。2人で海岸へ行って、貝殻なんかをゴルフのパターで打ったり、砂浜に腰掛けながらずっと話しましたね。いつもは強気な発言をするたけしもさすがに弱っていました。「弁護士は執行猶予がつくと言うけどわからないよな。半年くらい刑務所行くかもしれない」とか、「刑務所へ行ったらお笑いができなくなる」と相当落ち込んでましたよ。俺は「もし刑務所へ入って、北野武という人間が芸能界からいなくなるなら、佐賀か広島へ帰る」とたけしには言いました。

そんな話ばかりしていたら、たけしが「もし俺が刑務所に入ったら、お前も隣の部屋に入ってこい」「そんなうまいこと入れるわけないやろ」「俺の友だちって言えば入れるだろ」。俺はこう言い返しました。「どんな罪を犯したら刑務所に半年入れんねん」。するとたけしは「万引きしろ」「万引きくらいで半年も入れんやろ」「何回も繰り返したら入れるぞ」「じゃあ半年として、俺が刑務所8ヵ月やったら自分のほうが先出るやん。2ヵ月もひとりぼっちやん」と振ると、たけしは「また何かして2ヵ月入ってくる」だと。そういう話をしながら、お互い泣いていました。それがすごく印象に残っていますね。

裁判所へ入る模様をワイドショーで見ましたけど、厳しい顔をしていたから、不安だったんでしょうね。結局、懲役6月執行猶予2年の判決が下されて、裁判所から出てきた時の顔はまったく違っていました。安心しましたわ。すぐに芸能活動を休止して、莫大な損害もあったし、社会的な制裁もかなり受けましたからね。

たけしとの半同棲生活

フライデー襲撃事件の翌年、たけしがテレビに復活すると、事件前と同じようにレギュラー番組をたくさん抱えるようになっていきましたね。

1990年代に入ると、たけしは映画監督としても評価されて、物凄く忙しいなか、フジテレビで深夜に『北野ファンクラブ』という冠番組をやってたでしょ。俺と一緒の番組に出れば、毎週収録の後、一緒に飲みに行けるからと、俺のことを無理やりレギュラーにしてくれたんです。番組内の『B&Beat』というコーナーで、2人で漫才をしていたんですよ。番組収録が終わると、毎回飲みに行きましたね。

酒飲みだとわかると思うんやけど、飲んで帰った時は寂しいもんでしょ。それで飲むと、たけしが借りていたマンションに「泊まれ」って言うんです。たけしは、夜中まで飲んでも、忙しいから翌朝10時頃には弟子が迎えに来て、仕事へ行く。家を出る前に、俺が寝ているところへ来ては、「行ってくるからよ。いいなあ、まだ寝る時間があって」と言い残し仕事へ行きましたよ。

当時、俺はといえば冠番組こそなかったけど、コーナーのレギュラーが3本くらいありました。それくらいの仕事量だとまあまあ暇なんですよ。だから昼過ぎまで寝てるんやけどね。起きると、いつも枕元に2万円くらい置いてあるんです。申し訳ないから、そのお金で一度鍋を作った。そうしたら、「美味しい、美味しい」と喜んでくれてね。

「洋七は料理がうまいから、部屋で待っていて、また作って」と。

それからは、泊まって料理を作るようになりました。最初は週1日だったのが、段々と3日に1回、2日に1回と頻繁になっていきました。朝起きると必ず2万円くらいが枕元に置いてあるんですよ。たけしの弟子が、たけしをテレビ局に送って、午後の3時頃に俺を迎えに来る。それで枕元に置いてあるお金を手に、リムジンでスーパーに買い出しに行くんですよ。そのうちにスーパーのレジのおばちゃんとも仲良くなって、「いつも来るけど、何人で住んでるの?」って聞かれてね。軍団や弟子の分の夕飯も作るから、7～8人分の材料を買っていた。不思議に思ったんだろうね。たけしの家に戻って、夕飯の支度をしていると、現場の弟子から何時に戻るか電話がかかってくるんですよ。たけしが帰ってくる時間に合わせて料理ができるようにしてましたね。温かいほうが美味しいでしょ。そんな生活が6～7年続きました。軍団には「料理長」と言われるほどまでになってたんですよ。

その時にすごく感じたのは、たけしは本当に優しいんですよ。俺が寝ていて、布団がはだけていると「風邪引くぞ」って布団を直してくれたり、枕を正してくれたりね。

北野ファンクラブだけでなく、他にもたけしの番組にはちょくちょく出させてもらってたんだけど、「洋七、俺の番組に出るか?」なんてことは絶対に言わないんです。番組スタッフから「スタッフ会議で、うちの番組にどうしても洋七さんに出ていただきたいと思いまして」と電話がかかってくるんですよ。多分、たけしがスタッフに言ってくれてたんやろうね。それは彼の心遣いよね。

それに多い時で、2日に1度は一緒にいたけど、喧嘩をしたことが1回もないんですよ。彼とはなぜか馬が合うんですよね。

『佐賀のがばいばあちゃん』誕生秘話

漫才ブームが終わり、90年代に入ると、俺は評論家の塩田丸男さんの勧めもあり、テレビから段々と講演会主体の活動に切り替わっていったんです。講演会に出始めた当時も、たけしとはよく寿司屋へ飲みに行ったり、飯を食ったりしていましたね。

ある時、「洋七は講演会を最近よくやっているけど、何を喋ってるんだよ?」とたけしに聞かれましてね。ばあちゃんや子どもの頃の貧乏話をしてると答えると、「それ面白いな。泣いて、笑って、喜んで。芸人ならいっそ本にしろ」とアドバイスされました。それから出版社に持ち込んでみたものの、なかなか相手にされませんでした。遠回しに漫才ブームで人気が絶頂の時なら、といった反応で断られました。そこで、3000冊を自費出版したんです。

たけしに「タイトルは何がいいかな?」と相談すると、『振り向けば悲しくもなく』とつけてくれた。たけしは文学的だなと思いましたよ。

3000冊の自費出版の本を売るのは相当苦労しましたね。講演会のたびに会場でコツコツと手売りをしていたんですけど、マネージャーも1回に20〜30冊しか持っていけないし、いくら講演会に来てくれるお客さんに手売りでサインをしても毎回10冊程度しか売れない。それに帰りの新幹線の時間もあるから、そんなには本を売る時間をさけないんですよ。結局、3000冊を売り切るのに1年半か2年くらいかかったと思いますね。

数年後、俺が吉本興業に戻った頃に、たけしが「あの本をまた出せ」と言うんです。「また講演会のたびに手売りするのはしんどいわ。前回も全部売るのは大変やった」と漏らしても、「絶対に面白いから」と言い張る。そこで、俺は佐賀の同級生だけに売ろうと思い、内容はそのままにタイトルを『佐賀のがばいばあちゃん』に変更しました。同時に、もう一度いろんな出版社に持ち込んだんですけど、本が段々と売れなくなった時代でどの出版社も取り合ってくれない。でもその後、とある出版関係者を通じて、徳間書店を紹介してもらいました。担当編集者は本を預かると、「数週間後に検討してお返事します」と言う。1時間半後、電話が鳴ると、先程の編集者でした。

「この本を全国で売りましょう!」と言うじゃないですか。あまりにも早い返事だったので、「あんたほんまに全部読みましたか?」と訝しがると、「読みましたよ。平仮名だらけですから、すぐに読めましたよ。でも物凄く面白いですね」。

それからは全国の書店に並ぶようになりました。でもこれがなかなか売れなかったんですよ。当時は、なんばグランド花月で月に1週間は出番があったんです。1日2公演なので1週間で14公演。俺らの出番が終わり、新喜劇が終了すると1公演が終わる。公演が終わると、お客さんの出入り口にあるロビーに机を並べて売ってました。舞台で大爆笑をとっていた芸人が、握手とサインをしてくれるということでお客さんがどんどん買ってくれました。1年半くらいで手売りで2万冊は売りましたね。

その後、徐々に話題になり、『佐賀のがばいばあちゃん』は韓国版や台湾版も出版され、累計発行部数が1000万部を超えました。『がばいばあちゃん』シリーズはその後も出版されて、映画やテレビドラマ、舞台などにもなった。これが『佐賀のがばいばあちゃん』のヒットの裏側です。まさかここまで売れるとは思いませんでしたけどね。

たけしとの最後のテレビ共演

映画監督として世界に名を馳せるようになったたけしの映画『アウトレイジ　最終章』が2017年に公開されたでしょ。映画の宣伝のために、テレビ東京の朝番組に5日間出続けたんですよ。その時、テレビ東京のスタッフから「たけしさんに旅番組に出演してもらおうと思っているので、洋七さんにもぜひ出演してほしい」と連絡があったんです。それが『たけしが行く！　わがままオヤジ旅with洋七』という番組でした。台本はなく、たけしに任せられていて、進行役は、たけし軍団のガダルカナル・タカでね。たけしは、照れ屋で人見知りだから、他のタレントさんだとあまり喋らないし、ボケないんですよ。しかも1泊する番組だから余計ね。俺なら気心が知れているし楽だと思ったんでしょうね。ロケへ行ったら無茶苦茶ボケるんですよ。

ロケでは旅館で1泊するから、初日のロケが終わると、夜は旅館で夜の11〜12時くらいまで飲んでね。

その時は昔話に花が咲きましたよ。昔のほうが絶対にギャラが高いとかね。漫才ブームだった1980年代初めは日本も景気が良くて、今より物価が安かったから、余計にそう感じたんだろうね。あの当時、1回の営業で数百万円はもらえたもんね。漫才は、20分くらい出れば大金が手に入るから楽だよな、とも話していましたね。たけしが「洋七は、もみじ饅頭とかやったら終わりだもんな」と言うから、「たけしだって、コマネチとか訳のわからないことをやってよ」と。それで大金が入るなんて、こんな良い商売は他にはないよなってね。

しかも、地方の営業だと1ヵ所だけで終わらないんですよ。たとえば、宮城県の仙台市で漫才をして、そこから少し離れればお客さんも被らないからもう一度営業ができる。宮城県内で1日に2〜3ヵ所まわれるんですよ。漫才なんてリハーサルもないし、B&Bは稽古すらしなかったからね。舞台に上がる前に洋八に「野球のネタやるで」と言うだけで、あとはほとんどアドリブだったからね。それで40分くらい漫才ができたんよ。だから、漫才が難しいと思ったことがない。そういう興行は漫才コンビが一組出るだけでなく、何組も出るでしょ。だから、会場に30分前に入って、30分間漫才をやって、次の会場へ移動すればいいだけやから。そうすると、ギャラの一部を事務所が取って、洋八と折半しても、1人150万円はもらえたんですよ。

それに比べると、昔の歌手は大変やったろうね。バンドを引き連れて、リハーサルをして、何十曲も覚えて歌わないといけないでしょ。俳優さんにしても、膨大なセリフを覚えて、演技して、何日間も撮影して大変でしょ。旅番組も2日間かけてロケをしても、そんなにはもらえない。

この番組は最初は「東海道爆笑珍道中」と題して静岡県を中心に旅したんです。料理屋を借りた時には、俺が久々にたけしに料理を振る舞ったのよ。1回目が好評だったみたいで、2回目はたけし映画の常連である岸本加世子さんや亡くなった大杉漣さんも加わって、日光と宇都宮へ行きましたね。最後は加藤茶さんも出演して金沢を旅して、3回も放送されたんですよ。たけしと共演した最後のテレビ番組だけど、俺にとってはすごくいい思い出やね。

第3章

世話になった先輩芸人

劇場に住む先輩芸人

俺がデビューした当時、まだ20代前半だった1970年代のなんば花月には7～8畳の楽屋が5つくらいと風呂があったんですよ。出番を終えた師匠たちが入った後に俺らも「入りぃ」と促され、浴びることもありましたよ。

また楽屋だと食事が出前ばかりで飽きるから、夫婦漫才の師匠たちの中には、自宅からおかずを持参して、楽屋に電気釜を持ち込み、米を炊いて食べている師匠もいましたね。余ったご飯で塩むすびを作っては、若手の俺らにたくわんを付けて振る舞ってくれました。飯食って、風呂入って、まるで住んでいるようでしたね。もしかしたら、自宅に風呂がなかったのかもしれません。

吉本興業では、「おはようございます」と挨拶すると「飯食ったか」と先輩が返すのが挨拶のようになっていました。だから、吉本は代々、先輩が飲み代をすべて奢るのかもね。先輩が楽屋で出前を頼めば、「君も頼み」と言ってもらえたから、1食分浮くんです。他にも、若手だけで安い飲み屋で飲んでいると、たまたま居合わせた先輩が5000円ほど渡してくれて、「足りない分は自分らで払い」と言って店を後にする。そういう先輩が後輩の面倒を見る風潮がありました。当時の吉本は、所属しているのが楽語家、新喜劇、漫才とみんなお笑いでしたからね。吉本の先輩方には本当にお世話になりましたよ。

横山やすし師匠の無免許セスナに乗る

1980年代初めに起きた漫才ブーム。すでに東京に進出していたB&Bも一気に全国区になり大忙しの日々でした。

同じく漫才ブームで一躍、関西だけでなく、全国でもその名を知られるようになったのが、俺が漫才師を目指すきっかけとなった大先輩の横山やすし、西川きよしさんのコンビ、やすきよさんでした。

中でも天才漫才師、横山やすし師匠のことを、破天荒で怖いというイメージを持っている方も多いかもしれません。確かに、やすし師匠に怒られたという芸人は結構いますよ。でも、俺は1回も怒られたことがないんです。むしろ可愛がってもらいましたね。

B&Bに消防車のネタがあって、劇場でそのネタをやった時に、たまたま次の出番がやすきよさんだったんです。出番が終わり、舞台袖で見ていたやすし師匠に「お先でございました」と挨拶すると、「このネタは誰が作ったんや?」と声を掛けられた。「僕です」と答えたら、「お前は売れるで!」と言われたんです。それからは、飲みに連れていってもらったりと可愛がってもらうようになりましたね。たけしのことを紹介してくれたのもやすし師匠ですしね。

ある日、なんば花月の出番が終わると、「洋七は明日は暇か?」とやすし師匠に声を掛けられ、「午前中は空いています」と答えると、「明日の朝8時にここで待っとけ」と言われたんです。やすし師匠は、めちゃくちゃ酒を飲むけど、さすがに朝の8時からは飲まないでしょ。何をするのかなと思って、翌日指定された場所へ行くと、タクシーに乗せられ大阪の八尾空港へ連れていかれたんですよ。八尾空港のガレージです。

中に置いてあるセスナを指差した師匠に「いいから乗れ」と言われるがままに、セスナに乗ったんです。俺は高所恐怖症だから、乗りたくなかったんだけど、先輩に言われては、断れないいじゃないですか。いざ離陸し、「こんなに忙しいのによく免許を取る時間がありましたね」と聞くと、「免許なんかあるか（笑）」と師匠が言うんです。慌てて「降ろしてください」と頼むと、

「心配せんでエエねん。仮免は持っとるねん。横に教官がおれば､運転していいんや」

「僕は教官ちゃいます」と返しましたよ。そうしたら「いいから黙って乗っとけ。男やろ」と、結局20分くらい飛んだんですよ。その間、俺は怖くて怖くて、汗はかくわ、涙は出るわで大変でしたよ。着陸すると、「お前は根性ないやつやな」と師匠に言われましたよ。

1996年にやすし師匠が亡くなって、テレビのワイドショー番組で桂三枝（現・桂文枝）さんと西川きよしさんと、やすし師匠との思い出を語る機会があったんです。師匠のセスナに乗ったエピソードを話したら、きよし師匠に「お前、ホンマに乗ったん？　芸人は何十人も誘われたけど、ホンマに乗ったのはお前だけやで。落ちない

で良かったな」って言われましたよ（笑）。やすし師匠は本当に適当な人でしたけど、憎めない人でしたよ。

やすし師匠が夜中に「3000万円貸せ」

『THE MANZAI』という漫才ブームを支えた番組を銀座の博品館劇場で収録したことがあったんです。収録が終わり、やすし師匠に「銀座のクラブに飲みに行こう」と誘われました。周りに5、6人のホステスさんがついている席で、やすし師匠が突然、真剣な顔をして「ホンマに漫才ブームを作ってくれてありがとうな」と感謝されたんです。そんなこと言われたことないから、「なんなんですか？ みんなで作ったブームじゃないですか」と返すと「B&Bが東京へ進出したから漫才ブームが起きたやろ。大阪の漫才を広めてくれたのはお前や」と真顔で話すんです。「そんなことございません」と恐縮しきりでした。

ほろ酔い気分になったところで、やすし師匠が「洋七、もう1軒行くか」「わかりました」とハシゴすることが決りました。やすし師匠は「ママ、計算して」。伝票を持ってきたママがやすし師匠に手渡し「17万円です」。すると、やすし師匠は「今日は安いな」と言い「洋七、お前が払っとけ」。俺は「わかりました」と17万円払いましたよ。

そして、2軒目へ。そこでもワイワイ飲みました。やすし師匠が「明日もあるから帰ろ。ママ、計算して」とチェックすると、ママが伝票を持ってきて「18万円になります」。その時、俺とやすし師匠の目が合いました。やすし師匠はニヤッと笑って「洋七、お金払いたそうな顔してるな。お前払っとけ」。周りの3、4のホステスさんは大爆笑でした。

2軒合わせて35万円。高いなぁと思ったけど、今考えてみたら安いもんです。なぜかと言うと、これまでにこの話を何百回、何千回もしました。それで笑ってもらった。ネタを35万円で買ったと思えば、安い買い物です。やすし師匠には、こうやって喋り方を教えてもらったような気がします。

こんなこともありました。一度、やすし師匠から夜中の12時半頃に電話がかかってきたことがあったんです。「どないしました？」と聞くと、「今、新宿で飲んでいるから来い」。当時、俺は四谷にマンションを借りていて、新宿までは近いから行こうかなと思っていたら、「お前、3000万円持ってないか?」と言われましてね。「師匠、夜中に3000万持って、寝ている人はいませんよ」「じゃあ、3000万はいらんけど、20万はないか?」って金額を下げてきたんですよ。3000万円が20万円になると物凄く安く感じるでしょ。それで「ちょっと持ってきてくれ」と急かされて、20万円を持って新宿のやすし師匠が飲んでいる店へ行ったんです。師匠に、20万円を渡して、そのお金で店の支払いをするのかなと思ったら、「サンキューな」と言い残し、どこかへ行ってしまったんです。取り残された俺はせっかく店へ行ったからと、1杯だけ飲んで会計を済ませようとしたら、6万5000円請求されたんですよ。師匠とその友だちが飲んだ分も含まれていて、俺が払いましたわ。

後日、テレビ朝日の『ザ・テレビ演芸』という番組で一緒になったので、「師匠、この前の20万円返してください」と切り出すと、「せこいこと言うな。3000万が20万になったんやで。タダみたいなもんやろ」と無茶苦茶なことを言われましたよ。「今度、テレビ番組でロサンゼルスへ行って、日系人の前で漫才をするねん。だから、アメリカからドルで振り込む」と言い出したので、「円で払ってください」とお願いすると、「今日はちょっとあれやから」と帰ってしまったんです。

それから1ヵ月くらいして、また他の番組で会ったから、師匠に「20万返してくださいよ」と半分笑いながら言ったんです。そうしたら「今度、韓国行くねん。向こうからウォンで払うわ。ウォンで」とまた言い出したんですよ。もう俺も返してもらえるなんて思ってませんけど、「ウォンとか、ドルとかどうでもいいですから、返してくださいよ」って釘を刺しましたよ。そしたら「せこいやっちゃな」って。結局、返してもらえませんでしたけどね。でも、その20万も惜しいと思いませんよ。だって、これもネタとして何度も使わせてもらいましたから。やすし師匠は、純粋で、駆け引きなしで、俺は大好きでした。

西川きよし師匠が親孝行にうるさい理由

相方の西川きよし師匠にもお世話になりましたね。

まだ若手の頃、うちのお袋が広島からなんば花月に見に来たことがあったんです。B&Bの出番が終わり、楽屋の出入り口で、「着替えて戻ってくるから、待っといて」とお袋に言った。それをたまたま見ていたきよし師匠から「今のおばさんは誰や？」と聞かれたんです。「お袋が広島から出てきたんです」と答えると、「着替えたら楽屋へ来い」と言われましてね。楽屋へ行くと、「お母さんに美味しいものを食べさせ」と1万円を手渡されました。もちろん、頂いたお金でお袋と食事に行きましたよ。

きよし師匠は、昔からよく「親孝行せえよ」と口癖のように言ってましたね。「漫才で売れて一番喜ぶのは親やねん。ファンはちょっとでも売れなくなったり、何かが起きたら離れていくやろ。親は離れへん。売れない時も応援してくれるし、売れても応援してくれる。売れなくなっても応援してくれるのは親だけやで。だから親孝行しいや。辛い時や嫌なことがあった時にはすぐに親に電話するなり、会いに行け。親の顔を見ていたらもう一度頑張ろうと思うやろ」。よくそう言われたものですよ。

お袋が劇場に見に来てから数ヵ月後、俺の髪の毛が伸びていたんですよ。それを見たきよし師匠から「洋七くん、髪長いな。散髪へ行け」と言われたんです。やすきよさんは2人ともいつも髪の毛をビシッと決めていたでしょ。きよし師匠は七三分けにしてきちっとしていた。やすし師匠も同じくいつもきちっとしていたでしょ。だから長いのが好きじゃなかったんだと思いますね。それで「ギャラが出たら散髪へ行きます」ときよし師匠に返したら「金がないんか？」と聞かれたので、「はい」と答えました。すると5000円を渡してくれたんです。それで横山やすし師匠がよく行っていた花月の近くの散髪屋で切ってきなさいと言われましたね。

当時、花月からその散髪屋さんへ行く道には立ち飲み屋があったんです。劇場の出番が終わって、そこで一杯飲んでから髪を切りに行こうと思ったんですよ。散髪代が2000円くらいだったから、3000円は余るでしょ。それで立ち飲み屋へ入ろうとしたところで、後ろから髪の毛を引っ張られましてね。振り返ると、きよし師匠でした。お弟子さんの運転する車に乗るために、たまたま後ろを歩いていたようです。笑ってましたわ。「まず散髪へ行かんかい。残った金で酒を飲め。飲みすぎて、散髪代が足りなくなったらどないするねん。やってることが反対やぞ」と叱られましたね。つい4～5年前にきよし師匠に会った時もその話が出ましたね。お互いに未だに覚えているんです。

昔からお袋のこともよく覚えていてくださって、会うたびに「親孝行しいや」と諭してくれます。きよし師匠は「親孝行」という言葉が本当に好きな人ですよ。

寿司が好きなのはきよし師匠の姿に憧れて

西川きよし師匠から「洋七くんは飯食ったか？」と聞かれ、生まれて初めて寿司屋へ連れていってもらったこともありました。そのきよし師匠の姿を見てカッコいいなと感激しましたよ。俺も売れたら若手を連れて絶対に寿司屋へ行こうと思ったものです。今も寿司屋が好きなのは、この時の経験が影響しているんです。コロナ禍前までは、週5回は晩飯は寿司屋へ通っていましたよ。地方に行っても寿司屋ばかりです。何も高級な寿司屋ばかりじゃないですよ。

売れて営業で地方へ行った際に、その土地の寿司屋へ行くでしょ。芸能人が店に入ると「洋七さんや、凄い」と言われたりもするけど、会計になると安くしてくれるか、ぼったくられるかのどちらかですね。俺の経験上は。一度、富山へ営業に行って相方の洋八とマネージャー、弟子の5人で寿司屋へ行ったんですよ。美味しかったんですけど、会計になると思ったより値段が高かった。それこそ東京の寿司屋と変わらない。するとマネージャーが「ぼったくられているんちゃいますか？」と。

次の日も富山で仕事だったから、翌日の夜にもう一度その寿司屋へ行って、同じものを頼んだらいくら取られるか試してみたんです。弟子は、酒を飲まないから、誰が何のネタを頼んで、どのお酒を何杯飲んだかをすべて覚えていますからね。まったく同じものを注文した。会計をすると前日より高かったんですよ。しかも、1万5000円も。よく魚は時価だからと言いますけど、1日でそんなに高くなりますか(笑)。店の外に出てみんなで大爆笑しましたよ。店構えが立派な寿司屋でも、まずいこともありましたね。

でも、漫才の不思議なところはそういう経験がすべてネタになること。他の県へ営業に行った際に、「○○県では寿司屋でぼったくられましたけど、ここではぼったくられないで済むかもわかりませんね」と言うと会場が沸くでしょ。ネタとして4〜5

回使ったら1万5000円くらいぼったくられたのなんて安いもんですよ。たとえぼったくられても、逆に安くても、すべてが漫才のネタとして笑い飛ばせてしまうんです。

唯一サインをもらった芸人「笑福亭仁鶴」

初めて間近で見た落語家さんが笑福亭仁鶴師匠でした。俺にとって仁鶴師匠は特別な存在なんですよ。

今のなんばグランド花月は、消防法もあり座席数は約900。でも俺が若手の頃の花月は立ち見席も入れると休みの日は1000人以上入っていた。しかも子どもが舞台に上がろうとして騒がしい。そんな状況だと、古典落語はできないんです。俺が初めて見た時も、休みの日だったから仁鶴師匠は古典落語ではなく、子どもでもわかるような漫談に近い話をしていましたね。それ以来、大ファンになりました。漫才ブームで東京に進出した俺らは、東京でレギュラー番組の司会を務めることになった。スタッフから「関西の芸人さんでレギュラーとして呼びたい方はいますか?」と聞かれて、「俺が言ったとは言わないでほしいんですけど、仁鶴師匠をお願いします」とお願いしたことがあったんです。そうしたら、引き受けてくれて、収録初日、俺が師匠の楽屋の前で待っていると「君が呼んだんやろ」とバレバレでしたね。

仁鶴師匠は、物凄く芸事に真面目な方でしたから、若手を連れて飲みに行くようなこともほとんどなかった。でも一度だけ、中田カウス・ボタンのカウスさんと3人でクラブへ飲みに行ったことがあるんです。「仁鶴師匠に誘われたから、洋七も行こう。お前はファンやろ」とカウスさんから言われてついていきました。店に入ると、仁鶴師匠はネタの作り方はどうしているとか、そういった芸の話ばかりで女の子とはほとんど話さない。結局、1時間くらいしたら会計して帰りましたね。

仁鶴師匠の大ファンだった俺は、吉本興業を辞める2年前、仁鶴師匠にどうしてもサインをもらおうと思い立ったんです。色紙を2枚とマジックを用意して、劇場のエレベーター乗り場で待ち構えていました。エレベーターから降りてきた師匠は、色紙を見るなり「君は何を持ってるねん。誰かのファンか?」と一言。「師匠にサインをもらいたいんです」と懇願すると「君のほうが売れてるやん。芸人にそんな言われると、照れるな」と言って色紙を持ち帰ったんです。

1週間後、師匠に呼ばれて楽屋へ行くと、2枚の色紙に言葉が書いてあった。1枚には「見てござる」と書かれていて、「お客さんは舞台の俺らを見ているやろ。お客さんが1000人だろうが、3人だろうが命がけで芸をせなあかん」と言葉の意味を説明してくれましたね。もう1枚には「雑談　嘘話」と書かれている。要するに、落語も漫才も雑談で、なおかつ全部嘘の話だろということを意味していたんですよ。その嘘の程度で面白いか、面白くないかが決まる。それ以来、家に2枚の色紙を飾っていましたね。一昨年、師匠の訃報を聞いた際には、色紙の前で1時間は泣きましたわ。師匠の一番弟子で上方落語協会会長の笑福亭仁智と俺は昔から仲が良いので電話したんです。偲ぶ会などがあるかどうかを聞こうと思ってね。その時に、仁鶴師匠にサインをもらった話をしたら、「俺でも持ってないのに凄いな」と仁智は驚いてました。俺も芸人にサインをもらったのは、後にも先にも仁鶴師匠だけです。

桂文珍さんがクーラーに入るために家に

仁鶴師匠の他にも桂文珍さんが舞台に上がる時にはよく勉強させてもらいました。デビューしてから2年くらいで俺らはNHK上方漫才コンテストを受賞したんです。楽屋にいると、文珍さんに「君ら凄いな」と話しかけてもらったのが最初でした。

その後、俺らは徐々に関西ローカルのテレビ番組に出演するようになったんですよ。たとえば、関西版の『11PM』のような番組があって、CM振りでちょこっと出るくらいですよ。でも、2人で「B&B」と書かれたTシャツを着ていたから目立ったんでしょうね。それを見た文珍さんから「最近、テレビ出てるな。今度家に遊びにおいで」と誘ってもらった。

当時、俺が住んでいた住吉区の家から文珍さんの住まいがたまたま近かったんです。家に遊びに行くと、帰りがけに田舎から送られてきたという柿を20個くらい頂いた。でも、そんなに食べられないじゃないですか。だから「兄さん、こんなには食べられませんよ。2人で」と返したんです。すると、「お前は1人で住んでいるんちゃうの？2人って」と訝しがられた。当時、入ったばかりの若手が彼女（今の嫁）と同棲しているのは怒られると思って、うちの師匠にも言ってなかったんです。そこで「実は彼女と同棲していまして。絶対に誰にも言わんといてください」と文珍さんだけに告白したんですよ。

ある日、いつものように舞台袖で文珍さんの落語を見ていたら「君は漫才やろ？」と言われて、「でも落語は勉強になります」と答えたら、「落語は1人でやるけど、現代落語はセリフを2人で別けたら漫才のようになるからな。落とし方も色々とあるから参考になるかもな」と言われましたね。文珍さんも仁鶴師匠同様、物凄く芸事に真面目な人。だから、若手と飲みに行ったりはあまりしませんでしたね。

若手だった1970年代の夏に、文珍さんが「劇場はクーラーが利いていて涼しいな。家は暑くてたまらんな」と話していた。俺が「兄さん、俺はクーラーを買ったんですよ」と言うと、「お前、そんな若手で家にクーラーがあるの？」と驚かれましたね。当時はまだまだクーラーが今ほど普及していなかったし、俺らも関西ローカルのレギュラー番組が2本くらいある程度でしたから。「兄さん、ちょっとこっちに来てください」と楽屋の隅に文珍さんに来てもらって、「彼女と同棲していると前に言ったやないですか。彼女も働いているので買えたんです」と伝えたんです。そうしたら、今度家に遊びに行くわと言われましてね。家に来た文珍さんは、「クーラーあるやん。やっぱり涼しいな」と2~3分涼むと、今度は外へ出て「やっぱり外は暑いな」と今度は外で暖まる。そんなことを5~6回は繰り返していましたよ。

彼女の同僚の実家がたまたま電器屋で3割引きくらいしてくれたから安く買えたんですけどね。翌日、劇場へ行くと、月亭八方さんから「お前、クーラー持ってるらしいな。文珍から聞いたわ」と話しかけられて、「俺もクーラーに入らせろ」と言われましたよ。劇場の合間は3時間くらい空くから、その間に家へ八方さんが来て、文珍さんと同じように中で涼んだり、外で暖まったりを繰り返していました。

劇場に戻ると八方さんが「今、洋七の家に行ったらクーラーあるねん」とみんなに喋るんです。他の芸人も「俺にもクーラー見せてくれ」と話しかけられて、「見るなら電器屋にあります」「入らせろってことや」なんて話題で10日間くらい盛り上がって、

４人くらいが家に来ましたよ。

世界で１人の芸人、「アホの坂田利夫」

世界で１人しかいない芸人は、坂田利夫さんですよ。「アホの坂田です」って自分で「アホ」って言っているもんね。それで舞台でも自由にボケる。その裏には、『コメディNo．1』で坂田さんとコンビを組んでいた前田五郎さんがちゃんとネタを振って、しっかりしているのもあったんだけどね。

坂田さんは、俺にとって先輩にあたる人で、よく飲みに連れていってもらったり、ご飯をおごってもらったことがありますよ。舞台とは違って、普段は紳士的な人です。

以前、坂田さんに「兄さん、インフルエンザの予防接種を打ちに行きませんか？」と誘ったら、「なんやそれ？」と聞くので、「インフルエンザに罹らないように打ったほうがいいですよ」と言ったんです。そうしたら「打ちに行こうか」と２人で病院へ行って、ワクチンを接種したんですよ。坂田さんは、病院の受付で「チェックして」と言って、俺の分も支払おうとしたんです。スナックやないのに（笑）。吉本は、飲みに行っても、ご飯でもなんでも先輩が奢るのが決まりのようになっているからね。楽屋に戻ったら、芸人仲間に「洋七がインフルエンザワクチンを打ったほうがエエと言うから、ワクチン奢ったったわ」と坂田さんが言ってね。昼飯やないねんと思いましたよ（笑）。

最近だと「アホ」と言ったり、見た目をイジったりするのに対して、世間の目が厳しいね。俺は、芸人は舞台に立った時はイジっていいと思っている。少なくとも舞台上でイジられるのはいいと思っている芸人がほとんどだと思いますよ。

面白い顔をしている芸人は、「お前面白い顔してるな」と言われて、お客さんがウケたら嬉しいんですよ。それに「お前もおもろい顔になったらエエやん。おもろい顔になるのは難しいで」と返せるわけですよ。太っている芸人に「あんた痩せ、豚みたいな格好して」とイジっても、「悪かったな、太っていて。あんたも太ってみい」と返せる。

舞台でそういうイジリをして、お客さんが笑うということはおもろいから笑うわけですよ。日本人全員を納得させるネタなんて無理ですよ。あれだけ面白い明石家さんまでさえ喋りすぎという人もいる。だから、芸人同士が舞台上でネタをやる時に、相手をイジるのは許してほしいですよ。そうじゃないと漫才にならないんです。近頃は、そういうことに影響されすぎて、面白みに欠けるところがありますね。

面倒見のいい今いくよ・くるよ姉さん

姉弟子の今いくよ・くるよさんを初めて見たのは、俺がまだうめだ花月で進行係をしていた頃。いくよ・くるよ姉さんの師匠で、後に俺も弟子入りする島田洋之介・今喜多代師匠が、公演ではトリを務めていたから、姉さんたちの出番は最初のほうだった。その頃は、まだぼちぼち笑いを取るくらいで、女性2人のコンビは珍しいから拍手が多かったですね。当時は、若手でもネタの持ち時間は1組15分。ウケないと物凄く長く感じるんですよ。舞台から降りた2人がよく「4ヵ所しかウケんかったな。しんどかったな」と話しているのを耳にしましたよ。その後、俺も弟子入りして、2年くらいが経つと、最初に見たのとは見違えるように笑いを取っていましたね。女性同士ということもあり、下ネタやドツいたりする漫才はできないでしょ。だから、華の生け方や化粧の仕方などをネタにしていた。ネタ作りが難しいとはよく溢していました。

弟子入りして6年目、B&Bは東京進出を決意。師匠に相談する前に姉さんたちに話したんです。「そういう大事なことは楽屋で話さんほうがエエ。家まで行って話しい」とアドバイスをされて、生駒にある師匠の家へ向かった。師匠に「俺らは東京へ行きます」と告げると、師匠夫婦は2〜3分黙ったまま。すると、今喜多代師匠が「行きなさい。大阪の漫才を関東で見せつけてきなさい」と口を開いたんです。洋之介師匠も「行ってこい。俺から東京のコロムビア・トップさんや内海桂子さんに手紙を書いてやるから」。その時も、姉さんたちは一緒についていてきてくれて、近鉄で難波に戻ると「師匠に許可もらって良かったな。今日は奢ってあげるから何でも食べたい物を言うて」。お好み焼きをご馳走になったんです。その後、島田一門は、いくよ・くるよ姉さん、B&B、紳助・竜介と3組も漫才ブームで大ブレイク。一度、『花王名人劇場』で島田一門だけが番組に出演することがあった。師匠は今で言うドヤ顔をしていましたよ。当時、3組合わせて月にレギュラーが40本。弟子が3組も売れるなんてなかなかあることじゃないんです。

また『THE MANZAI』に出演した時、姉さんたちが「徳永くんの出番はもうすぐやで」と言った。俺の本名は徳永なんです。そうしたら周りにいた芸人が「徳永って誰ですか?」「俺や」。姉さんたちに「なんで本名で呼ぶんですか?」と誰かが聞くと「弟子入りの時、『徳永です』と言っていた印象が強いから」と。たけしも「徳永、飲みに行くぞ」と、しばらく徳永が流行りましたよ。

俺らが売れても、食事に行けば必ずご馳走してくれた。師匠がよく弟子を連れて、焼き肉屋でご馳走してくれたのを受け継いでいたんでしょうね。姉さんたちがまだ売れてない頃は「飯でも食べ」と1000円小遣いをくれる。ちょっと忙しくなると3000円、5000円……と増えていった。漫才ブームの頃は、会うたびに1万円を手渡された。今でもよく覚えているのは、俺らが大阪から東京へ戻る時、新幹線で一緒になったことがあるんです。車内販売が来ると、くるよ姉さんが「一番高いものは何?」、車内販売員は「一番高いもの……」。そうですね。そんなに高いものはないです。

一番高いのが京都の漬物です」と答えると、「漬物なんて食うたら酒飲んでしまうがな。東京着いたら仕事やからな」。結局、アイスクリームやチョコレートを全部で5つ買ってくれましたね。島田一門だけでなく、面倒見が本当に素晴らしい人たちでしたよ。当時まだ若手のハイヒール・リンゴたち女性芸人を10人以上連れては、月に一度食事会を開いていたようです。本当にお世話になりましたね。

B＆Bの衣装の原点　中田カウス・ボタン

B＆Bは、漫才ブームで売れた時、Tシャツやトレーナー、ジーパンという衣装で出ていたでしょ。それまで漫才師と言えば、お揃いの背広にネクタイ姿が定番だった。俺らがそういう衣装で舞台に立つようになったのは中田カウス・ボタンさんの影響なんです。

B＆Bとして舞台に立ち始めた頃、若い子らに大人気だったのが中田カウス・ボタンさん。上方漫才大賞を何度も受賞した実力はもちろんのこと、当時珍しかったジーパン姿で舞台に立っていたんですよ。2人ともスタイルが良いからよく似合うんです。俺もよく舞台袖から見ていましたね。カウス・ボタンさんの出番が終わると、ある日、ボタンさんに夕飯に誘ってもらったんです。ボタンさんのカバンを持ち、「どこへ行くんですか?」「もう外食も飽きたな。家で食おうか」。自宅に着くと、綺麗で立派なマンションでしたよ。ボタンさんはあまりお酒を飲まないけど、漫才の話をずっとしてくれてね。時計を見ると夜の9時。「もう遅いのでそろそろ失礼します」と帰ろうとすると、「風呂入って、泊まっていけ。明日も花月やろ。泊まって、俺と一緒に行けばいいやんか」。泊まることになったんです。

当時、俺は嫁さんと風呂なしのアパート住まい。南こうせつとかぐや姫の『神田川』の歌詞の世界のような生活だったんですよ。嫁さんと2人で風呂屋へ行って、男風呂から女風呂の天井に向かって石鹸を投げて渡したり、先にどちらが風呂を上がるかなんてわからないから、風呂屋の前で待っていたりね。さすがに赤い手ぬぐいではなく、白い手ぬぐいでしたけどね。ボタンさんの自宅の風呂に入って、「これがマンションの風呂なのか」と感動しましたよ。風呂から出ても11時頃までまた漫才の話をしてくれたんです。

翌朝、起きると奥さんが朝飯を作ってくれ、食べ終わると、40分ほど散歩へ出た。その間もずっと漫才の話でしたよ。「せっかく広島から出てきてるんだから、絶対に売れろ。売れて一番喜ぶのは、嫁さんと親や。ファンは人気がある時はエエけど、人気がなくなったら寄り付きもせんぞ。そのためには稽古が一番や」とアドバイスしてくれたんです。散歩を終え、身支度を整えて、一緒に花月へ向かう時間になると、マンションの下には黒塗りのハイヤーが迎えに来ていましたね。なんでも売れている時は、事故でも起こしたら大変な上に、車は高いからタクシーのほうが安く済むと言ってましたね。

花月に到着し、俺は楽屋口で洋之介師匠の到着を待っていたんです。師匠が姿を現し「おはようございます」と挨拶すると、「お前、さっきハイヤーから降りてこんかったか？　めちゃくちゃ金持ちやないか」。ボタンさんの家に泊まったことを話すと、師匠がボタンさんのところへお礼の挨拶に行った。「家まで連れていってもらって、ご飯まで食べさせてもろうて、おまけに泊まらせてもらって。洋七にしたら、1泊旅行でっせ」。

それから合計5回くらいは泊まらせてもらいましたね。その後、カウス・ボタンさんの楽屋をノックして「僕らもカウス・ボタンさんのようにジーパンを真似していいですか？　Tシャツに B&B と書いて」「おお、かまへんがな。やれやれ。これからはそういう時代や。背広を何着も作るのも高いしな」。漫才師の中で、ジーパンを穿いて、女の子にキャーキャーと初めて言われたのはカウス・ボタンさんなんですよ。

日本で一番舞台に上がる漫才師

俺らが東京で勝負しようと決心すると、「お前ら東京行くんやってな。俺らと似たようなネタを作ってやれ」とカウスさんに言われました。漫才は歌じゃないから著作権とかないでしょ。戸惑っていると「もし何か言われたら閃いたと言えばいいやん。それがたまたま似ていただけだって」とも助言してくれましたね。他にも「こういうネタは若者が食いつくで」ともアドバイスしてくれました。カウス・ボタンさんは、当時大阪では大人気だった。女の子にキャーキャー言われる存在でしたよ。もし大阪ではなくて、東京で活躍し、カウス・ボタンさん以外にも若手の漫才師が何組かいたらブームが起きていたと思いますよ。

その後、漫才ブームが起きて、紳助・竜介やザ・ぼんちが忙しくなった。そうなると、テレビ番組への出演で、吉本の舞台に立てない日も多くなっていったんです。そんな時、カウス・ボタンさんは「俺らが出たる」と言って、後輩の代わりに出てくれたんですよ。普通なら出ません。それから数年前まで月に14日間、1日2回舞台に上がっていたから、漫才を舞台で披露した回数はダントツで日本一かもしれませんね。もしかしたら、ギネス記録かもしれない。それくらい舞台に上がっているんです。

吉本に所属していて良かったのは、先輩たちが優しくて、可愛がってもらったことですね。俺は広島から出てきてたから「飯食っているか」とよく声を掛けてもらいましてね。姉弟子の今いくよ・くるよさんにはむちゃくちゃ飯をご馳走になりましたね。やすきよさんやWヤングさんなどの漫才師の先輩にも可愛がってもらったからこそ、俺らは売れたと思いますよ。芸人は苦労している人が多いから優しいんですよ。

今はＮＳＣなど芸能プロダクションが運営しているお笑いの学校を卒業して芸人になるでしょ。俺のように進行係から始めたり、弟子から芸人になるのはほんの少数。漫才ブームの前なんて花月の朝の公演には団体がバスで駆けつけるんですよ。８００人の座席は満杯。休みの日になると、当時は消防法がうるさくなかったから、８００の座席の周りに１０００人くらい立ち見が出るんです。一番前の座席と舞台は５〜６メートルくらいあったけど、そこに子どもたちが座って見ていましたね。中には、出演者のズボンを引っ張る子どももいましたよ。「ズボン欲しいんか？」「こいつんち貧乏やで」と、今だったら叩かれるようなこともお客さんはウケていましたね。また団体のお客さんが弁当を舞台のマイクの横に置いて「弁当余ったから、これ食べ」なんてこともありましたよ。「ちょうど良かった。物凄い腹減ってたんですよ。今食べていいですか」と返すと場内は爆笑。

当時は、持ち時間も長く15分でしたね。ウケないまま15分も舞台に立つのは辛いもんなんです。やすきよさんと俺らは漫才が長いことで有名でしたね。ウケたら、アドリブをどんどん入れて、20分を軽く超えてました。舞台監督さんに「師匠、もうちょっと短くお願いします」とお願いされたやすし師匠は、「アホか。こんだけウケてるんやからお客さんは得やがな。ちょっと長いくらいでガタガタ言うな」と一喝でしたね。

花菱アチャコさんに「君らは売れる！」

「しゃべくり漫才」の元祖とも言われる横山エンタツ・花菱アチャコのアチャコさんに一度だけお目にかかったことがあるんですよ。俺がまだ初代の相方、団順一（現在は放送作家として活躍）とコンビを組んでいた頃ですね。朝日放送で、今で言う朝のワイドショー的な番組があった。番組内には、新人の漫才師のネタを見せるコーナーがあるとのことで、島田洋之介・今喜多代師匠とテレビ局に向かいました。本番が始まる前になって、初めてアチャコさんの前で漫才を披露することを知らされたんです。もちろん、横山エンタツ・花菱アチャコさんは伝説でしたけど、おふたりの漫才を直接見たことはなかったですし、俺が子どもの頃は映画に出演している姿ばかりを目にしていました。しかも売れっ子で大御所だったうちの師匠でさえ「お久しぶりでございます」と頭を下げて挨拶している。師匠からは「凄い人やから、しっかり頑張りなさい」と言われ、物凄いプレッシャーでしたよ。

生放送が始まり、司会の方が「それではB&Bさんです。どうぞ!」と紹介し、アチャコさんの前で漫才を披露しました。まだテレビに出るのは5回目くらいですよ。ネタを見終わったアチャコさんは感想を求められると「君らは売れる」と一言。うちの師匠にも「良い弟子を持ってよかったな。この子らは売れるよ」と言ってくださったんです。「君らは漫才を始めてどれくらい?」「まだコンビを組んで半年くらいです」「まだ半年でこんな漫才できるの? 最近の漫才は変わってきたね」と仰っていましたね。

番組が終わり、楽屋で着替えて師匠たちと帰ろうとすると、アチャコさんがプロデューサーと付き人を従えて歩いている。すると「君らのコンビ名をもう一度教えて」「B&Bです」「横文字か。新しいね。漫才も変わってきたね」と言いながら、俺ら2人の頭をポンポンと叩いて「頑張りなさい」と言いながら、去っていきました。

伝説的な漫才師に褒められて、すぐにでも芸人仲間に喋りたかったけど、当時は今のように携帯電話なんてないでしょ。花月の楽屋へ行くと、「アチャコさんの前で漫才なんて凄いな」と芸人仲間からも言われましたよ。みんなも見ていてくれたらしいです。当時は、横山エンタツさんの息子さんの花紀京さんが吉本新喜劇の座長を務めていたんです。また、俺らが現役で漫才を観たことがあったのは、中田ダイマル・ラケットさんや夢路いとし・喜味こいしさんくらい。

初代の相方も、二代目の相方の上方よしおも、三代目の相方の洋八も、俺は相方に恵まれているんですよ。当時は、芸人の数が今より少ないのもあったかもしれないけど、コンビを組んですぐに何度か関西ローカルの番組に出してもらっていましたね。俺もよくネタにするし、芸人仲間も「なんでやねん」しか言わないと、洋八のことを言いますけど、やはりツッコむ間は絶妙ですよ。本人も喋りたい時も我慢してツッコみだけに専念しますから、ある意味では天才ですね。

B&Bの漫才、特に俺は、間は笑福亭仁鶴さんや中田カウス・ボタンさん、スピード感はやすきよさんに影響を受けていますね。ネタの作り方は、桂三枝（現・桂文枝）さんや文珍さんを参考にしていました。おふたりは、時々、古典落語以外をやるんですけど、その時に日常の些細なこと、たとえば箸の使い方なんかをネタにしていましたからね。

藤山寛美先生の度量

漫才ブームの頃には、B&Bはすでに東京に住んでいましたが、ちょくちょく大阪のテレビ番組にも出演していたんです。ある日、大阪でテレビ番組の収録があった。俺らも漫才ブームでお金を稼げるようになったから、噂には聞いていたけどそれまで値段が高くて手の届かなかったクジラ料理専門店へ、洋八とマネージャーの3人で訪れたんです。初めて店内に足を踏み入れると、そこにいたのはなんと昭和の喜劇王、藤山寛美先生だったんですよ。若手の頃からお世話になっている読売テレビの名物プロデューサー・有川さんの勧めで、劇場や有川さんが持っていたビデオを見て勉強させてもらっていましたけど、まさかご本人に会えるとは思いもしなかったですからビックリしましたね。しかも「B&Bくん」と寛美先生から声を掛けていただいた上に、「もみじまんじゅうー!」という俺のギャグを知っていたんです。なんでも寛美先生が従業員役で出演されたカステラ屋を舞台にした喜劇があり、お客さんが「カステラありますか？」と従業員役の寛美先生に尋ねると、「他にもありますよ」「何があるんですか？」「もみじまんじゅうー！」。芝居の中で俺のギャグをアドリブで使ってくれたという。そんな話を初めて聞いて感無量でしたよ。挨拶を終えて、クジラ料理を堪能していると、寛美先生が「先に帰るな」と俺の肩を叩きお店を出た。俺らも会計をお願いすると、「寛美先生が支払って帰りましたよ」。困惑して「どうしたらいいんですかね？」と女将さんに相談すると、「寛美先生はご存知の芸能人の方がいらっしゃると、いつもご馳走されるんです」。仕方がないから「すみません。また来させていただきます」と言い残し、その日は帰りました。

2ヵ月半後、その店のクジラ料理があまりに美味しかったからまた行ったんです。店の10メートルくらい前に差し掛かり、「寛美先生がまたいたらタダやな」なんて冗談を言い合っていた。店に入ると、またも寛美先生がいらっしゃる。松竹の劇場に近かったからでしょうね。当時の寛美先生は劇場でしか見れなかった。しかもチケットは常に完売な上、テレビ中継もなかったんです。俺らの顔を見るなり「また会ったな」

「先日はご馳走様でした。ありがとうございました」「いやいや、僕は毎日劇場に出ているから大丈夫よ」。食事をしていると、寛美先生が作家の方とお芝居の台本について話し合っているのが聞こえてきました。寛美先生たちが店を出る時に、挨拶をすると「また会えたらいいね」と返してくれたんです。そして会計を済ませようとすると、またも寛美先生が先に支払ってくれていた。さすがに申し訳ないので、花でも贈ろうかと考えましたけど、劇場に花のプレゼントがたくさん届くでしょ。困った俺らに女将さんが「先生はよくご馳走するから、なんのお返しもいらないわよ。こうやって喋るだけでも先生は楽しいんやろうね」とアドバイスしてくれた。「よろしくお伝えください」とだけ告げ、店を後にしたんです。

伝説的な人物に出会うって、どこで会うかわからないものですね。大阪には、飲食店が何百、何千軒とあるわけでしょ。いくら松竹の劇場が近くにあるからといって、そのクジラ料理のお店にばかり来るとは限らない。それでも2回連続でご一緒して、ご馳走までしてもらった。こんな不思議な体験は後にも先にもないですよ。

桂春団治師匠の三段落ち!?

藤山寛美先生に偶然2回も遭遇した大阪のクジラ料理店は、あまりにも美味しいから結局4回も行ったんですよ。3回目に行ったのは、2回目からさらに3ヵ月後のこと。その日も、大阪のテレビ番組の収録後でしたね。洋八とマネージャーの3人で向かったんです。でも、もしまた寛美先生がお店にいらっしゃって、3回もご馳走になったら、寛美先生にご馳走になるために行っているみたいでしょ。だから、入る前に店内をこっそり覗いてみたんです。さすがにその日は寛美先生はいなかった。でもね、安心して店内に入ると、今度は3代目の桂春団治師匠がいたんです。

「師匠、おはようございます！」と挨拶をすると、

「よくこの店を知ってるね。大阪で一番美味しいんだ」

「僕らは今日でこの店に来るのは3回目なんです。1回目と2回目に来た時は、藤山寛美先生がいらっしゃったんですよ」

「寛美先生は時々来られるみたいだよ。何か言われた？」

「自分のギャグ『もみじまんじゅう―！』を舞台で使ったことがあるとおっしゃってました」

「寛美先生はアドリブの天才ですからね。ところで君らは東京に住んでるんだろ？」

「そうです。でも仕事で大阪に来る際にここに来たら、2回も偶然寛美先生に会って、2回ともご馳走になったんです」

「寛美先生らしいね」

あとは少しだけ芸の話をして、それぞれでクジラ料理を堪能していた。すると春団治師匠が「僕はもう先に帰るから。頑張りや」と声を掛けてくれた。

「師匠、どうも失礼します」

「僕はね、寛美先生と違って、君らの分は払えないから。ごめんね。それに君らのほうが儲かってるやろ。僕は3代目の春団治やからね」

そう言い残して店を後にしたんです。俺らが何度も、寛美先生にご馳走になった話をしたからなのかどうかはわかりませんよ。また初代の春団治さんは、豪快で有名な方で、芸人は飲めや、食えや、遊べやと言って、ご馳走してくれたかもわかりませんね。それにもしかしたら、落語家さんだから2回も寛美先生に奢ってもらった話をしたフリに、3回目でうまく落としたのかも。三段落ちというやつです。

4回目は、洋八とマネージャー、テレビ局の社員さんの4人で訪れたんです。その時は芸人さんはどなたもいらっしゃらなかった。会計を済ませようとすると、「今日は俺が払う」と洋八が言い出したんです。「寛美先生やないんやから」と俺がツッコむと、今度はマネージャーが「事務所の経費で落としますよ」。テレビ局の社員さんも「いやいや、テレビ局の経費で落としましょう」。4人で誰が払うか言い争っていたんです。結局、割り勘で支払うことで落ち着きました。その様子を見ていた女将さんが「あんたたちセコいわね。寛美先生にはなれないわよ」とピシャリと一言。それを聞いていた他のお客さんは大爆笑。女将さんが厨房に入ると、近くにいたお客さんから「女将さんは、エンタツ・アチャコの花菱アチャコさんの娘さんらしいですよ」。どおりで面白いツッコミだと思ったんですよ。

数十年後、福岡の博多座や名古屋の中日劇場で上演した舞台『島田洋七のお笑い「佐賀のがばいばあちゃん』で俺は初めて座長を務めたんです。それまでお笑い芸人が歴史ある劇場で座長を務めることなんてなかったんですよ。その時、俺は藤山寛美先生のなんでもないセリフでも観客を大爆笑に包む、独特の間を意識して稽古に励みましたよ。

横山ノックさん「芸人の血が抜けんのじゃ」

上岡龍太郎さんが'23年5月に亡くなられましたね。俺は洋八と東京に引っ越す時に、たまたま新幹線で声を掛けてもらったくらいしか接点がなかったんです。上岡さんは元々、横山ノックさん、横山フックさんとのトリオ『漫画トリオ』のメンバーだったでしょ。ノックさんとは何度か会ったことがあるんです。

漫才ブームが終わってすぐの頃、家族とハワイ旅行へ行ったんです。偶然、紳助とも一緒のホテルだった。お互い家族で来ているから、子どもたちは早く寝てしまうでしょ。夜の10時頃、泊まっていたホテルのロビーで無料のコーヒーを飲みながら話していた。すると大きな声で笑いながらロビーに入ってきた人がいたんです。秘書さんを引き連れてね。すぐにノックさんだとわかりましたよ。紳助と「ノックさんはすぐにわかるな。頭もピカピカ光っていて」と話していると、ノックさんが近づいてきたんです。

「おはようございます」

「お前ら、俺の頭がピカピカ光っていると今言ってたやろ？」

「え？」

「悪かったな。こんだけツルツルして光っていて、どこからでもすぐにわかると聞こえたわ」

「言いました。すみません」

夜の10時だからロビーに人気《ひとけ》はなく静まり返っていたので聞こえてしまったんですよ。

続けて、

「お前らは兄弟弟子やな？　仲いいな。それにしても(今いくよ・くるよさんも含め)

3組も弟子が売れるのは珍しいな」

「ノックさんは漫画トリオで売れて、その後、参議院議員に当選してびっくりしましたよ」

「国民の皆さんが票を入れてくれたからな」

そう話していると、おもむろにノックさんに1万円札を手渡された。なんでも日本で言うかき氷が美味いから、そのお金で食べてこいとのこと。お店の場所も詳しく教えてくれました。

翌日、子どもたちとその店へ向かったんですけど、「○○ストリート」と教えられても英語もわからないからたどり着けなかったんです。近くに、大きな紙コップの中にガチガチに固まった氷に色鮮やかなシロップがかかったのが売っていたので食べてみたんですよ。日本のふわふわのかき氷と違って、かち割りみたいでしたね。ノックさんは絶対これを食べてないだろうなと思いながらホテルに戻ると、またもノックさんに会った。

「昨日、ノックさんに教えてもらった店は見つけられなかったんですけど、紙コップに入ったガチガチの氷の塊は食べました。むちゃくちゃ硬いじゃないですか」

「お前ら引っかかったな（笑）。俺も美味しいというから3分の1くらい食べたら、暖かいハワイで寒くなったわ」

「議員さんになっても俺らをドッキリカメラみたいに騙して、何やってるんですか？」

「議員やっていても芸人の血が抜けんのじゃ」

どんな国会議員かと思いましたよ。

新幹線でも何度か会いましたね。挨拶をすると「元気か？」、続けて小指を立てながら「洋七は女の子ナンパしてるか？」と大きな声で聞くんです。

「議員先生なんですから、そんなこと聞かないでくださいよ」

「君ら芸人の顔見たら、芸人に戻るねん」

芸人の顔を見ると、芸人の喋りをしないとと思うんでしょうね。そんなことが3〜4回ありましたよ。

でも、国会答弁を見ていると全く違う。やはり弁が立ちますね。それを見て、当時「お笑いで売れた人は頭が良いな」と紳助と話していましたね。

「俺らぐらいやな。頭悪くて売れたのは」

「ホンマですね」

紳助も、そう納得してましたよ。

第4章

苦楽を共にした同期や後輩芸人

吉本の同期や後輩には強烈な個性を持った芸人が多いですね。最近、若手のお笑い芸人が出演しているテレビ番組を見ると、みんな真面目なコメントばかりで特にそう思うんです。仲の良かった間寛平や西川のりお、ザ・ぼんちのおさむはボケまくりますよ。

動きだけで笑いを取れる男、間寛平

喋りではなく、世界でも稀に見る動きだけで笑わせることができるのが間寛平です。他には、チャップリンやMr.ビーンくらいでしょうね。間寛平と出会ったのは、俺が吉本興業に入って、うめだ花月で進行係の初日のことでした。進行係は、新喜劇が始まる前に、セットを組んだり、落語家さんが出る前に高座台を出したりするんです。寛平も、まだ新喜劇に入って半年か1年しか経ってない頃ですよ。

幕が開くと同時に「配達に行ってきます」と従業員役の寛平が台詞を口にすると、新喜劇が始まるんです。それ以降は、寛平の出番は一切なかった。舞台袖に戻ってきた寛平に「もう戻らへんの?」と聞くと、「まだ入ったばかりやから、こんなんばっかやねん」。

初めて間近で見る新喜劇だったので、物珍しくて俺は毎日食い入るように見ていたんです。今は1週間公演ですけど、昔は10日公演だったんです。10日間、袖に戻ってきた寛平と毎日言葉を交わしていくうちに、段々と仲良くなりましたね。

1週間くらい経った頃、「どこ住んでんの?」と寛平に聞かれたんです。当時、俺は住吉に住んでいた。寛平は、住吉から堺に向かった場所に住んでいて、家も近かったんです。

「洋七の家に寄っていいか?」

「ええよ」

なんでも寛平は親に「新喜劇なんかに出るなら家に帰ってこんでいい。ちゃんとした仕事せえ」と叱られていて、家に居づらかったようでしたね。昔は芸人になるなんて言おうものなら、そんなもんでしたよ。

俺は、佐賀から家出同然で、嫁さんと飛び出してきたでしょ。当時はまだ結婚はしていなかったけど、4畳半一間、共同トイレのアパートで同棲していたんです。俺の家に来た寛平と「腹減ったな」と冷蔵庫を開けても、何も入っていない。嫁さんが帰ってくれれば、なんかできるだろうと思って、仕事から帰ってくる嫁さんを駅まで俺1人で迎えに行ったんです。当時、嫁さんは経理の仕事で会社勤めをしていましたからね。嫁さんと帰宅すると、「チュッチュ」と音がする。ドアを開けたら、寛平が冷蔵庫からマヨネーズを出して舐めていたんですよ。当時は、本当にお金がなかったから、冷蔵庫にはマヨネーズとケチャップくらいしか入ってなかった。それを見た嫁さんが、ご飯だけ炊いて、ササッと焼き飯を作ってくれましたね。腹が減っていたから、あの時の焼き飯は美味かったな。それから3ヵ月もすると、寛平は3日に1度は泊まるようになってましたね。自宅に戻っても親に怒られるのが嫌だったんでしょうね。4畳半に3人でよく寝てましたよ。

いつものように寛平が俺んちにいると、急に電気が落ちてつかなくなったんです。

「電気代払うのが遅れたから、止められたかも」と嫁さん。そうしたら寛平が、

「俺は電気工事のバイトしたことあるから、電柱から電気をつなごう」

「アホなこと言うな。そんなもん感電したらどうすんねん。しかも怒られるやろ」

「いや、大丈夫や」

「大丈夫やないねん」

そう言ってても聞かなくて、近所の金物屋で電線を買ってきたんです。

ちょうど家の前の電線が低いところを通っていたから、俺が寛平を肩車して電線につなごうとしたら、「あんたら何してんの？　そんなことしたら感電して死ぬで」と家の裏にいた大家さんにピシャリと怒られてね。

「電気代を払い忘れていたんですよ」

「じゃあ、今から払いに来い」

支払うとすぐにつきましたね。

つい最近ニュース番組で見たけど、開発途上国では電気を勝手に盗むとかあるらしいですね。昭和の日本でも俺らはやろうとしてましたよ。

食えない時代にお世話になったラーメン屋の夫婦

劇場の仕事が5時頃終わり、寛平と2人で家にいるとお腹が減って仕方がなくて、ケチャップとマヨネーズを皿に出して、指で舐めていたら、帰宅した嫁さんがラーメン屋へ連れていってくれたこともありましたね。

ラーメン屋へ向かう途中、嫁さんから「チャーシュー麺は絶対に頼んだらアカンで高いから。普通の味噌ラーメンだけ」と釘を刺された。店に入り、味噌ラーメンを3つ頼み、周りを見回すと美味しそうなチャーシュー麺を食べている客がいる。それを見た俺と寛平が「俺らもあんなん食べたいな」、「味噌ラーメンでもありがたいと思わな。あんたらさっきマヨネーズ舐めてたやろ」と嫁さんがピシャリ。目の前で、調理している店主の夫婦がそれを聞いて笑っているんです。

その後、寛平と話していると、「あんたら吉本の人?」と聞かれたんですよ。俺らの顔を誰も知らない頃だったんです。「僕は今は進行係ですけど、漫才をやりたいんです」と答えると、寛平が「僕はもう舞台に上がってます」。「お前は『マスター、配達に行ってきます』だけやろ」とツッコんだ。するとおばちゃんが笑いながら「最初はそんなもんやんね」。またも「チャーシュー麺食いたいな」と繰り返していると、「そんな聞こえるところで言わんといて。わかったわ。奢ったる」とチャーシューをサービスしてくれたんです。

1週間後、その店へ3人で行くと、おっちゃんが「今日はもうチャーシューはまけへんで」。「この前ご馳走になったから今日はエエです」と俺は言ったんですけど、寛平がうちの嫁さんに「チャーシュー麺食べていい?」と聞いている。「だから聞こえるところで言わんといて」とおっちゃん。結局、その日もチャーシューをご馳走になったんです。「その代わり、あんたら売れたらこの店へしょっちゅう食べに来てや」。大阪は、売れていない芸人を育てる街なんです。「売れや」「頑張りや」と言って、おまけしてくれる。

その後、俺は師匠に弟子入りし、関西ローカルの番組に出るようになり東京進出。漫才ブームで売れた。寛平も新喜劇で人気者に。すっかりお世話になったラーメン屋のことを忘れていた頃、売れていない頃の思い出の地を巡る番組のロケで、当時住んでいたアパートへ行って、ラーメン屋のことを思い出したんです。その店を訪れると、店主の夫婦は、最近よくテレビで見かけるのは、絶対にあの時の2人だけど、「恩返しに来る言うて来ないな」と噂していたらしいんですよ。でも「芸人さんは若い時は苦労するし、腹が減っていたんやろうね」と温かく迎えてくれた。ロケ隊8人前のチャーシュー麺を頼んで、その店を後にした。他の場所でのロケの間、マネージャーに色紙を買っておいてと頼んで、その店に戻ってサインを渡すと、「ありがとう！」と物凄く喜んでくれたんですよ。帰り際に、店主の夫婦がチャーシューを丸々1本包んでくれました。そのことを寛平に話すと、寛平も新喜劇の若い子らと行ったみたいです。

寛平との縁

それから1年くらいして、寛平は新喜劇に出演していたけど、稽古だけなら、しゃべくりの練習になるからと、2人でよく漫才の稽古をしていたんです。うちの師匠、島田洋之介・今喜多代の出番と、寛平が出る新喜劇がよく重なったから、新喜劇が終わり、セットを片付け終わると、スタンドマイクを舞台の中央に置いて、練習させてもらっていた。俺がネタを書いて、ネタ合わせしていたんですよ。他の芸人もその様子を見てたから、「君ら、漫才すんのか？」なんて聞かれて、段々と会社で噂になっていったんです。その噂が、吉本本社の人の耳に入ってしまってね。部長さんが、ある日来たんです。「ごめんな。徳永くん。寛平は貴重品やねん。このキャラクターはなかなかいないわ。いつか新喜劇のスターになるから、漫才はさせられへんねん」。まだ俺は芸名もついていない時だから、本名の徳永で呼ばれていたんです。

部長さんの言う通り、それからすぐ、寛平が登場するだけで物凄くウケてたんです。舞台に出て、「台詞はなんだったたっけ？」なんてあの顔で言うんですよ。お客さんはギャグだと思うでしょ。その後、24歳で座長になりましたからね。また『ひらけ！チューリップ』で歌手デビューすると、曲も大ヒットしたでしょ。

漫才ブームが去った後に、間寛平とも1～2年だけですけど、コンビを組んだことがあるんです。漫才ブームのすぐ後くらいだったから、漫才番組自体が少なくて、『花王名人劇場』くらいしかなかったんじゃないかな。世間では、『オレたちひょうきん族』などのバラエティー番組が人気の頃でしたね。しかも、漫才ブームで世間はもう漫才でお腹いっぱいの時でしたから。漫才ブームの3〜4年間は、各局漫才番組だらけだったんです。セットもお金がかからないし、センターマイクを1本置いて、後はキャスティングをするだけ。低予算で視聴率を稼げたからでしょうね。その後、お笑いブームが再び起こるまで、17、18年かかりましたよ。

寛平は、もともと友だちだから漫才で「ああせえ、こうせえ」とは言いにくいんですよ。だから、短期間でコンビを解消したんですけどね。でも、寛平みたいな芸人は見たことないでしょ。新喜劇では、杖持って振り回して、「かいーの」とか好き勝手にやっている。誰にも真似できないですよ。俺もそんなこと考え付きもしない。

2000年代に入ると、「アースマラソン」というマラソンとヨットで地球一周をするプロジェクトを寛平が始めたでしょ。その時は心配で心配で涙が出ましたよ。だって、寛平はヨットを動かしたことなんてなかったんですよ。いくら同行したマネージャーの比企くんがヨットの経験があるといっても、世界情勢を考えたら危険な地域も多いでしょ。このままどこかで死んだらと思ったら、心配しかなかったですよ。2年1ヵ月かけて、無事にゴールしましたけど、1ヵ月に1~2回は海上でも使える携帯電話で話しましたね。料金が高いから「元気か?」「頑張れ」とか短い会話ばかりでしたけど。

中国の青島から福岡の博多港に戻ってくる時は、俺も駆けつけました。テレビカメラや報道陣がたくさん取材に来ていましたけど、お互い涙、涙でしたね。命があるだけでも、凄いなと思ったんです。しかも後日、話を聞くと、福岡に近づいた時、日本のラジオが入ったらしいです。「この声、聞いたことあるな」、「これ洋七さんの声ですよ」と比企くん。今も続いているけど、当時から俺は朝の7時54分から九州朝日放送で『島田洋七の朝から言わせろ!』という5分のラジオ番組に平日毎日出演しているんです。偶然にも、久々に日本で初めて聞いた声が俺なんて、何かの縁でしょうね。

ボケ倒す男たち　西川のりお、ぼんちおさむ

俺が22～23歳の頃から付き合いがある西川のりおとぼんちおさむもまた滅茶苦茶ですよ。

今から、17年ほど前、俺とのりお、おさむの3人が旅番組で西表島へ行ったんです。石垣島から西表島行きの船で向かう途中、ディレクターから「船から西表島に上陸するところで1人ずつコメントをください」と指示があった。俺が先に下船し、次はのりおの番。「ツッタカター！　ツッタカター！」と感想も言わずに、200mくらい勝手に歩いていくと、カメラのほうを振り返り「誰か止めてくれ！」。「止めてくれも何もお前が勝手に行ったんやろ」とツッコむと、「何が？」「ディレクターから、『西表島に着きました。ここから名所を紹介します』と言えと指示されてたやろ」。そうしたらまたも「ツッタカター！」と言い出した。「だから、話を聞け」と諭すと「ツッタカターは、わかったの意味や」。

その後、島内をロケバスで回りながら、撮影が始まった。島で一番美味しいという沖縄そば屋で一口食べて感想をコメントすることになったんです。俺は「コシがあって、今まで食べた中で一番美味しいですわ」とコメント。レポーターから味の感想を求められたおさむは「おさむちゃんで〜す」。困ったレポーターが「そうじゃなくてですね。沖縄そばの味はどうですか?」と聞き返すと、「おさむちゃんで〜す」とまたもギャグで返したんです。するとレポーターが「飛ばします」と冷静にあしらうと、慌てたおさむは「美味しいです。美味しいです」と必死にコメントしていましたよ。

のりおものりおで案の定「ツッタカター!」とボケる。レポーターが「1人はまともですが、あとの2人は意味不明です」と冷静にレポートしてたからさらに面白い。そうしたら、その後ろで「おさむちゃんで〜す」「ツッタカター!」と2人はずっとボケていた。それを見て「さて、あと何分持ちますかね」とレポーター。さすがに疲れた2人が「もう止めてくれ。喉がカラカラになるわ」とボヤいてました。

2人とは楽屋でもしょっちゅう喋っていましたね。ある日、野球の話を喧々ごうごうしていたら、なんばグランド花月の係の人が「のりおさん、出番です」と呼びに来た。

振り向いたのりおは「おさむ、代わりに出てくれ。わからへんやろ」。「わかった。代わりに俺が出る」とおさむ。係の人が「わかりますって」とさすがに止めていましたね。

また後輩が「のりおさん」と呼び掛ければ、「誰が郷ひろみや」と決まってボケますよ。話を振っても、スルーせずにずっとボケてますね。「休憩せえ」と言いたくなるくらいですよ。お金を払わないと申し訳なくなるくらい面白い。

おさむとは、よく飲みに行きましたけど、いつも俺が奢っています。一度だけ「今日は俺が奢るから」とおさむが言ったんですが、結局は割り勘でした。でもね、飲んでいてもサービス精神は旺盛だし、愛嬌があるし、笑わせてくれるので惜しいなんて思ったことないですよ。

今のテレビ番組でこんなに滅茶苦茶な芸人は見ないでしょ。たとえば、3人でCMに出れば、2人は「おさむちゃんで～す」「ツッタカター！」と後ろでずっとボケてますよ。俺がきっちり商品説明をする。俺じゃなくても、その企業の社長さんでもいいでしょうね。コロナに戦争と暗いご時世だからこそ、広告代理店の方、こんなCMはどうですか（笑）。

ザ・ぼんち　まさとからの感謝

ぼんちおさむの相方、里見まさとから突然、佐賀の家へ行っていいかなと電話があったんです。ザ・ぼんちとB&Bは同じく漫才ブームで売れて、芸歴もほとんど同じ。ザ・ぼんちでも、俺はどちらかというとおさむとはよく飲みに行ったり、遊びに行ったりしていたけど、まさととはそんなになかった。しかも博多へ来たついでに家へ寄るならわかるけど、佐賀へ直接来るというから何事かと思いましたよ。

約束の日、最寄りの駅へまさとを迎えに行くと、「ほんまに迎えに来るとは思わんかった」と言うから、「バカか。迎えに行くことを嘘ついてどないするねん。俺は社会生活できへんやろ」と言いましたよ。俺は芸人・島田洋七の時は、嘘やホラで笑わせることもありますけど、普段はそんなことはしませんよ。たけしも以前、ラジオ番組で「洋七の嘘は罪にならないから」と言ってくれましたね。

その後、まさとは自宅へ来て、俺と紳助が写っている写真やたけしと写っている写真が部屋に飾ってあるんですけど、それを一枚一枚写真で撮っていましたね。コロナもまだまだ収束していない頃だったから、家では15分くらいだけ話して、外へ出て、近所の寿司屋へ嫁と3人で行ったんです。

そこであらためて「今日は何しに来たん?」とまさとに聞いてみたら、「この40年のお礼を伝えに来た」と言うんです。何のお礼かと思って、詳しく聞いてみると、B&Bは漫才ブームの前に吉本を辞めて、東京へ進出したんです。その時、俺らは「関西の漫才を全国に広めたる。もし東京進出が失敗したら芸人を辞めて、広島へ帰ろう」。それくらいの意気込みで上京したんですよ。まだ東京に吉本自体も進出していない時代でしたからね。

そうしたら、大阪の漫才が全国でウケて、漫才ブームが起こった。漫才ブームの中心は、俺らとツービート、ザ・ぼんち、紳助・竜介、のりお・よしお。3〜4年と短い期間だったけど、ザ・ぼんちなんて単独ライブを武道館で開催したほどの人気を誇った。まさとは、今でもザ・ぼんちという看板でご飯が食べられるのは、俺らが東京へ進出して、漫才ブームを起こしてくれたおかげだと、感謝の気持ちをわざわざ伝えに来てくれたんです。未だに漫才ブームの中心だった漫才師を、50代以上の人たちは名前も知っているでしょ。まさとは、テレビでたけしが「洋七が東京へ進出しなかったら漫才ブームもなかった。そうしたらツービートも世に出ていなかったから、俺は映画監督もやってなかったよ」という内容のことを話しているのを見たことがあるらしいんです。それを見た時も、自分らもいつかお礼の言葉を伝えないといけないなと思っていたらしいんですよ。寿司屋で30分くらいその話をしてくれた。芸人とそんな真剣な話をしたのは初めてかもしれないですね。楽屋で話したり、飲みに行ったりしたらいつもふざけてギャグを言って終わりですから。それからまさとが泊まるホテルの前で、2人で握手しながら涙を流しましたよ。それを見ていた嫁さんは「あんなおとんは初めて見た。ドラマのワンシーンのようだった」と言ってましたわ。芸人同士の別れ際は、「アホかボケ、またな」とギャグで別れるのが普通ですから。コロナ禍で、オンラインでなんでもやり取りするような風潮がありますけど、大阪からわざわざ佐賀まで来てくれたその行動が嬉しかったし、やっぱり人と人は直接会って、腹を割って話すものだなとつくづく思いましたね。

選挙運動でもボケまくる同期たち

俺は1995年の参議院議員選挙に埼玉県選挙区から出馬したことがあるんです。当時、埼玉県所沢市に自宅があり、近所の喫茶店へ行くと女性3人が話しているのが聞こえてきた。自宅のローンがあるから働かなければいけないとか、あとの2人はシングルマザーで子どもを預ける施設がない。夜はスナックで働いているけど、その間、子どもを預けていても、スナックで働いた給料がなくなるほど料金が高いと愚痴を言っていました。そんなに大変なんだなとその時は思ったんです。

後日、行きつけの寿司屋で、政治談義に花を咲かせている45歳くらいの4~5人の男女がいた。俺に気がつくなり、「洋七さん、参院選に出てくれませんか?」と突然頼まれた。「俺はアホでっせ」とやんわり断ると、「洋七さんのような一般の人の目線で気持ちがわかってくれる人がいいんです」と言うから、「出る、出る」とギャグでその場を凌いだんです。

当時は、レギュラー番組が1本と講演会のみで比較的ヒマな時間が多かったから、埼玉県について調べてみると、埼玉県の人口は全国で5位などいろんなことがわかった。

1週間後、家のインターホンが鳴り、出ると先日寿司屋で会った人たちがいた。「私たちがすべてお手伝いをするのでぜひ出馬してください」。喫茶店で聞いたシングルマザーの人の話から、駅に託児所をつくったりすればいいんじゃないのか。学校の先生には、大学卒業後14ヵ所くらいの職場を1ヵ月間ずつ体験し、社会勉強してもらったらいいんじゃないかなどのアイディアが浮かんでいたんです。でも、その時は「ちょっと考えさせてください」と一旦保留したんです。

当時、ライオンズファンの知り合いで、埼玉大学で政治学を学ぶ学生がいたから、彼に相談すると「僕らも手伝いますから」と言う。供託金300万円を自分で出して、なるべくお金がかからないように自宅を選挙事務所にし、無所属で出馬することを決めたんです。出馬するなんて初めてでわからないことばかり。チラシを配るのも選挙管理委員会の認印が必要だったりと面倒な上に、とにかくお金が物凄くかかるんですよ。選挙カーもよくあるバンと軽自動車の2台借りただけです。

選挙運動に駆けつけてくれたのが間寛平とぼんちおさむです。大宮駅前での出陣式には間寛平が来てくれた。紹介されるなり、演説台に上がった寛平は「アヘアヘアヘ」と第一声。寛平は人気者だったから、見に来た人は大爆笑。

「ギャグはええから、意味わからんやろ」とツッコむと、「洋七は頭悪いなりに一般の人の気持がよくわかる。国会議員に庶民の気持ちはわからない」と、いいことを言ってくれましたよ。

選挙カーで埼玉県内を回ったけど、選挙運動をしたことがないからどこを回ったらいいかわからなくてね。埼玉と東京の境辺りまで行くと、パトカーに止められたんです。「島田さん、ここは東京都ですから選挙区ではないですよ」。気がついたら、東京都内で選挙運動をしてたんですよ。慌てて、埼玉県内に戻りましたよ。

その日、軽自動車ではぼんちおさむが駆けつけて応援をしてくれていた。運転をしていた弟子にどうだったか尋ねると、「おさむちゃんで～すしか言ってなかったです」。おさむに「お前、島田洋七って言えよ」と言うと、「看板に島田洋七と書いてあるからわかるやろ」と反論するから、「中にはお前が出馬すると思う人もおるやろ」。いろんなボランティアの方が協力してくれて選挙戦を無事に終えましたが、結果は落選でした。2週間くらいの選挙運動で8キロも痩せましたよ。でも、ホンマにいい経験をさせてもらいました。

どこまでも真面目な男、オール巨人

先述の3人に比べ、真面目な男がオール阪神・巨人のオール巨人です。厳しい人とよく言われますけど、本当はすごく優しくて、真面目な男です。正統派の漫才だけでなく、人間としても正統派というのかな。確かに芸や挨拶に対しては厳しいかもしれない。でも曲がったことが嫌いなだけなんですよ。多くの芸人は後輩に好かれようと、あまり厳しいことを言わないものなんです。でも彼は「稽古しいや」と後輩に会うたびに言う。それを言われたほうが面倒くさいと思うか、ありがたいと思うかどうか。俺が後輩だったら、ありがたいと思うな。やはり稽古を積み重ねるかどうかで売れる、売れないが決まってくる。たとえば、同じ10年の芸歴がある2組のコンビがいて、片方は売れているけど、片方が売れていないとする。そこは稽古量の差だと思いますよ。天才と世間でもてはやされる芸人も、元々の才能に加えてしっかり稽古をしてるもんね。大した才能がないなら、天才の倍は稽古しないと同じようには売れないですよ。

お笑いの世界に入って、5年や10年経つと先輩にも後輩にも知り合いができて、先輩も新人の時のようには言わないから気が楽になる。〝芸人慣れ〟してくるんですよ。そうなると、流して稽古をして、いつかは売れるだろうと思ってしまうんです。でもそれは違うんですよ。いつか来るチャンスを掴むためには、ギャグを考えたり、新しいネタを考えたり、しっかりと稽古を積むことが大事なんです。だから、オール巨人のようにいつも「稽古しいや」と言ってくれる先輩は貴重ですよ。

彼は後輩に言うだけでなく、今でも新しいネタを作ったり、稽古を積んでますよ。もう何十年も師匠と言われるベテラン芸人になっていてもですよ。芸人は、売れると司会や、今ならコメンテーターとしての仕事が多くなって、あまりネタを作らなくなる。でも、彼らは未だに新しい笑いを追求している。漫才のネタの本数は、日本で一番じゃないですかね。

一昨年の2月、大阪で講演会があって、ちょうど俺の誕生日だったんです。島田紳助が食事会を開いてくれて、オール巨人も来てくれた。食事会が始まって30分も経つと、巨人は漫才の話ばかりしますよ。彼がその時言っていたのは、50代には50代の、70代には70代のネタがある。70代なら病気の話とかね。「それを探すのが僕らの使命です」と言うから、ホンマに真面目やなと(笑)。そうしたら、ちょうど俺の娘から電話がかかってきて「今から日本一の漫才師に代わるわ」と巨人に電話を渡したら、「オール巨人です。お兄さんにはお世話になっております。ちょうど今、お兄さんとネタの話をしておりました」って娘に向かって喋るから、「どこまで真面目やねん。うちの娘やからそんな話し方しなくてエエねん」と言うと、紳助も「もうネタの話はエエやんか」とツッコんでましたね。巨人は「お兄さんの娘さんなので」と言ってましたけど。彼らは、漫才も正統派で、下ネタは一切入れないし、芸人だから多少のことは許されるとは考えていない。本当に正統派なんです。これまで何百人と芸人を見てきましたけど、一番真面目で尊敬してますよ。だから、会うたびに「真面目やな」

と言うと、「兄さんたちが遊び過ぎですわ」と返されますね。

「芸バー」明石家さんま

漫才ブームが去って、仕事が少なくなった時期に、俺はいろんなことをやりましたよ。当時、自宅のあった所沢で『まぼろし軒』というラーメン店を開きました。開店初日は記念に半額にしたら、たけしが深夜ラジオで「洋七の店のラーメンはタダらしいぞ」と間違った情報を流してしまった。結果、700人くらいの行列ができてしまいましたよ。パトカーまで出動する始末。

他にも六本木で「芸バー」を開いたことがあるんですよ。その頃、吉本は東京に専用の劇場を持っていなくてね。7~8人くらいいた俺の弟子たちに芸を披露する場をつくってあげたかったんです。やはり、人前でやらないと芸は上手くならないですから。「ゲイ」ではなく、あくまで芸を披露する「芸バー」ですよ。

それをワイドショーが勘違いして、洋七さんのオカマバーを取材したいと連絡してきたんですよ。当日、俺らは、全員女装して、きっちり化粧をして、オカマバーみたいに「ママです」と冗談で取材に応じたんです。そうしたら、それがワイドショーで流れてね。それをどこかで聞きつけた明石家さんまが、フジテレビの『オレたちひょうきん族』のプロデューサーと一緒に店に来て、「兄さん、お願いですからそんなことやめてくださいよ。女装なんてしなくてもいいでしょ。金ならあげますから」と言うんですよ。ワイドショーの取材を受けた後、3日間だけサービスとして、ギャグで女装してただけなんだけどね。だから、「ギャグやって」と言ったんだけど。

数時間後に、今度はたけしも来て、「ヤメロ、バカヤロー！　恥ずかしいじゃねえか。男のくせに化粧なんてしやがって」って怒られてね。「だから、ギャグやって言ってるやん」と説明しても、「バカかお前は。口紅取れ！　かつらはずせ！　金に困っているなら、あげるからよ」と言われてね。女装したまま怒られながら、口紅をティッシュで拭いて、かつらをとって、ドレスを脱いで、ブラジャーも外しましたわ（笑）。そう言いながらも、2人とも心配してよく店に来てくれましたよ。結局、店は4ヵ月くらいやりましたね。

さんまとは、弟弟子の紳助と同じ歳だから、6歳離れているんですよ。俺たちが『笑ってる場合ですよ！』の司会を務めていた時、さんまも木曜日のレギュラーだったんです。同じ吉本興業にいたけど、昔はほとんどお酒を飲まなかったから、飲みに行ったのも数える程度しかないんですよ。今は多少、飲むらしいですけどね。さんまは、間寛平や村上ショージ、Mr．オクレなどの同世代の仲間とつるむことも多かったしね。

やっぱり、俺みたいな酒飲みは酒飲む芸人と仲良くなりますよ。だから、たけしといつも一緒にいたしね。たけしも俺もベロベロになるまで飲まないし、酒癖が悪いのが嫌いだから、そういうところも合うのよね。人を笑わせる仕事してるのに、飲みに行ってもクラブへ行けばホステスさん、寿司屋へ行けば大将やお客さんを、飲みながらずっと笑わせているだけですよ。紳助にしても同じで、酒癖悪いところは見たことないし、ずっと笑わせていますよ。

「蟹を食え」片岡鶴太郎

漫才ブームの頃、Ｂ＆Ｂが司会を務めるクイズ番組があったんです。今のクイズ番組のようにスタジオ収録ではなく、郊外、たとえば川越や東村山などの文化会館を借りての公開収録だった。その番組の前説を担当していたのが、片岡鶴太郎でした。吉本で俺も若い時、食えなくて苦労したから、まだ若くて売れる前の鶴太郎を「飯でも食いに行こうか？」と誘った。当時俺は、まだ所沢に家を建てる前で、江東区にあるごく普通のマンションに住んでいたんです。家の近所の行きつけの寿司屋へ、テレビ局からもらったタクシー券で向かった。店に入り、「鶴太郎は何にする？」と聞くと「何にしましょうかね」と悩んでいる。今のように回転寿司があちこちにあるわけじゃないし、鶴太郎は寿司屋のカウンターに座ったことがなかったかもしれませんね。しかも初めて食事に行く先輩の前で、いきなり高いネタは頼めないでしょ。値段も書いてないしね。俺の中で蟹は高級なイメージがあったから、

「蟹食うか？」

「いいんですか？　お願いします」

毛蟹とたらば蟹、寿司を何貫か注文して、少し飲んでその日はお開きにしたんです。

それから約2ヵ月後、同じ番組終わりに同じ店へ行った。またも「蟹を食え」と言うと、「この前、美味しかったのでまたお願いします」。その日も蟹の他に寿司をつまんで酒を飲んで、帰りの車代を渡してお開きになった。その後、鶴太郎も売れ始め、『オレたちひょうきん族』に2人とも出演するようになったんです。当時は、所沢にも家があったけど、四谷にもマンションを借りていて、収録後、数年ぶりに2人で四谷の寿司屋へ行って、3度、蟹を食べさせたんですよ。

その後、鶴太郎はボクシングやヨガ、画家と、いろんな分野で活躍し始めたでしょ。ちょうど画家として活躍している頃、もう今から10年以上前になるかな、鶴太郎の個展が福岡の三越で開催されるという記事を新聞でたまたま読んだんです。久しぶりに連絡してみようとしたけど、一緒に寿司屋へ行った頃は、携帯電話なんてない時代だったから、連絡先がわからない。そこで所属事務所に電話して、俺の携帯番号を教えると、鶴太郎から電話がかかってきた。その日、俺が名古屋での講演後、福岡空港へ帰ってくる時間と鶴太郎の個展が終わる時間が一緒だったので、

「そうしたら、また寿司屋行こうか?」

「洋七さんは寿司好きですね」

その日も、寿司屋へ行ったんです。またも「何にしようかな？」と鶴太郎が悩んでいるから、「蟹食うか？」と一言。そうしたら鶴太郎は大爆笑。

「何がおかしいねん？」

「洋七さん、聞いてください。今日でご飯に連れていってもらうのは30年間で5回目ですよ。必ず寿司屋ですし、必ず蟹食うかと言うじゃないですか。なんで蟹なんですか？」

「美味しいし、俺からしたらエエもんに見えんねん。タコより蟹のほうが高いやろ。せっかくご馳走するなら美味いもんのほうがエエやろ」

このやり取りを聞いていた店の大将もお客さんも爆笑してましたね。

さらに数年後、佐賀で鶴太郎の個展があった。驚かせようと思って、終わる頃に急に楽屋へ行くと、

「佐賀だから来るかもしれないと思ったんですよ。でも今日は蟹食べれません」

すぐに博多へ移動しないといけないない日だったんです。

「洋七さんはいつも寿司屋で蟹を食えと言いますけど、若手や弟子にもそうなんですか？　寿司屋に蟹がない時はどうするんですか？」

「蟹がなければエビや。よく似とるやろ」

少し前に新幹線の品川駅に市川海老蔵（現・市川團十郎白猿）がいたんです。俺の近くにいたおばさん3人組が、「やっぱり蟹蔵さんはかっこええわ」と名前を間違えていた。誰も間違いに気が付かずに。だから蟹と海老は似てると思ったんですよ。

第5章

スター歌手との交友

芸人だけでなく、歌手とも思い出はたくさんありますね。なかには、素人の頃に知り合った歌手と再会するなんてことまで起きたんです。

高校生の時に出会ったクール・ファイブ

不思議な縁で、漫才師になる前の高校生の時にたまたま出会い、その後、漫才師になってから共演した歌手の方がいるんです。

俺は高校は野球のために、佐賀から広島の広陵高校へ行ったんですよ。高校3年生の時、佐賀の同級生のところに遊びに行くと、長崎にでも行ってみようという話になった。夕方4時頃、長崎の街を歩いていると、国際楽器店という店のそばから、綺麗なギターの音色が聞こえてきたんです。スーツを着た人がギターを弾いていて、音色に聞き惚れてジーッと見ていたら、その人と目が合いましてね。「君たちどうしたの？」と話しかけられたんです。「こんなに上手いギターを聞いたのは初めてでビックリしました」と答えると、「君らは夜の10時頃まで暇か？」と聞かれたんです。10時頃の佐賀行きの電車で帰ろうと思っていたから、「暇といえば暇です」と答えたんですよ。するとスーツの男性が「バンドをやっていて、今夜はキャバレーとダンスホールの二軒掛け持ちなんだけど、バンドボーイが休みなんだ。バンドセットを運ぶのを手伝ってくれない？」。そう言って３０００円ずつバイト代を前払いしくれたんですよ。時間通りに言われたキャバレーへ行って、楽器をダンスホールへ運び、バンドのステージが終わるとラーメンまで奢ってもらった。

数年後、俺がまだ広島の八百屋で住み込みで働いていた頃、『ロッテ歌のアルバム』という音楽番組を見ていたら、「内山田洋とクール・ファイブです！」と紹介されて出てきたバンドをよく見ると、長崎でセットを運ぶのを手伝ったバンドだったんですよ。「うわ、この人たちのこと俺知ってるわ」と思わず声に出したら、八百屋の若旦那が「この人たちは今、凄い売れてるよ。なんで知ってるの？　東京にいるよ」。長崎での出来事を話したけど、誰にも信用してもらえなかったんですよ。

その後、俺も芸人になって東京へ進出。東京だと歌手の前座を芸人が務めることが多く、数ヵ月先にクール・ファイブの北海道公演で２日間、前座の仕事が入ったんですよ。その間に、漫才ブームが起きて、俺らもテレビにしょっちゅう出るようになったんです。

いざ北海道のクール・ファイブの公演へ行って「覚えてますか？」と楽屋へ挨拶に行ったら、内山田さんが「覚えてるよ。徳永くんだろ？」と言ってくれたんです。バンド内で「B&Bという最近売れているコンビの顔が丸い子は、長崎で手伝ってくれた子じゃないの？」と噂になっていたらしいですよ。

その時に、前川清さんと電話番号を交換して、東京へ戻ったら飲みに行く約束をしたのよ。後日、前川さんとたけしと俺の3人で銀座へ飲みに行った。前川さんは、当時はお酒を一切飲まなくてね。1軒目の会計をしようとしたら、「俺が先輩だから払うよ」と言ってくれたんですけど、「僕らが払います」と言ってお互い譲らず、支払いをじゃんけんで決めたんです。そうしたら前川さんが負けて、ウーロン茶しか飲んでいないのに13万円も払ったんですよ。2軒目でも支払いをじゃんけんで決めたら、また前川さんが負けてね。またも十数万払っていた。たけしがもう1軒行こうと言い出したら、前川さんは「僕はもう帰る」。そりゃそうですよね。ウーロン茶を数杯飲んだだけで、2軒で30万円近く払ったんだからね（笑）。

山口百恵、西城秀樹、野口五郎と…

漫才ブームの最中に『ハナキンスタジオ』というフジテレビの歌番組の司会をB&Bが務めていたんです。番組は毎週金曜夜から生放送で。ある日、山口百恵ちゃんがリハーサルに遅れてスタジオに入ってくると、ポツンとスタジオの片隅で1人で寂しそうにしていた。何度か共演をしたことがあったから「百恵ちゃん、どうしたん？」と声を掛けたんです。そうしたら「私、あと4本番組に出たら引退するんです」と言うから、ビックリしたね。当時、百恵ちゃんはアイドルの中でも物凄く人気があったからね。「ホンマ?」と言うと「はい」と寂しそうに答えてました。それから10日後くらいかな、週刊誌に「山口百恵、結婚、引退」と大きく報道されてました。

今でこそ、お笑い芸人とアイドルが飲みに行ったりすることもあるかもしれないけど、当時のアイドルはどこへ行くにもマネージャーが一緒でしょ。しかも、自由に出歩けない上に、恋人をつくることも禁止されていたり、車を買っても自由に運転もできない。もし車で事故でも起こしたら大変ですからね。

でも、同じく広島出身で、『オールスター水泳大会』で共演し、仲良くなった西城秀樹とは一度だけ2人で飲みに行ったことがあるんですよ。当時、ものまねタレントのコロッケがやっていた店へ行ったんです。そうしたら、コロッケがやかんを並べて、ジャッキー・チェンのモノマネをしていましたね。秀樹は同じ広島市内出身で、地元の話も通じるから楽しかったね。秀樹は、物凄く真面目な男でしたよ。

当時、秀樹と野口五郎、郷ひろみは新御三家と呼ばれ大人気だったでしょ。ちょうど『私鉄沿線』が大ヒットしている頃、野口五郎とも何度も番組で共演しましたよ。番組で共演するたびに彼が「今度飲みに行きましょう」と言うから、「じゃあ、電話してな」と言ってお互い電話番号を交換していたんです。お互い忙しいから、連絡を取り合わないまま1ヵ月くらい経ち、また番組で共演する。それでまた、飲みに行きましょうと約束して、電話番号を交換するでしょ。俺らも野口五郎も忙しいから、電話番号を交換したことを忘れてしまうんですよ。そんなことが4回あって、「何回、電話番号を教えるねん。かけてきたことないやんか。これで5回目やで」とツッコんだんですよ。そうしたら「そんなに教えましたか」って。しかも、当時は携帯電話なんてなかったでしょ。だから、お互いの自宅の電話番号を紙に書いて交換していたんですよ。共演してから数日後、財布から「田中五郎左衛門」という名前と電話番号が書いてある紙が出てきたんですよ。それを見たマネージャーに「これは誰ですか？今どき、こんな時代劇に出てくるような名前の人なんていますか？」と聞かれ、しばらく考えたんです。野口五郎の電話番号だったんですよ。交換した電話番号を書いた紙をもしも落としたら、大変なことになるでしょ。だから、名前を変えて、メモしていたんです。でも、名前を変えすぎて、自分でも誰だかわからなくなってましたね。

吉幾三の家に本当に来た初めての芸能人

漫才ブームが始まる前、俺らより先に大阪から東京へ進出した落語家が東京を案内してくれることになった。でも、俺らも彼も金がないでしょ。そうしたら安い店にでも行きましょうとなって、新宿で待ち合わせをしたんです。そこに現れたのが吉幾三さんだった。1970年代にすでにヒット曲を出していた吉さんが東京を案内してくれたんですよ。1軒目は焼き肉屋へ行って、2軒目、3軒目と小さなスナックへ連れていってくれた。3軒目のスナックで会計している時に、そこのママさんと吉さんの会話が聞こえてきたんですよ。店が小さかったからね。「この子は大阪から出てきて、これから東京で頑張るところ。今日は持ち合わせがないからツケにしておいて」と話していた。吉さんは有名人だったから、てっきり稼いでいると思って、俺らは焼き肉屋でも遠慮せずに食べていたのよ。吉さんはヒット曲が一周したところで、当時はそんなに稼いではなかったみたいだったな。でも、会話が聞こえたとしても、俺が払いますとも言えないでしょ。

1990年代に入って、TBSラジオで月曜から金曜まで『それゆけ洋七元気丸!』というワイド番組を担当することになったんです。その番組に作詞・作曲家を招くコーナーがあって、ある日、吉さんにゲスト出演してもらった。「あの時は、初めて会うのに焼き肉をおごったり、無理したでしょ」と聞いたら、「大丈夫」と否定していたな。

番組が終わると、スタッフに吉さんから電話番号を預かっていると言われてメモを渡された。電話をすると「たまには気晴らしに青森に遊びに来ない？　家族も一緒に」と誘ってもらったんです。

嫁さんと子どもを連れて、青森へ遊びに行きましたよ。青森空港に着くと、吉さんが1人で迎えに来てくれていてね。それまで営業で青森へ行ったことはあったけど、空港から会館まで直行だからあんまり景色を楽しんだことがなかった。それで青森の自然を眺めていたら吉さんに「何人かのタレントさんを誘ったことあるけど、本当に来たのは洋七くんだけだよ」と言われてしまってね。「俺だけですか？」と聞き返すと「こんな田舎まで誰も来ないよ」。吉さんの自宅に行くと、「僕の曲で知っているのはある？」と聞かれたから、「スナックで『酒よ』はよく歌います」と答えると、吉さんがピアノを弾いてくれて、俺が歌うことになった。歌い終わって吉さんのお子さんに「吉さんより俺のほうが上手いと思わへん？」とギャグで言ったら、「洋七さんのほうが下手」と言われてね。当たり前だけど。でも、作詞・作曲した人の伴奏で歌うなんて貴重な体験ですよ。それで吉さんの自宅から近いホテルに泊まり、翌朝帰ろうとホテルを出ようとすると吉さんが見送りに来てくれていて、吉さんは用事があるからと車を用意してくれていた。帰り際に干したホタテを土産に頂いたけど、空港で見たら高くてビックリしたね。それもたくさん手渡されたから。

吉さんの自宅近辺も俺が育った佐賀も田舎だけど、田舎具合が違うもんな。俺は佐賀市だから県庁所在地で電車も通っている。吉さんが住んでいる青森は山があって寒いでしょ。そりゃあ『俺ら東京さ行ぐだ』と歌いたくなるよね。

人気絶頂だった、やしきたかじんの悩み

２０１４年に亡くなったやしきたかじんは、関西のローカル番組『たかじんｎｏばぁ～』で人気を博していたでしょ。でも当時、彼は悩んでいたことがあるんです。ある日、相談に乗ってくれないかと、読売テレビの名物プロデューサーの有川さんから電話がかかってきましてね。ちなみに、この有川さんは、現場が大好きな方でね。まだ漫才ブームが起きる前に、大阪の漫才は絶対に東京でもウケるからと、交通費を自腹

で出し、新宿の紀伊國屋ホールの舞台にやすきよさんやB&B、ザ・ぼんちなどを立たせてくれた人。有川さんが漫才ブームの礎を作った方なんです。

有川さんから電話がかかってきた当時、俺はもう東京に進出していたから、関西で活躍していたたかじんの名前は知っていたけど、顔は知らなかったんです。有川さんからの電話の後、たかじんから直接、電話がかかってきて初めて話しましたよ。たかじんは売れない時は売れないで、あちこちで弾き語りをしながら悩んでいた。でも売れたら売れたで視聴率が落ちたら怖いと考えるようになった。だから番組を降りようか悩んでいると言うんです。俺は「そんなんやったら俺は何回死ななあかんねん。1本の番組の視聴率がどうのこうの言っとったら、レギュラーが17本あった俺は、今は冠番組がないねんで。ブームは去るものだから一度でも売れればエエやん」と励ましましたよ。

続けて「コンサートはどうやねん?」と聞くと、テレビ番組の司会を始めてから、お客さんが増えたというじゃないですか。コンサートは1000人規模のお客さんが入るかもしれませんけど、テレビは約100万人単位の人が見ている。やはりテレビの力は大きいんですよ。だから番組を辞めたら、コンサートもお客さんが入らなくなるよと言いましたよ。それにファンは温かいけど冷たいものなんです。熱しやすく冷めやすいというのかな。次のスターが現れるとすぐにそっちへ行ってしまうでしょ。本当に応援してくれるのは、親や兄弟などの身内。売れる前も、売れても、人気がなくなっても応援してくれる。だからテレビ局が番組を打ち切りにするまで続けたほうがいいとね。最後に「そない悩むなら、番組をコンサートだと思って、喋りながら自分の魅力をめいっぱい出せばエエねん」と励まし、1時間くらい電話で話しましたよ。するとたかじんは泣きながら「わかりやすいですね。ありがとうございます」と言っていましたね。過激な発言をしていたけど、繊細な男なんですよ。

「また縁があったらどこかで会おうな」と電話を切ると、すぐにまたたかじんから電話がかかってきて『たかじんｎｏばぁ〜』にレギュラーで出てもらえませんかと誘われました。毎週、大阪まで収録に行くのは難しいなと思ったんですけど、1回で2本撮りだというので引き受けたんです。

収録時に初めて見ましたけど、喋りも達者で面白かったですよ。収録を終え、たかじんとホテルのバーで軽く飲んだんです。まだ悩んでいる様子だったから「何が不満やねん？　もともとは歌手やろ。趣味みたいなもんや。楽しめ」と言ったのを覚えていますね。

たかじんの番組にたけし出演舞台裏

ホテルのバーで飲んでいると、俺は酔った勢いで「今月か来月かわからんけど、たけしを連れてくるわ」とポロッと言ってしまったんです。たかじんが「あのたけしさんですか？」と聞くから、「どのたけしさんやねん。1人しかおらんやろ」「大阪に来てくれはるんですか？」「言うてみなわからんやろ」。そんなやり取りがありましたね。

東京に戻って、たけしに事の成り行きを話すと「何言ってんだよ。俺が大阪へ行くのかよ」としぶるから「東京の番組のようなギャラは出ないけどエエやん」と言ったんですが、その話は立ち消えになりました。

1ヵ月後くらいに、その話を思い出した俺は「大阪に20人くらい女の子がいる、良いクラブがあるねん。しかも午後の3時から飲めるから行こ」と飲んでいる時にたけしを誘ったんです。そうしたら「それはたかじんの番組だろ。東京にだって女の子が20人いるクラブはあるよ」とバレバレでしたね。『たかじんnoばぁ〜』は、女の子がまわりを囲んで、お酒を飲みながらの収録だったんです。結局、たけしも番組に出演してくれることになった。

収録当日、たけしを出迎えに読売テレビの玄関には社長をはじめ17〜18人が待っていましたね。番組は大盛り上がり。収録も2時間半くらい盛り上がり、2回にわけて放送することになったんです。収録後、プロデューサーが俺の楽屋へ来て「なんぼ払えばいいの？」と聞くから、「金のために来たんじゃないから。適当でエエよ。でも2本分は払ってあげて」とお願いしました。ちなみに、次に俺が番組収録で読売テレビに行った時は、玄関に誰一人いませんでした。やっぱり、スターは違うなと思い、誰もいない玄関に向かって「1人くらい迎えに来い」と叫び、自分で笑いましたよ。

ところで、収録後、俺とたけし、たかじんの3人で飯を食いに行ったんです。その店は神田川俊郎さんの店でしたね。しばらくするとたかじんと神田川さんがひっそりと話しているのが聞こえてきた。「昨日来て、あれとこれを出してと言うたやん」。たかじんに「今なんか言ってたろ?」と聞くと、前日にわざわざロケハンに来ていたと言うじゃないですか。どんだけたけしに気を遣うのかと思いましたよ。俺にも気を遣えってね。次に行った北新地のクラブにもたかじんはロケハンに行っていたみたいです。その時に、たけしがたかじんに言ってましたね。「あんちゃん、洋七の言う通りだよ。仕事ってのは自分から断ったらいけないよ。芸や歌をバカにされたら断ってもいいけど。テレビに出たい、コンサートを開きたい。そのために頑張ってきたんだろ。俺なんか売れなくなっても、番組1本でも出ちゃうよ」と諭していましたね。帰りの新幹線で「洋七も結構いいことやるじゃねえか」とたけしから言われましたよ。有川さんが面識のない俺にたかじんの相談に乗らせようと思ったのは、漫才ブームで売れて、レギュラー番組が17本もあったけど、その後、冠番組もない俺がそれでも明るく生きているからだと思うんですよ。そういう経験をしている俺だと説得力があるんでしょうね。

その時に、たかじんが東京でコンサートを開く際には、行く約束をしていたんです。

後日、コンサートが開かれて行きました。俺もたけしも舞台に上がるのが専門ですから、なかなかコンサートを見に行く機会がないんですよ。でもビックリしましたね。普段の話し声と歌声がまったく違う。コンサートが終わって、またも3人で飲みに行くことになった。でも、日曜日だから店が開いてなくて、たけし軍団が探してきた六本木の小綺麗なスナックへ行きました。そこで、たかじんが「殿のために歌います」とマイクを握って言うから、「俺は何やねん?」とツッコんだら、「洋七さんのためにも」と慌てて付け加えたので爆笑でしたよ。

デビュー前のシグナルと合同ライブ

ブレイクする前の内山田洋とクール・ファイブに長崎で偶然出会ったのと同じように、デビュー前から知り合いだったミュージシャンが他にもいるんです。

俺らがまだ関西で活動していた頃、喫茶店で相方とコーヒーを飲んでいると、「B&Bさんですよね?」と話しかけられた。「そうやで」「花月で一度見たことあります。

若手の中で一番面白いですよね」「ありがとうな。ところで君らは何してる人？」「シグナルというフォークバンドを組んでいます」。後に『20歳のめぐり逢い』が大ヒットした『シグナル』だったんですよ。ファンと聞いて嬉しくてね。夜の俺らの出番に招待したんです。出番が終わり、シグナルの3人と飲みに行くにも、当時の俺はお金をそんなに稼いでいなかった。

花月から電車で10分ほどの距離にあるマンションに住んでいたから、マンションの隣にあるチョーさんと皆が呼んでいたおばちゃんが切り盛りする居酒屋で4人で飲もうとなったんです。3人ともお酒が強かったですね。時間も遅くなったから、「今日はウチに泊まっていき」と誘ったんです。俺は元野球部だし、田舎でばあちゃんに育てられたから、「ウチで飯でも食べて、泊まってき」とついつい言ってしまうんですよ。最初は嫁さんと4畳半の家に住んでいましたけど、その頃は4畳半と8畳の二間の家に出世していたんです。

家に着くと、メンバーの田村くんが『20歳の～』を披露してくれて、「僕らも頑張ってデビューしたいんです」と言ってましたね。そんなことが7～8回続き、花月でB

&Bとシグナルで漫才とフォークバンドのライブをやろうと誘ったんです。5人でチケットを手売りして、当日は約800人入る花月が満杯になりましたよ。吉本の人も「凄いな。新しい試みやな」と褒めてくれましたね。その後も家に来るたびに『20歳の〜』を歌う田村くんが「これは絶対ヒットしますから」と力説するけど、ヒットするかどうかはわからないでしょ。それに俺はもう何十回も聞いているから、とっくに俺の頭の中ではヒットしているんですよ。

その後、彼らは東京のオーディションで見事合格し、一気に売れたんです。ちょうどウォークマンが出始めた頃、大阪の日本橋の電気街へぽんちおさむと買いに行くと、聞き覚えのある曲が流れている。「これ聞いたことあるな」「今、めちゃくちゃ流行ってるがな」。俺はテレビをほとんど見なかったから、『20歳の〜』がそんなに流行っているとは知らなかったんです。

B&Bも東京へ進出して、忙しくしていると、田村くんから連絡があった。なんでも数十曲は作れるけど、これ以上、曲を作れないから、スタッフになりますと言う。しばらくして新幹線でギターの住出君に遭遇。田村くんは、スタッフも辞めて、滋賀の実家の近くで喫茶店を営んでいるというじゃないですか。京都で番組の収録があった際に、タクシーを飛ばして田村くんの喫茶店へ突然行くと驚いてましたね。それから3ヵ月後、田村くんは結婚式を挙げるという。俺は忙しかったから、スケジュールがわからない。でも、その日はたまたま京都で収録があったんです。結婚式に祝電は打つけど、参加するとは言ってなかった。驚かせようと会場のホテルに着き、本人にバレないようにホテルの人へ伝えると、「田村さんのお友だちで今日は参加できなかった島田洋七さんの代理人の方がお祝いに駆けつけています」と司会の人が紹介。俺が出ると会場は沸きましたよ。20分ほど喋って、すぐに京都へ戻りましたね。

シグナルにしろ、前川清さんにしろ、売れる前に偶然知り合った人が売れるなんて奇跡的ですよ。

サーカス違い

田村くんが、レコード会社のスタッフに転身した頃、俺はまだ大阪で活動しながら、時折、北新地の外れにあるスナックでアルバイトをしていました。田村くんから「明日、洋ちゃんがバイトしているなら、店にサーカス連れていくわ」と電話があったんです。

翌日、スナックのママと「空中ブランコに乗る人が来たら嬉しいですね。色々と聞きたいこともあるし」なんて会話をしていたところ、ドアが開くと、「洋ちゃん」と、田村くんと久々の再会。続くお客さんを見ると、俺が想像していたサーカスではなく、『Mr.サマータイム』が大ヒット中の4人組コーラスグループのほうだったんですよ。「木下大サーカスの人でも連れてくると思ったわ」とビックリしていると、「見に行ったことはあるけど、そんな友だちはおらんわ」と返されましたよ。

サーカスの4人とレコード会社のスタッフ数名が席に着き、しばらくするとサーカスの2人が『Mr.サマータイム』を歌ってくれたんです。大ヒット中だったから、お客さんもビックリですよ。だから会計時、ママさんが「お代は結構です」と断ったんですけど、きちんと支払っていましたね。そうしたら、サーカスの1人が俺の顔を見て、「B&Bさんですよね？　テレビで見て面白かったです」と声を掛けてくれた。当時はたまにテレビにも出演していたから知っていてくれたんですね。

翌日の1回目のうめだ花月の俺らの出番に招待しましたよ。紳助やぼんちおさむらに楽屋で「今日はサーカスが見に来るわ」と伝えました。今でこそ、歌手と芸人が一緒の番組に出演しますけど、当時は歌手は歌手、俳優は俳優、芸人は芸人と、ほとんど交流がなかったから、みんなも俺と同じように曲芸をやるサーカスが来ると思っていたんです。

劇場のスタッフに「洋七さんに田村さんとサーカスの4人が面会です」と呼ばれた。楽屋を出ると、他の芸人もついてきたんです。4人の姿を目にした紳助が「洋七兄さん、歌手のサーカスじゃないですか。兄さんのことだから、玉乗りしながら階段降りてくるのかと思いましたわ。歌手なら歌手と言ってくださいよ」。楽屋に案内し、コーヒーを喫茶店に注文。花月の席を用意しましたよ。

俺らの出番になった。普段は緊張しないんですけど、歌手が見ていると思ったら緊張しますね。一番ウケるネタを出しましたよ。1回目の公演が終了すると、サーカスがシュークリームを楽屋見舞いに持ってきてくれて、先輩や後輩に配りましたよ。「なんで知り合いなん?」ってみんなに聞かれましたね。

その日の夜のコンサートに招待してもらった。見に行くと、芸人の世界と違って華やかなこと。照明も綺麗で、お客さんも沸くでしょ。4曲ほど歌うと、「大阪に来たらやはり寄席ですね。昨日、B＆Bの島田洋七さんと知り合いまして、今日は花月に見に行ってきました。めちゃくちゃ面白いですね。さすが大阪ですね。会場に洋七さんも来てくれていますす」と呼びかけると、お客さんも大盛り上がり。

そういえば、彼らが花月に見に来た時、「君がサーカス言うから、歌手のサーカスだとは誰も思わんがな。木下大サーカスの人でも来ると思うたから色々と聞きたいことあったのにな」と笑福亭仁鶴師匠にも笑いながら言われましたね。

尾崎紀世彦がクラブ「B＆B」に

吉本の劇場でまだ進行係として働いていた頃、大阪の宗右衛門町のサパークラブでもボーイのアルバイトをしていたんです。お酒や料理の注文を受けては、運んだりしてね。店内では、専属のバンドが演奏をして、それに合わせてお客さんが踊ったり、バンドがヒット曲を演奏していましたね。

ある時、司会の人が「踊っている方は一度席にお戻りください。今日はバンドのメンバーの知り合いの尾崎紀世彦さんがいらっしゃっています」。お客さんは「どこ？どこ？」と騒然となっていましたよ。尾崎さんは客席にはいなくて、バンドの楽屋で待機していたみたいなんです。すると司会の人が「今日は特別に尾崎さんが1曲だけ歌ってくれるそうです。それでは尾崎紀世彦さんどうぞ！」。本物の尾崎さんが登場し、1曲だけ披露してくれたんです。あまりの上手さに店内は静まり返った。俺も、歌は上手いし、声量も凄いなと感動しましたよ。

当時、大阪で有名な歌手を見かけることなんてほとんどなかったんです。レコード会社は大抵が東京にあるから、売れるとみんな上京するでしょ。

B&Bが東京に進出し、売れてから尾崎さんと新幹線で遭遇したことがあるんです。数年前のサパークラブでの話をすると、「その店の名前は覚えているけど、歌ったかどうかは覚えてないな」「俺はあそこでバイトしてたんですよ」「バイトしてたの？今じゃ売れっ子だね」。そんな会話を交わしましたよ。

若手芸人は、飲食店でバイトすることが多いんです。鉄工所でバイトしてたなんて聞かないでしょ。なぜかというと、時間の融通が利くから舞台の出番に合わせられるんです。でもそれ以上に、お金がない若手にとっては食事が出るから1食助かるんですよ。俺も、そのサパークラブの支配人には良くしてもらいましたよ。漫才師だと言ってバイトをしていたから、夜の9時や10時には上がらせてもらっていた。翌日、師匠の用事があるので、他のバイトの人より早めに上がらせてくれたんです。本当は食事が出ないんですが、食べていきなさいと夕飯を頂いたり、余ったハンバーグを持って帰らせてくれたりしましたね。

実はその店の名前が「B&B」なんです。半年くらいその店でバイトを続けて、やめる時に支配人に「B&Bという名前をコンビ名につけていいですか?」「ええよ。この店のもんじゃない。ただ横文字を2文字並べただけだから」と許可してもらったんです。でも、劇場やテレビでは「ボーイアンドボーイからつけました」と当時は説明していましたね。サパークラブでバイトをしていたことを説明しないといけないから回りくどいでしょ。

営業に行けば、「B&Bは、ボーイアンドボーイの略ですけど、もう1つの意味があるんです。ビューティーアンドブスの略です」。すると洋八と「どっちが男前かお客さんに拍手で聞いてみようか?」となる。洋八のほうが3倍くらい拍手が大きかったんです。新人の頃はギャグになっていましたよ。

松山千春とすすきののクラブへ

札幌に仕事へ行った時のこと、同じ日にたけしも札幌で仕事があり、終わる時間が同じだったので、待ち合わせて飲みに行ったんですよ。2人ですすきのを歩いていると、松山千春さんと松山さんの同級生のような方に遭遇。一緒にクラブへ行きました。たけしと松山さんが喋っている間、俺は同級生のような方と話したり、2人の話を聞いていたんです。しばらくすると、たけしが俺の耳元で「お前の向かいにいる人は誰か知らないのか?」と囁くから、「松山さんの同級生じゃないの?」「違うよ。さだまさしさんだよ」。俺はたけしに言われて、初めて気がついたんですよ。まさか売れっ子歌手2人が歩いているとは思わないでしょ。もちろん、テレビで見たことはありましたよ。昔の歌番組では、歌手はジャケットに蝶ネクタイ姿で歌っていた。でも、目の前にいるさださんは、ジーパンにトレーナー姿。テレビのイメージと違ったんです。おまけに、松山さんのことを「千春」と呼び捨てにしていたから、地元の同級生だとばかり勘違いしていた。気を取り直し、最初からさださんだとわかっていましたとばかりにまた話していると、「今気がついたでしょ（笑）。話がちぐはぐだと思っていたんだよね」と指摘されてしまいましたね。

もう1軒、スナックへ行ったんです。ボックス席に通され、店内には他にカップルが1組だけ。たけしに促されて、俺は『宗右衛門町ブルース』をカラオケで歌ったんです。4人で話していると、松山さんが「本当は演歌歌手になりたかったけど、こういう見た目だから演歌は似合わないと言われた」と、諦めたことを語ってくれました。そして「俺が歌います」と言って、『北の漁場』を松山さんが熱唱。あまりの上手さにビックリしました。プロの歌手だから、こういう場では適当に歌うのかと思っていたので、余計ですよ。間近でコンサートを見ているようでした。歌い終わると、無意識に拍手をしたくらい。店内にいたカップルに気を遣い、「僕らばかり歌ってすみません。歌ってください」と松山さんがマイクを渡したんです。すると彼氏が「こんな歌の後には歌えませんよ」。俺は先に歌っていて良かったと思いましたね。続けて、さださんも歌った。「自分も歌ったらどう？　トリやで」とたけしにマイクを渡すと、「歌えるわけないだろ」と断られましたね。

その後、俺の講演会が北海道の利尻島で開かれたことがあるんです。利尻島は滅多に行けないから、嫁さんも行きたいということで、マネージャーの代わりについてきたんです。行きの羽田空港で、松山さんとまたも遭遇したんですよ。「洋七さん、ちょっといいですか？」と呼び出され、「仕事に女連れで行くんですか？」「いや、嫁やって」「芸人さんは女連れで地方の仕事へ行く人もいると聞きますよ」「講演会に連れていくわけないやろ」。別々の便で北海道に向かい、嫁さんと利尻島を堪能し、1泊したんです。翌日、千歳空港から戻ろうとしたら、またも松山さんに会ったんです。「上手くいきましたか？」「いや、だから嫁やねん」「絶対に彼女でしょ」。仕方がないから、紹介しましたよ。嫁さんが「洋七の家内です。お世話になっております」と挨拶すると、「本当に奥さんですか。昨日から彼女だと思っていました」。やはり、芸人が女性と2人で歩いていると彼女だったり、愛人と思われるみたいですね。週刊誌の女性記者と喫茶店で打ち合わせのために、2人で歩いていると、「洋七が、女連れで喫茶店に行きよる」とすれ違いざまに耳にしたことがありますよ。

舞台袖でさくらんぼを食べていた沢田研二

桂三枝（現・桂文枝）さんが司会の関西きっての人気番組『ヤングおー！　おー！』が全国放送されていたでしょ。俺らB&Bは、番組の前説を担当していたんです。前説は、本番が始まる前に、会場の雰囲気を温めるため、漫才を披露するんですよ。前説を終えて俺らが舞台袖にはけると、出演する若手の歌手が出番を待っているから、その人たちとよく喋ったりしていましたね。

ある時、いつも通り舞台袖にはけると、椅子に座り、さくらんぼを食べている人がいたんです。顔を見ると飛ぶ鳥を落とす勢いのジュリーこと沢田研二さんだったんですよ。まさかさくらんぼを食べているとは思わないし、むちゃくちゃオーラがあるんです。「うわ、カッコええな」と思ったけど、話しかけられないでしょ。そうしたら、沢田さんが「漫才面白いね！」と一言。「俺らの漫才は放送では流れないんですよ」「え、どうして？」「前説は本番前にお客さんを温める役なんです」「面白いから、本番でも流してもらえばいいのにね」。さくらんぼを食べながらそう言ってもらった。「さくらんぼばかり食べるんですか？」と気になったから聞いてみたんです。「歌う前に食べるとお腹が張って歌えないからね。それに太ったら歌手は見た目が悪いからね」と言ってましたね。続けて「君たちも果物を食べたほうがいいよ」とさくらんぼをケースごとくれたんです。やはり、スターは違いますね。太ってはいけないから、体に物凄く気をつけているんだなと思いましたよ。その点、漫才師はそんなことは気にせずに、腹が減るとよく食べてましたからね。

　収録が終わると、弁当が10個くらい余っていたんです。ディレクターから「弁当を持って帰りなよ」と言われた俺らは2個ずつ持って帰ることにしたら、通りかかった沢田さんに「2個も持って帰るの？　でもね、舞台に上がる前は、食べないほうがいいよ」とアドバイスされた。それ以来、舞台でも講演でも楽屋には弁当をはじめいろんな食べ物が置いてあるけど、俺は食べないようになりましたね。お腹が空いているほうが頭がスッキリしているんですよ。逆にお腹が一杯だと血流が良くて眠気を感じるんです。その後、俺らも売れて『ハナキンスタジオ』でまたも沢田さんに会った時に、そのことを伝えると「スッキリするでしょ？」と言われましたね。

新幹線のグリーン車でも何度か沢田さんには会いましたね。私服でもかっこいいですよ。帽子を被り、サングラスをかけてね。しかもあれだけのスターになると、マネージャーさんに付き人、専属のメイクさんなど3〜4人が周りにいますからね。一度、名古屋駅で降りようとしたところ、沢田さんを見かけたんですけど、席が遠くて話しかけられなかった。しかも沢田さんの前に座っていたのは海部俊樹元総理大臣でしたよ。ジュリーの前に元総理大臣と珍しい光景でしたね。

新幹線のグリーン車に乗ると、いろんな有名人に会いますね。一度、帽子にサングラス、マスク姿の女性に「洋七師匠、おはようございます」と挨拶されて、誰かと思ったら元オセロの中島知子でしたよ。そんな姿だと余計目立ちますね。、野球帽を被るのが一番目立たないと紳助からアドバイスされましたね。それ以来、俺も被ってますよ。グリーン車で変装をしている人を見かけたら、大抵は有名人ですよ。

芸能活動に影響を与えた桑田佳祐の生き方

車の運転中には、レディー・ガガとサザンオールスターズをよく流しているんです。サザンを聞くようになったのにはきっかけがあるんです。漫才ブームで、俺らは月曜から金曜まで『笑ってる場合ですよ!』という昼の帯番組の司会を務めていた。当時はレギュラー番組も多く、毎日クタクタに疲れ果てていたんです。家に帰っても、まだ子どもが幼かったから、ゆっくり休めないでしょ。だからホテルニューオータニに3年ほど泊まっていたんです。毎日、朝9時にフジテレビが用意してくれた車がホテルまで迎えに来てくれるんですよ。

ある時、佐賀の中学の同級生から15年ぶりに連絡があった。彼は野球部でも一緒だったんです。会社勤めの彼の家は恵比寿で、彼の自宅で一晩過ごし、積もる話に花を咲かせようということになった。夜の10時頃に仕事が終わり、恵比寿へ向かったんです。当時の恵比寿駅は、今のように綺麗な駅ビルはなかったんです。駅の近くに流行り始めたコンビニエンスストアがあったから、そこに食べ物を買いに行った。カップラーメンやお弁当売り場にいると、偶然会ったのがサザンオールスターズの桑田佳祐。「うわ、桑田や」と思うくらいびっくりしましたよ。これが演歌歌手や俳優さんだったら、衣装を着てテレビに出ているから気がつかなかったかもしれないですけど、桑田はテレビでもジーパンで出ていた上に、コンビニは狭いからすぐに気がついたんですよ。「洋七さんはこの辺に住んでいるんですか？」と話しかけられましてね。同級生の家に泊まることを話したんです。「歌がヒットしているけど、コンビニに来るんだ？」「来ますよ」。ちょうど『勝手にシンドバッド』が大ヒットしている頃でしたけど、俺と同じようにインスタントラーメンやお弁当、お茶を手にしていましたね。それより少し前に、俺は初めて車を買った。恵比寿のコンビニで偶然出会ったから、それからサザンのアルバムを買って車で聞くようになったんです。

その後、文化放送でB＆Bが司会を務める番組の収録後、スタジオの前の椅子にスタッフと座っている桑田と軽く挨拶を交わしたこともありましたね。

芸能界にいると、いろんな芸能人に会うと思うかもしれませんけど、テレビ局や六本木ですれ違うことはあっても、そうそう街中で会うものではないんです。しかもサザンオールスターズは、頻繁にテレビ番組に出演するミュージシャンではないでしょ。コンサートを開き、自分の生き方を通している。そういう生き方は、少なからず俺のその後の芸能活動にも影響を与えてくれましたね。最初はテレビで売れたけど、視聴率が悪いと番組はすぐに終わり、浮き沈みが激しいんです。大勢が出演するクイズ番組に出ても、ほとんどカットされて終わりでしょ。俺はやっぱりしゃべくりで、お客さんの反応がすぐにわかる舞台が好きなんです。それで講演会にシフトしたんですよ。コロナ禍になる前までで、5000回近くは講演会をしましたね。

桑田じゃないけど、俺は漫才のシンガーソングライターみたいなもんですよ。自分でネタ考えて、講演会を開いてね。「M-1」は、決勝のネタの持ち時間が4分でしょ。もし1時間のしゃべくりの大会があったら、俺しか出場しないだろうし、優勝すると思いますね。講演会では1時間15分、1人で喋っていますからね。

第6章

人気女性歌手との邂逅《かいこう》

美空ひばりさんからの金言

漫才ブームの頃、美空ひばりさんのモノマネだけを競う特番があったんです。美空さんのモノマネが得意な参加者が披露し、最後にご本人が登場する番組ですね。B＆Bもゲスト審査員として呼ばれたんです。テレビ番組の収録では、スタジオの前に前室という場所で待機したり、他の芸能人の方々と話したりするんですよ。前室で待っていると現れたのが美空ひばりさん。しかも自身のバンドのメンバーを約15人引き連れてですよ。間近で見る美空さんは物凄く美人で、なんとも言えない雰囲気を纏っている。やはり、あれだけのスターが登場すると場の雰囲気は一変しますね。他の出演者はシーンと静まり返った。俺らも黙っていたら、ポンポンと後ろから肩を叩かれ、振り向くと美空さんでした。「あなたたち売れているわね」と一言。続けて「芸能界で売れるのはほんの一部なのよ。苦労したでしょ。お父さんもお母さんも喜んでいるでしょ。でもね、芸能界はいつどうなるか分からないから、お金を無駄遣いせずにきちんと貯金しておくのよ」。

まさか美空ひばりさんがそんなことを言うとは思わなかったので、ビックリしましたよ。それから「大阪から通っているの?」と聞かれたので、「もう東京に住んでいます」「そうよね。お昼の番組の司会をやっているもんね」と『笑ってる場合ですよ!』の司会を務めていることを知っていてくれたんです。「大阪は食べ物が美味しいもんね」「何でも揃っているのは東京です」「そうよね。東京はそれなりに高いの。大阪と北海道は量が多くて安いわね」。こうして雑談を5分くらいしたのを今でもはっきりと覚えていますね。美空さんは、幼い頃から全国各地を回ったことがあるからよくご存知なんです。

すると、スタッフに「B&Bさんの出番は30分後です」と声をかけられたので、広島の母ちゃんに報告しようと公衆電話へ向かいました。母ちゃんは、料理屋で三味線を弾いたり、歌を歌っていて美空さんの大ファンだったんですよ。しかも物凄く上手かった。一度、『オールスター家族対抗歌合戦』に出演した時に、小林幸子さんから「お母さん上手ね。歌手になったらいいのに」と言われたほどなんです。それ以来、母ちゃんは「美空ひばりさんより私のほうが上手い」が口癖でしたね（笑）。母ちゃんにさっき美空ひばりさんと話したことを伝えると、母ちゃんが「美空ひばりさんに電話を代わって」。「代われるか（笑）。ここから美空さんがいる部屋まで100メートルはあるし、もし横にいても代われるわけないやろ」とツッコミましたよ。

電話を終えて前室へ戻ると美空さんは本を読みながら『悲しい酒』と『お祭りマンボ』のメロディーだけを口ずさんでいる。「うわっ。本物や」と思い洋八にシーッと合図をして聞き入っていましたね。他の出演者やスタッフもみんな黙って聞いていた。番組収録が終わり、「お疲れさまでした」と美空さんに挨拶をすると、「頑張ってね。親孝行するのよ」とあの独特な声で言われましたね。またも急いで母ちゃんに電話をしましたよ。「あんただけいいね。美空さんを見れた上に喋れて」と母ちゃんが言うので、「親孝行するのよと言われた」と美空さんに言われたままを伝えると、「親孝行するなら、金を送れ（笑）」と冗談で返されましたよ。美空さんほどのスターになるとホンマに優しいですね。

ピンク・レディーにニンニクでイジられる

漫才ブームの頃、大阪でお笑いの特番の収録があったんです。東京からは、B&B、ツービートなどの3組で収録に向かった。夕方6時頃に収録が終わると、みんな疲れてヘトヘトだったから、最終の新幹線が出る8時半くらいまでの間に、焼き肉でも食べて体力を回復させようと、焼き肉屋へ3組とマネージャーの計10人で入ったんですよ。焼き肉屋には、ニンニクのホイル焼きがあるでしょ。ニンニクが疲れにいいということで、みんなで食べたんです。まだ俺らも30歳くらいで若く、腹が減っているからガツガツ食べましたね。

新大阪駅発の最終の新幹線に乗り込み、京都駅に到着。グリーン車両のドアが開くと、衣装の上からコートを羽織ったピンク・レディーが飛び乗ってきた。きっとギリギリで着替える時間もなかったんでしょうね。ピンク・レディーは、物凄い人気だったでしょ。俺らも当時は人気があったけど、それでも「うわ！　ピンク・レディーや」

しばらくすると、俺らの席より少し前に座ったピンク・レディーの2人の会話が聞こえてきたんです。の臭いがしますね」とマネージャーと話している。しばらくすると、ケイちゃんがトイレへ立った。戻ってくるなり、「やっぱりこの車両は凄く臭う」。俺らは、自分らがニンニクを食べたから気がつかなかったけど、車両中に臭いが充満していたんでしょうね。ミーちゃんもトイレへ行き、戻ってくると俺らに気がついて挨拶をしてくれたんです。「この車両臭わない？」「いや、俺は臭わないですけどね」と口を開くと、「ニンニク食べたでしょ？」とツッコまれましたよ。「すみません。芸人とマネージャー全員で、焼き肉屋でニンニク食べたんですよ」と白状すると、「疲れている時にニンニクはいいもんね」と笑顔で返してくれたんです。

それから2、3ヵ月後。当時、俺は新宿でお好み焼き屋を経営していたんです。同じビルにあった歯医者へ治療に行くと、歯医者さんから「うちの娘がB&Bの大ファンだから、ここから10分くらいの家まで来て、一緒に写真撮ってくれませんか？」とお願いされ、自宅にお邪魔したんですよ。立派なマンションで、奥さんも娘さんも喜んでくれてね。写真を撮って、ケーキだけ食べて次の仕事に向かうことにした。エレベーターを待っていて、ドアが開くと、たまたまケイちゃんと女性のマネージャーさんが乗っていたんです。ケイちゃんはそのマンションに住んでいたんですよ。「ええとこ、住んでますね」「そんなことないですよ」「この前のニンニクはごめんなさいね」「今度はみんなでニンニク食べて、飛行機に乗ればいいじゃないですか。飛行機は席に座っていないといけないから、もっと臭うんじゃないですか（笑）」なんて言われたのを覚えていますよ。

それから20年後。三重県で、ある会社の慰労会があったんです。B&Bと若手の漫才師、そしてケイちゃんだけが出演。久々に再会すると、「今日はニンニク食べてないんですか？」とまたもイジられてね。「もう食べませんよ」「私はいつも食事した後や人に会う前には、薬局で売ってる口の中の臭い消しを口にしているんですよ」と言われて、女性と男性のエチケットの意識は違うんだなと思いましたよ。

それにしてもピンク・レディーに会って、3回ともすべてニンニクの話ですよ。それ以来、ピンク・レディーの名前を目にしたり、耳にしたりするたびにニンニクの話を思い出しますね。

小林幸子さんに褒められた母ちゃんの歌

うちの母ちゃんが小林幸子さんに歌が上手いと褒められたと書きましたね。萩本欽一さん司会の『オールスター家族対抗歌合戦』という番組に出演した時のことなんです。うちの嫁や子ども、母ちゃんの、島田洋七チーム対小林幸子さんの家族との対戦でした。

母ちゃんは、広島ではそれなりに有名人だったんです。三味線に歌、踊りができたんです。しかも年に1回は広島市公会堂で花柳流の踊りを披露していた。普段は、大きな中華料理屋で仲居頭として働いていたんですが、経営している方が高齢だったから、事実上の支配人を務めていました。近所にもう一つ中華料理屋ができると、2つの店を盛り上げようと、計20人くらいの仲居さんから有志を募り、6～7人で演芸部を結成してましたね。

番組のリハーサルが始まった。当時は生バンドでしょ。母ちゃんが歌って踊ると、スタッフや出演者から「上手ですね！」。「本番は音がもっと出ますから、半音上げてください」とスタッフにお願いしていましたね。

続いて、小林幸子さん家族チームのリハーサルが始まった。小林さんが持ち歌を歌うと、それを聞いた母ちゃんは「上手いな〜」とびっくりしてましたよ。「そりゃ、ほんまもんやもん」と俺が言うと、「お前が漫才師だから、そっくりさんが出るのかと思った」「バカヤロー（笑）」。リハーサルを終えた小林さんに「お母さん物凄く上手ですね！」と褒められて、母ちゃんは舞い上がってましたよ。

収録も無事に終わり、番組が放送されると凄い反響でしたよ。「お母さんの歌も褒められ、小林幸子さんと一緒に番組に出るなんて洋七さんも一流だね」と一般の人に言われたりね。今でこそ、漫才師の株も上がりましたけど、当時は歌手のほうが断然上でしたからね。番組の収録でも、家族揃って、小林さんの楽屋へ挨拶に行くと、マネージャー2人にレコード会社の人も来ていたのに対し、俺らはマネージャー1人だけですよ。違うなと思いましたね。

その後、『佐賀のがばいばあちゃん』が大ヒットした頃、新幹線で小林さんにバッタリ遭遇。「本読みましたよ。あんな本を書けるなら、今度私の歌詞も書いてくださいよ」「プロの歌手の歌詞なんて書けませんよ」。一流の作詞家が書くような歌詞なんて書けないでしょ。その話は流れましたよ。それでも「お母さんは本当に歌が上手ですね」とまたも褒めてくれたんです。そのことを母ちゃんに伝えると、「私のことを覚えていてくれたの？」と大喜びでしたよ。

母ちゃんは、小林さんに褒められたのがよほど嬉しかったんでしょうね。母ちゃんの家に友だちが遊びに来るたびに、テレビに小林さんが映っていると、「この人と喋ったことある」とよく自慢していましたよ。一般の人は街で芸能人を見かけることはあるかもしれないけど、収録の間、2〜3時間も一緒に過ごして、お弁当を食べたり、個人的な話をする機会なんてそうそうあるものじゃないですもんね。

俺も昔は演歌にそんなに興味はなかったけど、年を取ると歌詞が染みますよね。

第7章

大物俳優たちとの共演舞台裏

石原裕次郎さんを前に飲めないコーヒーを7杯も

前章で書いた美空ひばりさんだけでなく、昭和を彩る大スター、石原裕次郎さんとも共演したことがあるんです。お会いできるなんて夢にも思わなかった人ですよ。石原裕次郎さんが主演の刑事ドラマ『西部警察』で、広島で電車を爆破する回があった。広島出身ということで、B&Bがゲスト出演したんです。

ドラマの撮影は、合間に待ち時間というのがあるんですよ。待ち時間になると、スタッフから「裕次郎さんがお呼びです」と声を掛けられ、裕次郎さんのところへ向かった。「今日はお世話になります」と挨拶したんです。「そこに座れば。コーヒーでも飲む?」と聞かれたのですが、俺は当時コーヒーを飲まなかったんですよ。でも、裕次郎さんに勧められたら断れないでしょ。「いただきます」と答え、後ろに立っていた渡哲也さんがコーヒーを運んできてくれたんです。裕次郎さんから「君たちの漫才は面白いね」と言葉を掛けられ驚きましたね。まさか裕次郎さんが俺たちのことを知っているなんて思わないでしょ。「知ってはるんですか?」と聞き返しましたよ。「時間がある時に見ているよ。芸能界で売れると、うまい儲け話を持ってすり寄ってくる人がたくさんいるよ。そういう話には乗らないことが大事だよ」と言ってましたね。コーヒーを飲み干すと、裕次郎さんが「てっちゃん、もう一杯コーヒー」と渡さんに言うんですよ。結局、待ち時間は2時間半あり、目の前には裕次郎さん、その後ろに渡さんが立っている中、緊張しながら苦手なコーヒーを7杯も飲んだんです。

無事に撮影が終わると食事会が開かれ、「今度、石原プロの忘年会があるからゲストで来てくれない?」と誘ってもらったんです。同じ業界だから、当然ノーギャラだろうなと思っていたら、後日、石原プロから「今度、石原軍団の石和温泉での忘年会に出演してください。つきましてはギャラも普段通り、ちゃんとお支払いします」と正式に依頼があった。ギャラは受け取れないから、何度か断ったんですけど、「きちんと払います」と言うので、引き受けることになったんです。

当日、忘年会の会場へ行くと、大きな畳の部屋に裕次郎さんをはじめ石原軍団やドラマのスタッフの人も含め総勢で200人以上はいたね。畳に1メートルくらい高くなっているところがあって、その上で漫才をした。次の日が早かったから、東京へ戻ろうとしたら、渡さんが俺らのところへ来て祝儀袋を渡すんですよ。「ギャラはいただいていますので、これは受け取れません」と丁重に断ると、「これはこれだから。それにこんなところで漫才させてごめんね」と言うんですよ。凄い気配りだなと感心しましたね。

その後、裕次郎さんが入院されて、退院された時期に、ご自宅に「病を召し捕る」と文字を入れた広島・宮島の伝統工芸品のしゃもじを持っていった。インターホンを押すと、出てきたのは奥さん。「主人は検査で病院に行っていていないのよ。忙しいのに、こんな素敵なものを持ってきてくれてありがとうね。ちょっと上がって、ご飯でも食べていってください」と言ってもらってね。マネージャーと2人でおうちにお邪魔すると紅鮭を焼いてくれて、めちゃ美味かったのを覚えていますよ。鮭は食べたことはあったけど、紅鮭は初めて食べましたからね。

俺は元々、芸能人になろうと思っていたわけではないから、今の芸能界にはいない裕次郎さんのような昭和を代表する大スターに会えて嬉しかったですね。

神田正輝さん本人に「君は男前やな」

東京では思わぬところで芸能人に会うことがありますね。しかもすれ違っても気がつかないこともある。テレビ局で会えばわかるんですけどね。

5年くらい前、友だちと東京・港区の飯倉を歩いていたんです。久々に会う友だちが「焼き鳥が食べたい」と言うから、お店を探していると昭和の雰囲気が漂うカウンターだけの焼き鳥屋を見つけた。焼き鳥屋でもおしゃれなワインを出すような高級店は好きじゃないんですよ。初めての店でしたけど入ってみたんです。カウンター席に通され、焼き鳥をつまみながら酒を飲み、友だちをいつものように笑わせていた。隣には男3人だけのグループが同じように飲み食いしている。でも、俺がオチを言うたびにその3人も笑うんです。俺の話で笑っていると思ったから、「君ら笑いすぎやで」とツッコミましたよ。そうしたらまたも笑うんですよ。「俺はプロやからな。笑ってもいいけど100円ずつ払ってな」と言うとまたも爆笑。3人組をよくよく見ると、

1人が物凄く二枚目だったんです。その彼に向かって「君は男前やな」と話しかけると「そんなことないです」と謙遜する。「いや、男前やんか。神田正輝に似てるな」ともう一度言うと、その彼が立ち上がり、「おはようございます！　神田正輝です！」。俺の中で俳優さんはおしゃれなレストランでワインを飲んでいるイメージ。芸人と違って特別感があるとでもいうのかな。だから、まさかそんな庶民的な焼き鳥屋でバッタリ会うなんて思いもしなかった。驚きましたよ。びっくりして「ごめんなさい。ほんまもんやんか。俺はお上りさんみたいやな」と詫びました。

それからまたそれぞれのグループで飲んでいたんですけど、帰り際に失礼なことをしたお詫びにと「佐賀の海苔を送るので、事務所の住所を教えて」と話しかけ、少しだけ会話したんです。なんでも神田さんは大学までスキーが得意で、幼い頃から役者に憧れていたわけではなかったらしいんです。たまたま知り合いに石原プロの方がいて、試しに出演して役者になったとのこと。神田さんから「洋七さんは幼い頃から芸人さんに憧れていたんですか？」と聞かれたけど、俺も家出同然で佐賀を飛び出して、たまたま漫才を見て、漫才師になったから似たような境遇なんですよ。そのことを告げると、「幼い頃から憧れてなれるものでもないんだろうね」と話が合いましたね。最後に「俺みたいに、芸能人に間違えて誰かに似てると言われたことありますか？」と尋ねると「ないです（笑）」と即答でしたよ。

家に帰り、嫁さんにそのことを話すと「失礼なことをしたな。神田正輝さんに似てるなんてよく言うたな」って言われましたよ。海苔を送ると、後日、神田さんからお礼にと焼酎が送られてきた。石原裕次郎さんの顔が印刷されたものです。法要か何かで渡すんでしょうね。すぐに飲むのももったいないから、部屋に飾っておいたんです。でも石原裕次郎さんに常に見られているような気になるんですよ。それに『西部警察』で一度ご一緒して2時間半話したことがあったから余計にね。結局、1年くらいは飾りっぱなしにしていたけど、裕次郎さんが「飲んでいいよ」と話しかけてくれた気がしたからチビチビと飲みましたよ。改めて、神田さんと焼き鳥屋で会った時のことを思い返すと、一般のおっさんが言うようなことを、敬語も使わずに、やや上から目線で「神田正輝に似てるな」とよく口走ったなと思いましたね。

大川橋蔵　芸能生活で一番笑いを取った初の歌舞伎

Ｂ＆Ｂは漫才ブームの頃、一度歌舞伎にも出演したことがあるんです。しかも『銭形平次』で一世を風靡した大スター、大川橋蔵さんの年頭公演ですよ。当時、俺らは漫才ブームで若者に人気があり、歌舞伎の世界はもっと若いお客さんに来てほしいとの思惑があったんでしょうね。ただ、俺らは毎週月曜から金曜までお昼の生放送番組『笑ってる場合ですよ！』の司会を務めていたから、大阪の新歌舞伎座での橋蔵さんの公演には、昼間の生放送を終えて新幹線で駆けつけるスケジュールだったんです。だから稽古も数回しか参加できなかったんですよ。

迎えた初日。緞帳が上がり、30段ほどの階段を橋蔵さんが降りてくる。旅人役の俺と洋八の2人が近づくと、橋蔵さんが「どこへ行くのじゃ？」。歌舞伎の舞台に出るとは思いもしなかった上に、橋蔵さんの圧倒的な存在感に俺はセリフが飛んでしまったんです。もう頭が真っ白で黙ってしまった。すると「どこへ行くのじゃ？」ともう

2回橋蔵さんが発した。なんとか時代劇に出てきそうなセリフを考えあぐねた結果、「拙者の名前は何と申す？」と言葉が出てきた。すると今度は橋蔵さんが何も返してこない。もう一度同じセリフを言うと、橋蔵さんが「拙者はお主じゃ」。拙者は自分のこと、お主は相手のことを指す言葉なのに、もう混乱してどっちがどっちを指す言葉かわからなくなってしまったんですよ。それで「拙者とお主は友だちか？」と俺が言うと、「何がじゃ？」と橋蔵さん。もう訳がわからなくなり「何がじゃとは、何がじゃ」、「何がじゃとは何がじゃとは何がじゃ」。本来なら、そこから3人が旅に出る内容だったんですが、俺らは斬られて舞台袖に引っ込みました。歌舞伎の演目は内容が決まっていて、見に来ているお客さんも大体のセリフや話の筋を知っているでしょ。聞いたこともないやり取りにお客さんは大爆笑でしたよ。

30分後に再び出番があった。舞台監督に聞くと、ここから先は台本通りに一緒に旅をしたほうがいいとアドバイスされたのに、舞台に上がると「何しに来たのじゃ？」とまたも斬られ、すぐに引っ込みました。

初日の公演を終えるとお客さんから拍手の嵐。漫才も含めて、人生の中で一番笑いが取れたくらいでしたね。

　橋蔵さんの楽屋へ行き、「初日から間違えました。すみませんでした」と洋八と2人で頭を下げると、「長年役者をやっているけど、歌舞伎でこんなにウケたことはない。明日からこれでいこう」なんて言うんですよ。さらには食事にも誘ってもらい、日本料理屋へ行った。店に入ると女将さんとお客さんが俺らに気がつき、「B&Bだ」と喜んでくれたんです。

　店を出る時に、橋蔵さんは歌舞伎の口調で「騒ぐんじゃねえ」。「先生、それは舞台のセリフですよ」「わざと言ったんだ。騒ぐんじゃねえ。お主ら」。すぐに即興で使うし、笑いのコツも知っている。流石だなと思いましたね。

　結局、1ヵ月の公演中、5〜6回は飲みに連れていってもらいました。そのたびに、俺らが幼い頃の映画界の話やいろんな話を聞かせてもらいました。2010年と2011年、博多座や中日劇場で俺がばあちゃん役を演じた舞台『佐賀のがばいばあちゃん』を上演したんです。出演者と顔を合わせると、丹羽貞仁という俳優さんがいる。大川橋蔵さんの本名は丹羽さんだからもしやと思い、劇場の人に聞くと橋蔵さんの息子さんであることがわかった。昔、お父さんにお世話になった話をしましたよ。これも何かの縁かなと感じましたね。

勝新太郎豪快伝説

今でも豪快な逸話の数々が語り継がれている勝新太郎さんに、一度だけ会ったことがあるんです。漫才ブームで忙しかった頃、朝のワイドショー番組に出演することになった。ちょうど、漫才ブームが社会現象になっていて、B&Bがワイドショーに呼ばれたんですよ。テレビ局の廊下を歩いていると、見たことのないような特別な楽屋が用意されていて、表には「勝新太郎様」と書いてある。早速、勝さんの楽屋へ挨拶に行きました。「おはようございます。B&Bです。本日はよろしくお願いします」と挨拶し、部屋に入るとソファに腰掛けた勝さんの横にはヘネシーとグラス、氷、タンブラーが置かれ、勝さんはヘネシーを飲んでいる。隣に女の人でもいたら、銀座のクラブのテーブルと見間違えるくらいでしたね。俺らを見るなり、「1杯どう?」と勧められましたけど、「まだ朝ですし、元々そんなにお酒は強くないんです」とやんわりと断りを入れました。そうしたら「漫才師なら、朝から酒飲んでパッとやらないと」。まだ朝の8時ですよ。次に勝さんから「これだけテレビ出てたら、年収はいくら？」と聞かれたんです。その時は、ちょうど俺らの日常を追う番組のカメラがついてきていたので、口籠っていると「ハッキリと言ってみな。誰にも言わないから」「テレビカメラが回ってますから。僕らに密着してくれているんですよ」「俺のことも密着しろ」とカメラマンに言ってましたね。初対面で年収を突然聞かれて、面白い人だなと思いましたよ。

俺が「勝さん主演の映画はほとんど見ています」と告げると、刀を抜いて、鞘に収めるのが上手いなんて言われるけど、その裏では何百回と稽古していると仰ってました。映画『座頭市』の話になると、主人公とご本人の人間性が合うとも語っていましたね。他にも奥さんの中村玉緒さんのおかげで今の自分がいるともね。「俺の女房は大変だよ。でも、俺は自分のパターンを崩したら、勝新太郎じゃなくなるからな」と玉緒さんのことをしっかりと立てていた。

勝さんの周りには、マネージャーさんと俳優の卵のような付き人が4人ほどいたんです。途中で勝さんがトイレへ行ったので、付き人に「普段はどんな方なんですか？」と聞いてみたんです。物凄く優しい方らしいですよ。食事に行っても、店の外で待っていろなんてことは決して言わない。一緒に店に入り、同じ物を食べさせてくれるらしいです。「朝からずっと飲んでいるんですか？」と聞くと、ちびちびとずっと飲んでいるとは言ってましたね。やはり、豪遊するイメージを崩したくないからお酒を少しずつでも飲んでいたんでしょうね。そうじゃないと体を壊しますからね。トイレから戻ってきた勝さんから「番組終わったら飲みに行くぞ」「今日は夜中まで仕事があるんです」「よく働くね。ところで税金はいくら払ってるの？」「それを言ったら年収がわかりますよ」。当時は一定の所得を超えると75％を税金で持っていかれたんです。勝さんはそれを知った上で「税金は高いからな。お金は貯めておけよ」とアドバイスしてくれましたね。それは勝さんのイメージとは違いましたね。

最後に「君たちは女にモテるだろ。若いし、人気あるし、いいな。取っ替え引っ替えだろ？」と聞かれたら、「引っ替え取っ替えです」と洋八が意味のよくわからないことを言い出してね。勝さんもポカーンとしてましたわ（笑）。

松方弘樹さんの豪快さと気遣い

勝さんの他にも豪快な伝説を残す人が昔は多いですよね。その中の1人、松方弘樹さんともご飯を食べに行ったことがあるんです。『天才・たけしの元気が出るテレビ‼』が大人気だった頃、収録終わりのたけしと飯を食いに行く約束をしていたので、スタジオで待っていたんです。そうしたら松方さんも同席するというじゃないですか。なんでもたけしが松方さんから「この後、ご飯でもどう？」と誘われて、「洋七と約束していますと答えると、「一緒に来ればいいじゃん」と誘ってもらったというんです。松方さん、たけし、俺の3人で松方さんの行きつけの寿司屋へ入った。席に座ると、「大将、ヘネシーのボトル3本お願いね」と松方さんが頼んだんです。俺ら2人は「ボトルを1本も飲めないですよ」と言うと、松方さんが返した言葉に納得しましたね。「1本1本に、たけし、洋七、松方と名前を書いてキープしておけば、次に来た時に俺のじゃなくて、自分のボトルがあるから遠慮なく飲めるでしょ。それに1人1本なら自分が飲んだ量がわかりやすいでしょ」。

当時は俳優の方がバラエティー番組に出演するのがまだ珍しい時代だったんです。だから、「たけちゃん、ごめんね。バラエティーに出させてもらって」「いやいや、松方さんに出演オファーして出てもらえるとは思いませんでしたよ」と2人が会話していたのを覚えていますね。たけしも最初の4本の収録を終えるまでは、どこまで俳優さんにツッコんでいいのかわからなかったと漏らしていました。俳優さんは、私生活をあまり話さない人も多いでしょ。また、ドラマの現場は大変だとも話していましたね。まずセリフを覚えないといけない。それに例えば朝8時から収録が始まるなら、5時前に起きて、現場へ行って化粧をしないといけないでしょ。松方さんは大人気の遠山の金さんシリーズ『名奉行　遠山の金さん』で主演を務めていた。桜の彫り物を描いて、撮影が終われば それを落とす時間もある。帰るまでに1時間以上かかると言ってましたね。しかも1話撮影するのに何日間もかかる。それに対して、バラエティー番組だとちょこっと化粧をして、収録を終えて、メイクを落とせばすぐに帰ることができる。収録時間もたけしが司会だと、1時間番組の場合、1時間半くらいしか収録しないんですよ。ちなみに弟弟子の紳助は1時間番組だと2時間くらい収録して、面白いところを使ってくださいというタイプなんです。しかもバラエティー番組は何本も掛け持ちできるけど、時代劇はそうはいかない。だから、バラエティーにレギュラー出演できて嬉しいと話していましたよ。

そんな会話を続けていると、「たけちゃん、これから洋七さんとどこ行くの?」と松方さん。「ご飯を食べに行きます」「それならここで食べていけばいいじゃない」。結局、松方さんはヘネシーを半分くらい飲んで、俺らは4分の1くらいだけ飲んだ頃、「俺も明日は早いから。解散しよ」と松方さんが言ってお開きになったんです。きっと俺らに気を遣ってくれたんでしょうね。紳士的な人だなと思いましたよ。

勝新太郎さんが楽屋でヘネシーを飲んでいたと書きましたけど、同じく松方さんもヘネシーだった。当時はヘネシーが人気だったけど、特に日本で流行っていたらしいですね。やはり、大御所俳優の2人は時代の先端を行っていたんだなと今となっては思いますよ。

宍戸錠さんがアメリカでドッキリ仕掛人

漫才ブームの頃、B&Bはコマーシャルに9本出演していたんです。新しくアメリカで車のコマーシャル撮影があるということで、ロサンゼルスへ向かった。当時は、外車なんてほとんど知らなかったんですけど、空港からキャデラックに乗せられ、片言の日本語を喋る運転手さんとラスベガスまで向かうことになったんです。5〜6時間はかかるというから道中の田舎道にあったレストランで休憩を挟むことになったんですよ。スパゲッティとスープを注文すると、「今日はロケはないですから、ビールを1杯どうですか?」とマネージャーに勧められ、俺と洋八は1杯ずつ飲んでいた。そうしたら、店内に突然、警察官が入ってきて、俺らに何か言っている。でも英語はからっきしわからないでしょ。どうやら「この州では、昼間に酒を飲んではいけないから逮捕する」と言っているらしい。通訳の方が訳してくれてやっとわかりましたね。「外に出ろ」と言われ、レストランの近くにあった牧場の柵に洋八と俺は片手を手錠で繋がれたんです。生まれて初めて手錠なんてかけられたからビックリしましたね。警察官は「100ドルの罰金だ。ここで待ってろ」と言い残し、どこかへ行ってしまった。マネージャーも「私が勧めたばかりにすみません。ちょっと電話してきます」。まだ携帯電話のない時代だから、マネージャーは公衆電話を求め、姿を消したんです。

洋八と2人きりになり不安がっていると、牧場の遠くのほうから、20頭くらいの馬に跨った人が俺らの目の前に来て、また英語で言っているんですけど、何を喋っているか皆目見当もつかない。でも、耳を澄ませて聞いていると、たまに日本語が交じっているんです。「見たことあるな」「コメディアンだろ」とかね。しばらくすると、最後尾にいた1頭の馬に乗った人が俺らの前に来て、「ドッキリ」の看板を見せたんですよ。その人をよく見ると、なんと宍戸錠さんでした。「アメリカまで来てドッキリにひっかけるんですか？」「ごめん、ごめん。大成功！」。

さらに2時間ほどかけて、実際にラスベガスへ行ったんです。ホテルに到着すると、番組スタッフが「先程はすみませんでした」と、日本円で1人3万円分をコインに換えて、カジノで遊んでくださいと手渡されたんです。初心者には、スロットマシンがいいですよと促されましたね。楽しんでいると、突然の大当たり。コインがどんどんと出てくる。もう受け止められなくて溢れるほどですよ。そこに片言の日本語を喋るカジノのスタッフが駆けつけ、「日本円にしたら1億円ですよ」。「2人で半分ずつ分けて、事務所にもなんぼかあげような」と洋八と喜んでいると、スロットマシンの裏側からどっきりカメラが出てきたんです。まさか2度もドッキリに引っかかるとは思わないでしょ。

後日、スタジオで収録があり、VTRを見ると、スロットマシンの裏側からバケツにコインを入れて、直接出るようになっていた。収録が終わると、宍戸さんが代々木のレストランでご馳走してくれたんです。宍戸さんは日活のアクション映画で大活躍していたでしょ。俺もよく見ていたから、日活の話をしてくれましたね。カッコよかったですよ。

そのドッキリが放送されてから1週間、街を歩いていても「アメリカで騙されただけですか?」とずっと話しかけられましたね。それにしても昔の番組はお金がかかっていましたね。

第8章

一流スポーツ選手の素顔

俺は小学校の時に草野球を始めて、中学校では野球部に入部し活躍。高校は野球の強豪校である広島の広陵高校へ進学したんです。だから、幼い頃から芸人になりたかったわけではなく、野球選手に物凄く憧れていたんですよ。野球で怪我をして、その夢が絶たれ、たまたま芸人になり、東京へ進出。漫才ブームで一気にブレイクすると、たくさんの番組に出させてもらうことになった。そうすると、いろんな有名人の方に出会いましたね。でもやはり野球選手は格別ですね。

ゴルフの約束を忘れていた長嶋茂雄さん

フライデー襲撃事件後、たけしが謹慎した時の話を第2章で書きましたね。当時、俺は所沢に住んでいて、近くに西武園のゴルフ場があったんです。たけしも暇だから、軍団と4~5日に一度はゴルフ場に来ては、一緒にゴルフをしていたんですよ。毎回、プレー料金を出してもらうのも悪いから、4回目は俺が払うことになった。8人でプレーし、会計をすると、20万円以上してビックリしましたね。俺はボウリングくらいの料金だとばかり思っていたから、8万円くらいしか持ち合わせがなかった。急いで嫁さんに連絡をすると、横で聞いていたたけしが「ゴルフがそんなに安いわけないだろ。バカ野郎。俺が払う」と言われてしまったんですよ。

それからしばらくしてたけしの車で世田谷区を走っていた。とある寿司屋の前を通ると、「ここが長嶋茂雄さんの行きつけの寿司屋だよ。美味しいらしいよ」とたけしが指差した。そして、その店で食べることになったんです。店に入り、「渋い店やな」「やっぱり長嶋さんは食通なんだろうな」。そんな会話をしていると、「席は空いてる?」と外から聞き覚えのある声が聞こえてきた。入ってきたのは長嶋さんでした。「たけちゃん」と声を掛けられ、たけしも「ご無沙汰してます」と挨拶している。初対面の俺に、長嶋さんは「あなたはBちゃんね」と声を掛けられた。B&Bで相方の洋八はいなかったから、〝B〟なのは間違いないですけどね(笑)。長嶋さんは、マネージャーさんと3人で食べてましたね。そうしたら、「君たちはゴルフしないの? 今度、一緒に回ろうよ」と誘われたんです。場所と日にちを決めて一緒に回ることが決まりました。

当日、千葉のゴルフ場へ俺とたけしは早めに到着。野球選手に憧れていた俺にとって、長嶋さんとゴルフする日が来るなんて信じられないから嬉しくてね。長嶋さんを待たせるわけにはいかないから、グリーンで練習しながら待っていると、長嶋さんが通りかかった。「おはようございます」「あら、Bちゃんとたけちゃん。今日は誰と回るの？」。心のなかでは「長嶋さんですよ」と思ったけど言えないでしょ。「長嶋さんは誰と回るつもりなんですか？」と聞き返した。

「球団関係者だよ」

「いや、僕らですよ」

「ごめん、ごめん。悪かった」

そうしてプレーが始まった。俺はまだコースに出たのが5回目くらいだったから、1球目がとんでもない方向へ飛んでいって「下手なんです」と言った。

「正直に下手なら下手って言えるのはいいね。何かスポーツはやってたの？」

「高校まで野球をやっていました」

「野球をやっていたなら、週に1度くらい回れば、1～2年で上手になるよ。ゴルフは回数だからね」

9番ホールが終わり、昼飯を食べようと思ったら、長嶋さんが「あっ!」。何事かと思ったら、「ごめんね。これから仕事があるのを忘れていた。お金は全部払っていくから」。そう言い残し、仕事へ行ってしまったんです。俺らとコースを回ることも忘れていて、途中で仕事を思い出すなんて、さすが長嶋さんだなと思いましたよ。

数年後、ニッポン放送のチャリティー番組に出演したんです。長嶋さんも参加していて、挨拶をすると「B&Bの人だよね。久しぶり」。今度はBちゃんではなく、B&Bと呼ばれて俺も出世しましたよ。すると別れ際に、「今度、僕とゴルフ行こうね。一緒に行くと面白いよ」と誘われたんです。以前ご一緒したことを忘れていたのかも。長嶋さんは、監督じゃなくなっても、毎日忙しく、いろんな人に会うから覚えてられないんでしょうね。

広島カープのキャンプ地から生中継

俺は生まれが広島で、広島カープのファンなんです。漫才ブームの真っ只中にマツダの役員さんなど、球団をサポートしている人たちが集まる会に呼ばれたことがあるんですよ。そこに古葉竹識監督がいて、「売れてるね。今度球場に遊びに来なさい」と誘われたのがキッカケで山本浩二さんを紹介してもらった。

当時、平日お昼の12時から、東京・新宿のスタジオアルタから公開生放送していた『笑ってる場合ですよ!』という番組の司会をB&Bが担当していたんです。ある日、番組スタッフから「いつもスタジオからの生放送なので、今度、外から生中継したいんですけど、どこからがいいですか?」と聞かれました。広島カープファンの俺は「宮崎県の日南でやっている広島のキャンプからの生中継がいいんじゃないですか」と答えたら、本当に広島のキャンプ地である日南から生中継することに決まったんです。

生中継の前日、宮崎空港から泊まる予定のホテルにタクシーで向かい、ホテルの玄関が見えると、4人の選手が立っていた。玄関に「赤ヘル旋風」を巻き起こした山本浩二さん、衣笠祥雄さん、高橋慶彦さん、北別府学さんが立っていたんですよ。飲みに行ったりと、交友があった山本浩二さんから「遅いな。夕飯を一緒に食べようと思って予約しているから。早く支度して行こう」と言われ、洋八とマネージャーと4人の大スターと夕飯を食べに行きましたよ。さすがに、キャンプ中だったから、4人の選手はお酒はほとんど飲みませんでしたけどね。

翌日、朝から練習を見学して、12時から番組の生放送が始まった。そうしたら、浩二さんが「俺がピッチャーやるから、洋七と洋八がバッターボックスに入って打て」と無茶振りするんです。守っているのは、前年に日本シリーズを制した広島カープのレギュラーメンバーですよ。野球少年だった俺からしたら夢みたいな光景でしたね。

いざ、浩二さんが投げた球を打ったら、バットにあたったんですけど、何かが変だなと思ったんです。守備についている広島の選手たちもみんな大爆笑している。よくよく見ると浩二さんが投げたのは野球のボールではなく、ゆで卵だったんですよ。野球ボールと一緒で白いからわからなかったんですよ。それにまさかプロ野球選手がそんなことするとは思わないでしょ。次に、洋八もバッターボックスに入って打ったら、またもゆで卵。カープの選手は大爆笑でしたよ。

浩二さんからは「2人とも結構、野球うまいね」と言われ、次はキャッチャーフライを機械であげて、それをキャッチできるか挑戦するコーナーが始まりました。それが物凄く難しくてね。5回挑戦したけど、1回も捕れませんでしたよ。浩二さんが1球でも捕ったら、1万円をくれると言ってたんですけどね。

その生中継は大成功したんです。前の週に「来週は広島カープの日南キャンプから生中継します」と告知していたから、球場の観客席は満杯になった。キャンプにお客さんが5000人も来るのはなかなかないでしょ。球団の方々からも「全国的にいい宣伝になりました。ありがとうございます」と言われて、嬉しかったね。

広島カープのファンで、プロ野球選手を夢見ていた俺がまさか前年に日本シリーズを制したメンバーと野球できるなんて夢にも思わなかった。今でもいい思い出です。

山本浩二さんと星野仙一さんにスナックで野球を教わる

後楽園球場で巨人対広島の試合があった時、浩二さんから誘ってもらったのが初めて飲みに行った時ですね。1軒目は、銀座の当時大人気だった高級クラブへ連れていってもらい、「もう少ししたら、もう1人野球選手が来るから」と言われたんです。誰が来るのかなとソワソワしていたら、星野仙一さんが来たんですよ。浩二さんと星野さんは親友だからね。

2軒目に行ったのが、六本木のエルアミーゴという男性だけが働くスナック。俺もたけしと一緒によく行った店だったんですよ。お酒が入った浩二さんが、「洋七、お前野球やってたんだろ。ちょっと素振りをしてみろ」と言うから、席から立って素振りをすると、「そうじゃない。もっと腰を入れて」と言われ、何度もやらされたね。酒を飲まない冷静な星野さんは、何度も立っては素振りをさせられる俺の姿を見て、「漫才師に打ち方教えてなんの意味があるんだよ。何度も立ったり座ったり、かわいそうに」と言ってくれたんです。でも、周りのお客さんは大爆笑でしたよ。

星野さんからポジションはどこだったかと聞かれたから、「サードで打順は1番でした」「ピッチャーの経験は?」「ないです」。でも、なぜか投球フォームをやってみてと言われ、仕方がないからまた立って投球フォームをすると、「もっと肩を開かないと」などと言われたんです。またも立ったり座ったりを繰り返していると、浩二さんが「お前も一緒じゃないか」と星野さんに言ってましたよ。

その後、星野さんが中日の監督に就任してヤクルトとの試合が神宮球場であったから見に行ったんですよ。星野さんに挨拶に行くと、「客席じゃなくて、下に降りてこい」と言われましたね。グラウンドだと選手目線で遠くまで見えないから嫌だったんですけどね。しばらくしたら、「本日は特別イベントがあります。島田洋七さんがノックを受けます」とアナウンスされた。俺はプライベートで観戦に行っているし、そんなこと聞いてないのにね。サードで構えると、星野さん直々にノックをしてくれて、手加減はしてくれているんだろうけど、プロのノックは球速が違いますよ。まったく捕れない。プライベートだけど、芸人魂に火がついて倒れたり、飛びついたりしましたよ。そうしたら観客は大爆笑。私服のジーパンが土で汚れてしまったけど。10球くらいノックを受けて終わると、星野さんが「今日はショータイムやってもらったから、夕飯を奢る。待ってて」と言われて、ご馳走になりました。今となってはすごくいい思い出ですよ。

ミナミで声を掛けた東尾修さん

東京へ進出する前、大阪で劇場に出ながら、テレビにたまに出演させてもらう程度の頃はまだアルバイトをしていたんです。夜7時頃アルバイト先のスナックに向かおうと、大阪のミナミを歩いていると、見覚えのある人が歩いている。それが東尾修さんで、1人で歩いていたんです。当時の東尾さんは福岡が本拠地のクラウンライターライオンズの選手で、年間20勝をあげるほどの凄い投手だった。でも今と違ってパ・リーグは人気がなかったから、誰にも気づかれずに1人で歩いていたんだろうね。野球ファンの俺は居ても立ってもいられなくて、東尾さんに話しかけたんです。すると「よくわかるね。友だちと食事の約束をしているんだけど、遅れるみたいだから久々にミナミの街をプラプラしているんだよ。君は何しているの？」と東尾さんに聞かれて、「これからアルバイトなんです。実は、B&Bという漫才コンビを組んでいます。お時間あるならアルバイト先のスナックへ来ませんか」と誘ったの。スナックといっても、ママと娘さん含め女性が3人いるだけのこぢんまりとした上品なお店ですよ。そうしたらお店へ来てくれて、色々と話をさせてもらった。でも、ママたちはパ・リーグの選手を知らなかったから、「あの人はホンマに野球選手？」なんて聞かれましたよ。1杯だけ飲むと東尾さんは友だちと待ち合わせている店へ行きましたね。

後日、南海ホークスとの試合が大阪球場であり、東尾さんが大阪へ来たんです。劇場の出番が終わり球場へ向かいましたよ。関係者入口で、「B&Bの島田洋七です。東尾選手はいらっしゃいますか？」と自分から行ったんですよ。すると球団マネージャーが中へ入ってくださいと。東尾さんと再会して、話をしていると歳がほとんど同じことがわかったんです。「南海の選手で知っている人はいるの？」と聞かれたから、「黒田（正宏）さんと知り合いです」。黒田さんは、野村克也さんにも期待された名捕手で、コーチになっても大活躍した人。黒田さんとは、家族ぐるみで付き合いをさせてもらっていたんですよ。東尾さんと話していると、「洋七！　お前、どうやって入ってきたんや。普通は俺に言うやろ」と黒田さんに声を掛けられた。先日、ミナミの道端で東尾さんと出会ったことを話すと、「今日は試合終わったら待っとけ。食事に行くぞ」と誘ってもらいました。

東京へ進出して、漫才ブームで売れた頃も黒田さんとは連絡を取っていて、「人気商売はいつまで続くかわからんから、若いうちに家建てとけ」と言われたんです。うちの子どもは体があまり強くなかったから「どこかいい場所はないですかね？」と黒田さんに相談すると、所沢に、車やバイクが入れなくて、空気のいい場所があると西武不動産を紹介してもらい、家を建てたんですよ。その頃、クラウンライターライオンズは親会社が替わって西武ライオンズになり、本拠地を所沢へ移していた。それから本格的に東尾さんとは仲良くさせてもらったんです。でも、今考えると面白い出会いでしたよ。芸人と野球選手が出会うのは大体誰かの紹介です。でも、俺と東尾さんの出会いはミナミの道端ですよ。

西武球場でプロ野球の球拾い

俺が所沢に家を建てた頃、東尾さんは投手として大活躍していたし、俺も漫才ブーム真っ只中だった。お互いに忙しいから、なかなか時間が合わなくて、時々しか会えなかったんですよ。でも、漫才ブームが一段落した1990年代に入ると、俺も暇になってね。ちょうどその頃、東尾さんが西武の監督に就任したんです。しょっちゅう飲みに行ってましたね。

野球が本当に好きな人ならわかると思うんですけど、やっぱり試合前の練習から見たいんです。それで西武の試合を練習から見に行くと、東尾さんが「洋ちゃん、ジャージに着替えて」と言うから、不思議に思って「なんで?」と聞き返すと、「一軍は球拾いする人少ないから、外野で球拾いして」と頼むんですよ。俺は芸人ですよ(笑)。東尾さんは、俺のほうが学年だと一つ上だから、俺のことを洋ちゃんと呼ぶんですよ。球拾いを頼んだのは、俺が野球をやっていたことを知っていたからだと思うけどね。

それからは時々、芸人の俺が西武の練習で球拾いをすることになったんですよ。夕方5時過ぎくらいになると、段々とお客さんも入ってくるでしょ。漫才ブームで世間に顔がバレているから、お客さんの中には俺のことに気がつく人もいるんですよ。「洋七さん、何しているんですか?」と声を掛けられるから、「アルバイトや」と答えてましたね。選手とも話すようになって、「今日も球拾いしてくれるんですか？」と言われてね。しばらくすると球拾いだけじゃなくて、外野に飛んでくるボールをキャッチするようにもなったんですよ。その時に感じたのが、フリーバッティングでの外国人助っ人選手の凄さ。たとえば、レフトで球拾いしていて、レフトフライかなと思って、落下地点を予測して構えていると、球が伸びてホームランになる。フリーバッティングだと6～7割はホームランだったんじゃないかな。

多分、20回は球拾いをしたと思いますよ。球拾いが終わると、俺は一度家へ帰ってシャワーを浴びるんです。西武の試合が終わった頃に、俺がよく行っていたお寿司屋さんで待っていると、東尾さんが球団のマネージャーと一緒に来て、飲むことが多かったたね。当時、東尾さんの自宅は都内にあったけど、所沢まで遠いでしょ。だから、所沢に1人で住んでいたんですよ。1人だと夕飯を作るの大変でしょ。よく飲みながら夕飯を一緒にしていたんです。一度、いつものように東尾さんと寿司屋で飲んでいると、1人の細いお客さんが入ってきた。それがイチローだったんです。まだ有名になる前のね。その店は所沢では美味しくて有名だったから来たと思うんだけど、あんなに凄い選手になるとは思わなかったね。

俺が佐賀へ引っ越してからは、連絡することも少なくなったけど、10年くらい前かな、BS朝日の番組で、所沢の思い出の地を東尾さんと2人でドライブするという番組で一緒になったのが最後でした。

野球選手と芸人は、大阪ではわりと仲良かったですよ。よく南海の選手が花月に遊びに来ていたしね。でもイメージと違って、シーズン中に飲みに行くと、そんなに飲まないんですよ。次の日も試合だからね。それはいろんな野球選手と仲良くさせてもらって驚いたことですね。

テレビと変わらない具志堅用高さん

今でもバラエティー番組で活躍している元WBAライトフライ級の世界チャンピオンの具志堅用高さんとも何度かご一緒したことがあるんです。テレビで見せる顔の通り本当に面白い人でしたよ。

最初は、仲良くしてもらっていた元野球選手の山本浩二さんと六本木のエルアミーゴという店で会いましたね。その店は、男の従業員ばかりで、音楽が生演奏で流れているんです。上品なお客さんが多い店でした。浩二さんと待ち合わせると、現れたのが具志堅さんでした。恐らく浩二さんと友だちだったんでしょうね。初めて間近で見る具志堅さんに「うわッ！　チャンピオンや」と感動しましたよ。

2回目も同じお店でした。今度はたけしと訪れるとまたも具志堅さんがいた。たけしはボクシングが好きだから、ボクシング話に花が咲いていましたね。日本はアメリカに比べるとファイトマネーが安いとかね。中でも、「相手が右を3発出したら疲れて、次は逆の手を出すからそこを狙う」と言っていたことを覚えています。物凄いスピードで試合が展開する中で、瞬間瞬間にそんなことを考えているなんて頭がいいんだなと思いましたね。他にも、個人スポーツだから、孤独だとも言っていましたよ。「どこまでトレーニングして自分を追い込むかも自分次第なんだよね」と。いくらトレーナーがいても野球やサッカーなどのチームスポーツとは違うんでしょうね。それでも世界王座を13回も防衛しているんですから凄い人ですよ。その時も、ボクシングの実演をしてくれたんですけど、引退したとはいえキレキレでした。

一通りボクシング話を終え、俺とたけしは寿司屋へ向かったんです。2時間くらいして寿司屋から出ると、またも具志堅さんに遭遇。「たけちゃん、洋七くん、久しぶり！」「いや、さっき会いましたやん」「また上手いこと言って」。面白い人だとは聞いてましたけど、ビックリしたふりをして「お久しぶりです」と合わせるしかないでしょ。「ところでこれからどこへ行くんですか？」と尋ねると、「友だちと待ち合わせしているの。ここから1〜2分の場所だから歩いていくんだよ」。もう一度、具志堅さんに「どこまでですか？」と聞くと「銀座」と答えが返ってきた。六本木から銀座までタクシーでも15分はかかりますよ。それを歩いて1〜2分…。それ以上は何も聞かなかったです。

3回目に会ったのは、テレビのクイズ番組でした。司会者が「四文字熟語を知っている人？」と出題すると、具志堅さんが手を挙げて「四文字熟女！」。困った司会者が「ですから、四文字熟語です」と遮ると、「ずっと四文字熟語を四文字熟女だと思っていました」と具志堅さん。仕切り直し、司会者がもう一度「四文字熟語を知っている人?」と出題し直すと、またも具志堅さんが手を挙げ、今度は「焼肉定食!」。スタジオ中、大爆笑でしたよ。

具志堅さんと出会ってから、俺はボクシングが好きになり、ジムへ見学に行ったり、試合を見に行ったりしました。やはり、生で見るボクシングの試合は迫力が違いましたね。

たけしと六本木で会った時も、クイズ番組で会った時も明るくてめちゃくちゃ面白い人なんですよ。今でもバラエティー番組で人気でしょ。あの人は、面白いとわかってやっていると思いますね。それくらい頭のいい人ですよ。もしボクサーじゃなくてもコメディアンで成功していたかもしれないですね。

横綱北の湖「ごっつあんです」で200万円

漫才ブームの頃、銀座のクラブへ飲みに行こうと、銀座8丁目で信号待ちをしていたんです。横に大きな人がいる気配がして、見上げたら横綱の北の湖さんだったんですよ。目が合って「こんにちは」と言うと、「こんにちは」と返してくれてね。「今からどこへ行くんですか？」と尋ねると「贔屓の社長さんが飲んでいるから顔を出しに行きます。洋七さんはどこへ行くんですか？」と聞かれた。「俺は友だちとクラブへ遊びに行くから、待ち合わせの場所に向かっているんです」と返したら、「どこのクラブですか？」と聞かれて答えたんですが、信号を渡ると、別々の方向へ歩いていきました。俺はたけしと待ち合わせをしてクラブで飲んでいた。1時間くらいすると、お店のボーイさんから「洋七さん、横綱が来ていますよ」と声を掛けられたんです。そうしたら北の湖さんが来たからビックリしましたよ。

「友だちってたけしさんだったんですか。売れっ子の2人で飲んでいるなんて凄いですね。ご一緒してもいいですか？」

「エエよ。でも、北の湖さんは横綱やし、あなたのほうが凄いんちゃうの？」

俺も相撲は好きだから色々と話をさせてもらってね。そのうち俺とたけしが代わる代わる横綱を笑わせたんですよ。1時間半くらい経つと「もう勘弁してください。笑いすぎて腹が痛いです」と横綱が嬉しい悲鳴を上げた。店の人にお会計を頼んだら、「僕に奢らせてください。1時間半も売れっ子のおふたりに楽しませてもらったので僕が払います」と横綱が言ったんですよ。そうしたら着物の中から200万円くらいの現金をおもむろに出して、会計を支払った。

「そんな大金どないしたんですか？」と聞くと、「さっき贔屓の社長のところに顔を出したら渡されたので『ごっつぁんです』と言って、もらいました」。「笑わせたりしたん？」と聞くと「僕らは笑わせることなんてできませんよ。一緒に飲んで、写真を撮ったくらいです」。「ごっつあんです」と言うだけで、そんな大金をもらえることにビックリしたね。俺らはいくら笑わせても、せいぜいビールを2～3本出してもらえる程度ですからね。

その後、横綱が引退して親方になって稽古に呼んでもらったことがあるんですよ。相撲の親方は竹刀で力士の体を叩いたり、怒鳴ったりと厳しいんだろうと思っていたけど、部屋へ行くとまったく違った。竹刀で叩くこともないし怒鳴ることも一切ない。どっしりと座って「もっとおっつけて突き出す」とかアドバイスするだけ。若い衆に、親方はいつもこんな優しいの？　と聞くと、一度も怒られたことはないと言っていたね。誘ってもらって、相撲を見に行ったこともあったんです。序ノ口だと午前中から本場所はやっているでしょ。早い時間帯だと呼び出しも若いんですよ。若い呼び出しが東なのに「にーしー」と間違えたからどうするのかなと思ったら、「西は反対側」と言い直して、これには場内は大爆笑。俺もその後ネタで何度も使わせてもらいましたよ。

その後は付き合いはなかったんだけど、亡くなる2年くらい前かな。福岡空港でばったり会ったんですよ。出会った時のことをお互いに覚えていてね。嬉しかったな。北の湖さんは、初めて飲んだ時も、部屋で稽古を見せてもらった時も本当に優しくていい人でしたよ。

輪島さんと中畑清さんとの3ショット

いつものようにたけしと銀座のクラブへ飲みに行って、パッと横を見たら隣のテーブルに元横綱の輪島さんが座っていたこともありましたね。輪島さんは、タニマチと付き人と4~5人で飲んでたな。たけしと盛り上がっていたら、輪島さんから「楽しそうだね。ちょっと話を聞かせて」「いいですよ」。それで輪島さんのことを笑わせていたんです。当時、俺らはワインは飲まなかったけど、輪島さんの席はタニマチの方が高級なワインを頼んでいてね。それを輪島さんのお弟子さんがガブガブと飲み干してしまったんですよ。すると輪島さんが「高級なワインはガブガブ飲むんじゃなくて、もっとちびちびと味わって飲め」と怒ったら、今度はゴクゴクと飲みだした。「お前ら、ちびちびとゴクゴクの違いもわからないのか」と怒っていたね。

タニマチの方が「漫才師もライブとかあるでしょ。チケット買うよ」と言ってくれたんだけど、漫才師は自分でチケットを手売りすることはないんです。だから断ったら、秘書の人が革のアタッシュケースを持ってきてね。中には2000万円くらいの現金が入っている。タニマチの方が300万くらいを鷲掴みにして「小遣い」と言うから「そんな大金もらえません」ともちろん断りましたよ。芸をして5万~10万を祝儀でもらうことはありますけど、何もしてないのにそんな大金受け取れないでしょ。そうしたらお弟子さんが「僕にください」と言って、輪島さんに叩かれていましたね

（笑）。

輪島さんに稽古を見に来るよう誘ってもらって、翌朝、花籠部屋へたけしと2人で向かったんです。車を降りると、お相撲さんっぽい人が「こちらへどうぞ」と言うから、案内された場所に座っていると「これ食べませんか？」とソース焼きそばとお茶を出された。たけしと「花籠部屋はちゃんこ鍋じゃなくてこれしか食べないのかな」と話をしていると、花籠部屋のマネージャーさんが来て、「そこは日大の相撲部です。部屋はこっちですよ」。花籠部屋と日大の相撲部は隣にあったんですよ。おかしいなとは思ったけど、部員はみんな太っているし、土俵もあるから間違えていた。

花籠部屋へ行くと、キャンプ前に体を鍛えに来ていた巨人軍の中畑清さんがいたんです。中畑さんを撮影しようとスポーツ紙のカメラマンも来ていましたね。輪島さんに「俺の体を1センチでも動かせたら1万円あげる」と言われ、思いっきりぶつかったけど、微動だにしない。その時はもう親方になっていたけど、横綱は凄いなと思いましたよ。稽古が終わって、部屋にある大きな風呂に輪島さんと中畑さんと俺の3人で入ることになった。3人の組み合わせが珍しかったんでしょうね。翌日のスポーツ新聞にその写真が掲載されたんです。そうしたら、仲良くさせてもらっていた広島の山本浩二さんから電話がかかってきて、「新聞見たよ。洋七はずっと広島ファンと言っとるけど、本当は巨人ファンだろ。うちの選手もみんなそう言ってるぞ」と冗談で言われましたよ。「ちゃいます。たまたま部屋へ遊びに行ったら中畑さんがいたんです」と否定しました。もちろん、俺は広島ファンですよ。

体だけでなく存在感も抜群のジャイアント馬場さん

昭和を代表するプロレスラーのジャイアント馬場さんにも、何度か遭遇したことがあるんですよ。最初に出会ったのは、漫才ブームの頃。俺らは、土日になると営業で全国各地を飛び回っていた。羽田空港へ行くと、40メートルくらい先に体の大きな人がいて、すぐに馬場さんだとわかりましたね。ちょうど巡業に行くために、馬場さんも空港にいたみたいです。近寄って「握手してください」と頼むと、中指と人差し指だけを差し出した。当時、プロレスは大人気だったから、ファンに握手を求められるのは面倒なんだろうなと思って手を握ると、普通の人の4本分ありましたよ。俺らのことを知っていたみたいで「頑張ってね」と声を掛けてもらったんです。

次に会ったのが、日本テレビの正月特番。プロ野球選手やプロレスラー、漫才師などいろんなジャンルの人たちが4~5人でチームを結成し、クイズで争う番組でしたね。収録開始まで1時間半くらい待たされたんです。畳一畳分くらい他の人より大きい馬場さんを見つけた俺が後ろから肩を叩き挨拶をすると、「待ち時間長いね」とこぼしていましたよ。そうしたら付き人を呼んで、「俺はもう帰る」と言って本当に帰っちゃったんです。洋八と2人で「エエな。俺らはテレビに出るのが仕事だからペコペコ頭下げて。あんな風になりたいな」と言い合ってましたよ。プロレスラーチームは残された人たちで収録に臨んでいました。収録も中盤を迎える頃、突然スタジオに馬場さんが現れた。どうやら楽屋で寝ていたようで、スタッフが起こしに行っても起きなかったらしいです。でも、馬場さんが姿を現すと、スタジオは大盛りあがり。出演者は100人を超えてましたけど、体の大きさや個性的な顔だけでなく、存在感もダントツでしたね。

3回目に会ったのは、打ち合わせで訪れた銀座のホテルの喫茶ルーム。挨拶をすると、コーヒーを勧められ、馬場さんの前に俺と洋八が座った。馬場さんは3人分くらいのソファに1人で座っている。運ばれてきたコーヒーカップを見ると、エライ大きいんです。普通のコーヒーカップだと持ち手に指が入らないらしくて、特注品みたいでしたね。馬場さんは、元巨人のピッチャーだったでしょ。俺も高校まで野球をやっていたから、「なんで野球やめたんですか？」と聞いてみたんです。そうしたら「振りかぶって、投げようとしたら、キャッチャーの頭を殴ってたんだよ（笑）」。面白いから、その後何度かネタで使わせてもらいました。

4回目に会ったのは、新幹線でした。若手のプロレスラー何人かが新幹線の入口に頭をぶつけないよう屈んで乗り込んできた。最後に馬場さんがさらに屈んでました。俺らを見るなり「もうちょっと新幹線は大きく作れば乗りやすいのにね？」と言う。心の中では「あんたが大きすぎるんでしょ」と思いましたけど、「はい」としか答えられないでしょ。

5回目に会ったのは、寿司屋ですね。俺らと馬場さんは席が離れていたけど、ずっと見てたんです。板前さんが、握った寿司を客に出す前に一度、まな板に置くでしょ。そこに置かれた寿司を2貫同時に掴んで食べてました。俺らじゃそんなところに到底手は届かない。板前さんがまな板に置くたびになくなるから、「もう食べたんですか?」と驚いてました。

長い芸能生活の中で、いろんな方に会いましたけど、体の大きさだけでなく、存在感も一番でしたね。

第9章

三代目相方・島田洋八

誰も見たことのない漫才

B&Bとして漫才ブームでブレイクした今の相方の洋八は3人目なんです。2人目の相方は、西川のりお・上方よしおのよしおだったんですよ。俺とよしおが組んでいたB&Bも大阪で3~4本ほどローカル番組のレギュラーを抱えていました。そんな時、あのねのねが東京の全国放送の歌番組でコントコーナーを持っていたのですが、途中で降りることになった。そこに抜擢されたのが俺とよしおのB&Bでした。初めて東京の番組にレギュラー出演すると、大阪では見かけたことのないようなスターや歌手ばかり。大阪ローカルの番組とは全く雰囲気が違ったんです。それはギャラも同じで、当時の大阪のローカル番組は今と違って、大阪、京都、兵庫、奈良、和歌山くらいでしか放送されていなかったから当然といえば当然なんですけど、5~6倍も違う。俺は東京へ行き来するたびに、段々と東京へ進出したいなと考えるようになったんです。全国放送じゃないと、広島や佐賀にいる母親や祖母、同級生に見てもらえないでしょ。同じお笑いの星セント・ルイスと話してて、その気持ちはどんどんと大きくなっていった。ある日、よしおに「東京行かへんか?」と誘うと、「東京行くのは怖いわ。どこの事務所も知らんしな」と断られてしまったんです。よしおは大阪出身だし、地元の吉本興業に所属しながら活躍したい気持ちは痛いほどわかったんです。まだ漫才ブームの前で、東京に吉本の支社もない頃でしたからね。方向性の違いから、よしおとは円満にコンビを解散しました。

1人になった俺が劇場で他の芸人の舞台を見ていると、声を掛けてくれたのが桂三枝(現・桂文枝)さん。「また別れたらしいな。あそこにいる男前の彼はどうや?」と言って指差したのが、洋八だったんです。でも当時、洋八は新喜劇の進行係をしながら、通行人の役でちょこっと出演する程度。「彼は漫才できますか?」と三枝さんに聞くと「お前があんだけ1人で喋れるんやから、なんでやねんだけ言わせておけばええねん。それにこれからは若い子の人気も大事や」とアドバイスされたんです。当時、三枝さんは若者に大人気の『ヤングおー! おー!』の司会を務めていたから説得力があった。そのアドバイスに従い、洋八とコンビを組むことにしたんです。

迎えた洋八との初舞台。緊張する洋八に「お前はなんでやねんだけ言えばええねん」と言って、舞台に上がった。「どうもB&Bの島田洋七です」と挨拶すると、洋八は「なんでやねん」。稽古通りなら「島田洋八です」と言うはずなんですよ。「なんでやねん？じゃないねん。俺は本名、徳永昭広。芸名が島田洋七や」とツッコむとお客さんは大爆笑。「もう1回、初めからやるで」と仕切りなおしても「なんでやねん」と洋八。3回くらい繰り返しましたね。そんな漫才を誰も見たことないからお客さんも笑いっぱなしですよ。その時は俺が英語が得意というネタ。洋八が日本語で「おまわりさん」と振ると、俺が「ポリスマン」と答える。「守衛さん」に「ガードマン」、「八百屋のおっさん」に「ピーマン」と返すと、「八百屋のおっさんはピーマンちゃうやろ。ピーマンは野菜やろ」と洋八。「わかってるがな。そういうネタやろ」。会場が渦巻くくらい笑いっぱなしで舞台を降りると、なんば花月の支配人や吉本本社の社員さんから「これは売れるわ。新しい形の漫才や」と言われましたが、洋八が間違えるから舞台で教えていただけなんですよ。もう二度とあんな漫才はできませんね。

東京で洋八と2人暮らし

初舞台の後、徐々に洋八も漫才ができるようになり、俺らは上方お笑い大賞で銀賞を受賞したんです。そこで俺は2代目の相方、上方よしおの時と同じように東京へ進出しようと洋八に話すことにした。断られても仕方ないと思い、ある日、喫茶店で「洋八、東京行かへんか?」と真顔で誘ったら、「エエよ」と軽く言う。面食らい「何て言うたん?」と確かめると「行こ行こ。俺は岡山出身やから、大阪でだろうが、東京だろうが、どこでも場所はエエよ」。2人で東京進出を決意、吉本興業に説明しに行ったんです。「大阪にはやすきよさんや中田カウス・ボタンさんをはじめ、面白い漫才師がたくさんいます。大阪の漫才を広めたいので東京へ行きます」と訴えると、「東京でどこの事務所に入んねん?」「どこかわかりませんけど、適当に探します」。まだ東京に吉本の支社がない時代だったんです。

自分たちで東京の事務所に電話して探しましたね。最初は浅井企画。すぐに断られました。次は太田プロダクション。太田プロは俺らのことを知っていたようで、「うちに来てくれるのは嬉しいね。仕事はたくさんあるよ。再来週からハワイでも仕事があるし、北海道にもある。テレビの仕事も20～30本はあるから」。今考えれば、俺らを笑わせようとしたのかもしれないですけど、当時は怪しいと思って、もう一度するはずの電話をしなかったんです。困った俺らが吉本に相談すると、やすきよさんのマネージャーだった木村政雄さんが、戸崎事務所という東京の小さな事務所を紹介してくれたんですよ。事務所も決まり、大阪を離れる前には、満員のうめだ花月の舞台で漫才とコントを組み合わせたライブを開催しました。

東京に引っ越す日、新大阪駅から新幹線に乗る時、グリーン車に乗っていこうと洋八に提案したんです。それまでグリーン車なんて乗ったことなかったけど、「それくらいの芸人になろうな」と洋八を説得してね。グリーン車乗り場で待っていると、上岡龍太郎さんに会いましたね。新大阪駅を出て、ちょうど京都駅に差し掛かる頃、横に座っている洋八が突然泣き出したんですよ。「どうしたん?」と声を掛けると、「売れなかったらどうする?」「今さら言うな。売れるか売れないかは行ってみないとわからんやろ。売れんかったら、芸人辞めて、他の仕事に就けばいいしな。お前だって、岡山からプロボウラーを目指して大阪に出てきたのに漫才師になったんやろ。俺だって嫁さんと家出してたまたま漫才師になった。売れないで元々や」と説得しましたよ。

東京に着くと、事務所が2人で住むマンションを一室用意してくれていた。風呂を沸かしていると、風呂場から洋八の声が聞こえてくる。「洋ちゃん、ちょっと来て。物凄い泡立ってるわ」。駆けつけると風呂が泡だらけ。「何か入れたん?」と洋八に尋ねると、入浴剤を入れたと言うんです。でも、よくよく見たら、入浴剤ではなくて、粉末の洗剤だったんですよ。「洗濯用の洗剤や。そりゃ泡立つわ。こんなん入ったら具合悪くなるで~!」「東京は入浴剤も違うのかと思った」「アホか、お前は。流せ」。一番笑いましたよ。

風呂から出て、スーパーでインスタントラーメンやレトルトカレーを100個ほど、近くの電器屋で中古の炊飯器を1000円で買って、俺と洋八の東京生活がスタートしましたね。

「洋八師匠」はバイトの心配

洋八との東京での生活がスタートしましたが、レギュラー番組はなかなか決まりませんでしたね。夕方に放送されていたお笑い番組にちょくちょく出演するくらいで、後は営業に行ってました。東京に進出してから初の全国ネットの番組は『花王名人劇場』でしたよ。当時のギャラは事務所から月給制で15万円。住む場所は、事務所が洋八と2人で住むためにマンションの一室を借りてくれていたから、15万円でも生活はできました。でもね、俺は大阪に嫁さんと子ども2人を残してきたから、仕送りをしないといけないでしょ。15万円のうち12万円は仕送りに充てていたから、残るのは3万円ほどでした。洋八は後輩ですけど、その頃は「洋八師匠」と呼んで、しょっちゅう飯をご馳走になってましたね。

初の全国ネットのレギュラー番組は、『笑ってる場合ですよ！』の前番組『日本全国ひる休み』。番組内では、全国各地を取材して、生放送のスタジオに出演していました。初めて訪れる場所ばかりで楽しかったですよ。それに全国ネットだから、広島の母親も佐賀のばあちゃんも観ることができるでしょ。でも、視聴率が振るわなかったようですぐに打ち切りになってしまったんです。

その番組が終わる前に、フジテレビのプロデューサーが4人くらい俺らのところに来たんです。なんでも後継番組として『笑ってる場合ですよ!』という番組が月曜から金曜まで始まるという。その番組の総合司会をB&Bに務めてほしいと。『花王名人劇場』での俺らの漫才を見て、ぜひ使いたいと言ってくれたんですよ。「月曜から金曜まで生放送だけど、毎日司会やってくれるかな?」と頼まれました。願ったり叶ったりだったから、俺は「ありがとうございます。お願いします」と快諾しました。そうしたら洋八は「週に1日、木曜日だけは休ませてください」と驚くようなことを言い出した。「なんでやねん?」と聞くと「木曜日はうどん屋のアルバイトの日やからな」。この3ヵ月くらい、週に一度洋八はバイトしてたんですよ。それを聞いたプロデューサーたちは大爆笑でしたよ。「全国ネットの司会とうどん屋のバイトのどっち取んねん?」と俺がツッコむと、「平日の昼間は忙しいねん。お世話になっているからな。辞めさせてくれるかな？」と心配している。「そういう問題じゃないねん。忙しかろうがなかろうが、全国ネットのレギュラー番組に出るために東京に来たんやろ。辞められないなら、俺が言いに行ったるわ」。そう言うと納得していましたけど、本当に面白い奴ですよ。

『笑ってる場合ですよ！』は、俺らが総合司会で、曜日別にツービートや紳助・竜介、春風亭小朝などがレギュラーで出演していた。段々とお笑いが盛り上がり始めた時期だったから、お客さんも若い人を入れてね。『笑ってる場合ですよ！』のプロデューサーだった横澤さんが漫才番組を始める時も、若い人を意識して「ＴＨＥ　ＭＡＮＺＡＩ」と横文字がいいんじゃないですかと提案したんです。それまで漫才はどうしても年配の方が好む印象があったのか、お客さんも年配の人ばかりだったんですよ。

前項で、東京に進出してきた頃の話を書きましたけど、売れるまで芸人は漫画のような生活をしていますよ。それでも売れるのはほんの一握り。たけしだって、売れたからこそ凄い人と言われる。今もテレビ番組を見ていて、若い芸人がどんどん出てくるでしょ。そういうのを見ると頑張れと思います。でも、数ヵ月で見かけなくなるのは辛いですね。

タイミングが悪い洋八

『佐賀のがばいばあちゃん』を出版した裏にはたけしの助言があったと書きましたけど、漫才ブームの頃にも、同じようなことがあり、B&Bとして本を出したことがあるんですよ。まず、本を作るにあたり、編集者を紹介してもらった。当時、B&Bはレギュラー17本を抱えていて、原稿を書く時間なんてない。5日間くらい毎日夜の10時から12時過ぎまで、ホテルの一室で編集者とライターの前で話し、ライターがまとめてくれたんです。1日目の取材が終わった翌日、相方の洋八が「俺はようしゃべらん。もう喋ることないもん。洋ちゃん1人で本を出し」と言ってきましてね。仕方がないので、2日目からは俺1人で喋ったんです。無事に本が出版されると、バンバン売れましたね。俺は印税がいくらか知らなかったけど「印税が今日は150万円銀行に入ってた」なんて楽屋で話をしていると、洋八が「俺ももっと喋ろうか」「もう終わったし、本になってるやん。今さら何を喋るねん」とツッコミましたわ。面白いから、そのエピソードを漫才のネタでも使いましたよ。

洋八は、物凄くいい奴なんですけど、たまにそういうところがあるんです。俺らが地方の営業へ行くでしょ。前座に落語家やマジシャンが出て、俺らがトリを務める。出番を終えると、みんなで観光バスに飛び乗って移動する。出待ちのファンの子らが「Tシャツちょうだい」と声を掛けてくるんです。「B&B」とロゴが入っているTシャツくらいならと思い、何度かあげると喜んでくれたんですよ。そこで、俺はTシャツが売れるんじゃないかと思って、マネージャーが業者の人を紹介してくれた。全国規模で売ると、諸々含めて最初に2000万円かかるという。洋八に「お前も半分出せえ」と言うと、「1000万出して売れんかったらどうする？　家の中がTシャツだらけになるで」と言うから、イチかバチかで俺が2000万円を出したんです。俺らは、そのTシャツを着てテレビに出ていたから、全国で物凄く売れて儲かったんですよ。そうしたら、洋八が「俺もなんぼか金出そうか」「お前はいつも遅いんよ。そないいつまでも売れるか。お金出して失敗するか成功するか、商売なんてそんなもんやろ。後出しジャンケンはやめとけ」と言うと、洋八は笑い転げてましたよ。後はトレーナーも作りましたね。その時は洋八もお金を出したんです。

B&Bのグッズが売れていると雑誌の記事に出ると、いろんな会社からグッズを作りましょうという依頼が来ましたよ。漫才ブームの頃は、グッズの売上やCMなども含めてかなりの年収がありました。でもね、当時の税率は今より遥かに高かったんです。「3食以上の飯は食えん」というのがばあちゃんの口癖だったし、漫才で売れただけでも儲けもん。それに貧乏だったからそんなにお金をもらっても使い方がわからない。毎日、レギュラー番組があるから、遅くまで飲むこともできないしね。衣装といってもTシャツやトレーナーくらい。経費がかからないから、税理士さんから1台くらい高い車を買ったり、飲み食いもある程度は経費で落ちるとアドバイスを受けました。その時、初めてベンツという車があるのを知って、2000万円くらいで買いましたよ。ある日、青森のスナックへ行くと、会計が8000円だった。ママも俺らも酔っていたから、冗談で領収書に1億円と書いてもらい税理士さんに渡したら、「1億円の領収書があるけど、スナックで何千人で飲んだの?」と聞かれて、「5000人で飲みました」と答えましたね。

終わりに

幼い頃、銀幕でしか見たことがなかった昭和の大スターから憧れのプロ野球選手、先輩や同期、後輩の芸人…。本当に、いろんな人と芸能界という世界で出会い、芸能界を見学してきました。

プロローグにも書いた通り、今の嫁さんと俺は家出同然で都会に出た。芸人になるつもりなんてなかったんです。たまたま野球部の先輩を頼り、大阪でやすし・きよしさんや笑福亭仁鶴さんなど、売れている人の芸が、簡単そうに見えて漫才師になったんです。面白くない漫才だったら、漫才師になっていなかったかもしれません。

ものすごい芸を持っている芸人さんは、力んでなくて、いとも簡単に見えるんですよ。野球で言えば、昔なら王貞治さん、今なら大谷翔平くんを思い出してみてください。力んでなくて、簡単そうにホームランを打つでしょ。芸事も同じなんです。

簡単だと思って飛び込んだ芸人の世界。新人の時は売れたくて売れたくて、必死に一番を目指しましたよ。コンビを組んで、しばらくしてNHK上方漫才コンテストで優秀話術賞を受賞した。

次に目指したのが全国区で売れること。そのために東京進出をしたんです。まだ東京に吉本も関西の芸人も進出していない時代ですよ。そうしたら漫才ブームが起きた。漫才ブームでは俺らB&Bの他に、ツービート、紳助・竜介、やすし・きよしさん、今いくよ・くるよ姉さん、ザ・ぼんち、西川のりお・上方よしおが一気に全国区になった。当時、ザ・ぼんちは武道館で単独ライブを開催したほどの人気を誇った。

漫才ブームが終わっても、弟弟子の紳助は名司会者となり、一時は〝バラエティー王〟の異名を持つほどに売れましたよ。

親友のたけしは世界的な映画監督にもなり、苦楽を共にしたのりお・よしお、ザ・ぼんちも、いまだに看板として自分らの名前で各地を回っている。先輩や仲間たちが、こんなエライことになるなんて思いもしませんでした。

俺は俺で、たけしに言われるがままに書いた、佐賀での子ども時代を記した『佐賀のがばいばあちゃん』がアジア7カ国で昨年ベストセラーを記録。国内外合わせシリーズ累計で1300万部を突破しました。

約20年前、小中学生時代を過ごした佐賀に戻りました。「夢は所詮は夢。叶わなくても落ち込むことはない」というばあちゃんの言葉を胸に、なんでも挑戦してきた。

でも、努力したから売れるもんでもないし、運が良かったんだと思います。まさかの連続のような出会いや出来事ばかりの芸能生活の一部をこの本に記しましたけど、家出にしては上出来だったと思いますよ。みなさんも家出をしてみてはどうでしょうか⁉(笑)。

PS　読者のみなさんからの質問です。今までの人生でビックリしたことは何ですか？

俺は北野大先生があんなに凄い人になるとは思わなかった。売れる前から知っているから余計にそうです。まず漫才で売れて、テレビ番組を何本も持ち、そのうち7割以上が自分の企画した番組というのは彼だけでしょうね。しかも、どの番組も長く続く。映画監督をやる傍ら脚本、演出、主役もこなす。そして歌。『浅草キッド』では作詞・作曲を手掛け自ら歌い、むちゃくちゃ感動させる。とりわけ、映画監督としてベネチア国際映画祭で金獅子賞と銀獅子賞を受賞した他、国際映画賞を何本ももらっている。大谷くんは二刀流で凄いけど、彼は〝八刀流〟くらいですからね。こんな芸能人は世界でもいないですよ。本当に凄い人だった、北野大先生は…(笑)。

もうひとつ、ビックリしたことは、小学校3年の時、俺がばあちゃんに「腹減った」と言ったら「気のせいや」だって。

この2つが本当に俺がビックリしたことです。みなさんは、いかがでした？

漫才師という職業、花月という舞台に感謝！

島田洋七

本書は『週刊実話』に連載している『島田洋七　お笑い〝がばい〟交遊録』から厳選、加筆、修正したものです。

お笑いがばい交友譚

2023年11月10日　初版第一刷発行
2023年12月25日　　　第二刷発行

著　　者　　島田洋七
発 行 者　　中山二郎
発 行 所　　株式会社日本ジャーナル出版
〒101-8488
東京都千代田区内神田2丁目8番4号　山田ビル6階
営　　業　　03（5289）7622
編　　集　　03（5289）7624

装　　丁　　奈良有望（サンゴグラフ）
構　　成　　本多カツヒロ
表紙撮影　　小田駿一（symphonic）
編　　集　　花木桂造／日笠功雄

印 刷 所　　株式会社光邦

ISBN 978-4-930927-18-7　C0095

平安鎌倉文学めぐり

虚構の真実・詩情のいのち

今関敏子

青簡舎

岩佐美代子先生に捧げる

目次

初出

第一章　「王朝文学とジェンダー―書く女とその時代―」
愛知県立大学説林第65号二〇一七・三

第四章　「『建礼門院右京大夫集』と日記文学―時間認識と作品構築―」
日記文学研究誌第18号二〇一六・六

第六章　「「いづれかうたをよまざりける」考―仮名序作者の言語意識」
日本文字Vol 41　一九九二・二

を大幅に改稿。他はすべて書き下ろし。

第一章

書く女の時代

背景としての王朝文化

1　はじめに──女性文学の興亡

王朝時代は、女性作家を綺羅星のごとく輩出した。それは世界的見地からも注目されるべき奇蹟の時代と言える。平安期は無論のこと、南北朝期に至るまで、女性たちは王朝文化においに貢献したのである。鎌倉期以降、物語文学は衰退の傾向を見せるが、和歌文学・日記文学というジャンルでは引き続き女性の活躍がめざましかった。仮名日記文学の現存の作品数は平安期より多く、表現も多彩である。

平安・鎌倉・南北朝期の王朝の女性たちの多くは、宮廷に仕え、あるいは家を守り、あるいは恋に生き、そして、現代に比べれば制約はあるものの旅もした①。人生の喜悦も苦悩も存分に味わい、表現し、文字に残した。

しかし、女性文学の隆盛がずっと続いたわけではなかった。南北朝期を最後に、女性作者たちが文学史から消える。江戸中期の漢詩人・内田桃仙の出現まで約三五〇年間、女性の手になる作品は残されてはいない②。書かなかったのか、あるいは書けなかったのか、書いても残されなかったのか、あるいは自らを抹殺してしまったのか──。ともあれ、女性文学史の空白期を迎えるのである。

なぜ、ある時代に女性たちが文学創造者として活躍出来たのか。またなぜ、別の時代には出来なくなったのか。文化・社会・制度という視点から考えてみたい。

2　紀貫之にみる女性原理

I 女性仮託・視点の移動・視角の拡がり ―『土佐日記』

仮名日記の最初の作品は、男性作者・紀貫之の女性仮託に始まった。

男もすなる日記といふものを、女もしてみむとてするなり。

九三五年頃の成立と推定される『土佐日記』の意表を突く冒頭である。これは文学史上画期的な、革命的と言ってもよい大胆な試みであった。

夙に指摘されているが、『土佐日記』には、対立するものを対照対決させる二元論が見出せる。[3] まずは、先に挙げた冒頭の一文に〈男〉と〈女〉、〈漢字〉と〈仮名〉、〈漢文〉と〈仮名文〉が、さらに内容が進むと〈漢詩〉と〈和歌〉が対置される。そして、対峙させるばかりではなく、統合されていくのが『土佐日記』の記述の特質である。[4]

当時、漢字は「真名」であり、「仮名」に優越した。また、漢字は、男手・男文字、仮名は女手・女文字と呼ばれ、漢字には男性性が、仮名には女性性が付与されている。すなわち、〈男性・漢字・漢詩・漢文〉は、〈女性・仮名・和歌・仮名文〉の優位にある、という価値観が、当時の文化体系に潜在していた。さればこそ、「男性が漢文で記す日記を、女性が仮名で書いてみる」試みは実に新しい転換だったのである。

『土佐日記』には、任果てて土佐から都へ帰る男性官人（貫之自身がモデルである）の船旅が、第三者である女性の眼で綴られていく。船旅には船旅独特の困難さがある。まず、陸路以上に日程が予測し難い。天候により停泊を余儀なくされる。海上では自由に外出は出来ない。海賊に襲われる危険性もある。そして退屈でもある。船中の顔ぶれは、いつも同じである。航海は楫取次第、その気まぐれと横暴さに人々はなす術もなく忍従する。旅の船はいわば閉塞した限界状況である。そこでは、日常的に意味のあったことが無意味になり、権威を示す地位や身分が無効になり、日常的に発揮された能力も役に立たない。また、その逆もある。

どのような時代であれ、社会の中心にいるのは壮年期の男性である。そして、力ある男性であるという現実の自己認識にとどまっている限り、中心の存在としての視角しか持てない。周縁の存在には無関心、無関係でいられる。しかし、限界状況と女性仮託は、視点の移動、視野の拡がり、意識の変容をもたらす。それまで隠れていたものの発見を促し、周縁の存在に意味が見出され、老若男女の存在に気づかされる。『土佐日記』の船中には、子どもから老人まで、あらゆる年齢の男女が登場するのが特徴的である。

当時の貫之は壮年期を過ぎ、老いを自覚する時期にあった。廷臣として仕えた宇多上皇、醍醐帝が崩御、親友であった藤原兼輔も世を去り、喪失の悲哀を味わってもいた。もはや力ある中心の存在ではなかった。このことの意味は大きいように思われる。女性視点で描くという着想には、貫之の現実も反映しているであろう。

『土佐日記』に描かれる船は貫之自身、語り手の女性をはじめとする船中の人々は貫之の分身とも読み取れる。老いた男性という現実認識に縛られず、自己の中に老若男女を住まわせていることは、内面の豊かな統合と言えまいか。

船中で、老若男女の交流を媒介するのは和歌である。子どもも老人も女性も男性も喜怒哀楽を和歌に託して表現する。それは共感を呼び、微笑みを誘い、船中の空気を穏やかに調和していくのである。危険を伴う閉塞状況の中で和歌の果たす役割は大きい。⑤

Ⅱ女性原理 ―「古今集仮名序」

紀貫之は「古今集仮名序」の作者でもある。仮名序の意義については第六章で論ずるので、ここでは冒頭の次の部分を吟味したい。

力をも入れずして天地を動かし、目に見えぬ鬼神をもあはれと思はせ、男女のなかをもやはらげ、猛き武士の心をも慰むるは歌なり。⑥

（力を入れることなく天地を動かし、眼に見えない鬼神までも感動させ、男女の仲を睦まじくし、猛々しい武人の心まで穏やかにするのは和歌である。）

貫之は中国の詩論を学びながらも換骨奪胎して独自の和歌観を打ち立てたのである。代表的な中国詩論、『毛詩』「大序」冒頭をみよう。

關雎后妃之徳也。風之始也。所以風天下。而正夫婦也。故用之郷人焉、用之邦国焉。風諷也、教也。風以動之、教以化之。

（關雎は后妃の徳について歌っている。文王が世を教化する最初のものである。天下の民を風化し、夫婦の道を正す手だてとなるものである。だから家老たちにこれで教えさせ、諸侯たちにこれで臣下を教えさせたりするのである。風とは諷であり、教えでもある。風喩して人を動かし、それから教戒して人を教化していくのである。⑦）

ここに説かれるのは詩の実用性、教導性である。少し読み進むと「成孝敬、厚人倫、美教化、移風俗」が見え、啓蒙教化が強調されている。『古今集』の「真名序」には「化人倫」の一文もあり、中国の詩論の教導の姿勢が継承されている。しかし、一方の「仮名序」において和歌は、実用性、政治的意図、倫理道徳上の教化啓蒙、力の論理から解放されているのである。「大序」の「而正夫婦也。」は、仮名序の「男女のなかをもやはらげ」に対応するかにみえるが、意味合いがまったく異なる。「大序」は詩が男女の仲を「正す」と言うのである。詩というものに風紀を正す教育効果が期待されているのである。一方「仮名序」は男女の仲を「和らげる」のを歌の効用としている。「統制」「教導」とは対極的な「平安」と「和合」をもたらすと言うのである。

仮名序の「力をも入れずして」に相当する一文は大序にも真名序にもない。この点はきわめて重要であると思われる。中国詩論の説く、詩歌の持つ政治性、道徳性は、支配、管理という「力」の方向性を導く。一方、「仮名序」では、和歌は力で支配することなく変化をもたらすもの、平和に柔和に穏やかに融合する世界を生み出すものが和歌であると主張する。それはまさしく『土佐日記』の船中の老若男女に体現されているのである。

さらに、現世だけではない。大地をも揺るがす和歌の波動は、目に見えぬ存在（鬼神）にまで届くのである。力・戦いの否定、柔和な包含という特質は言葉の霊力と言ってもよい。漢詩の男性原理に対し、やまとことばによる和歌の精神的基軸は女性原理であると言い得よう。

仮名文字という表現手段と、女性原理は文化的な素地である。和歌・日記・物語の作者として多くの女性の活躍を可能にする土壌は、平安時代初頭に整っていたのであった。

3 「書く」行為の背景と条件

I 制度的背景

「書く」ということ、創造することは主体的・意志的・意欲的な行為である。まずは、資質・才能に恵まれなければ不可能である。無論、それだけでは充分ではない。先に述べた文化的素地に加えて重要な要素は、制度的背景である。

ヴァージニア・ウルフ（WOOLF, Virginia）は『私だけの部屋』（*A Room of One's Own*. The Hogarth Press, London 1949）で、「女性が小説を書くとすればお金と自分だけの部屋を持たなければならない（...a woman must have money and a room of her own if she is to write fiction...）」と述べている。

経済力と自分の居場所を持たなければ、創造的な仕事は出来ないとウルフは言う。これは、何も女性に限らず男性にも通じる、古今東西の普遍的真理であろう。しかし、ウルフの生きた近代ヨーロッパという背景は、ひとりの女性作家にそのように言わせざるを得ない状況だったのである。

経済的なゆとりがあれば、自由な居場所が手に入り、時間と空間が我がものになり、創造性のある仕事に専念出来る。ただし、それは個人の努力だけで勝ち取れるものではない。制度が許さないことがある。時代の価値観に沿わないことがある。優れた作品が書かれたとしても、それが残るか否かは制度に関わる要素が大きい。

制度には、そこに属する人を一方では守り、一方では縛るという本質的な基本構造がある。一般に女性は経済的、社会的に男性に頼るという形態で、制度的に守られてきた。しかし、ひとたび自らが目的と意思を持ち、そのための経済と居場所を確保しようとするや、制度は桎梏となる。

歴史を遡れば、制度というものは、力ある壮年期の男性を中心に成り立っていることが圧倒的に多いのである。周縁の存在であり、産む性である女性にとって、とりわけ結婚制度、婚姻形態のあり方は、人生と生活を大きく左右する。

Ⅱ王朝女性たちはなぜ書けたのか

王朝の女性たちは仮名文字を縦横に使いこなして、才能を開花させた。文学の担い手はほとんどが受領階層の娘たちであり、僅かな例外を除いて宮仕えの経験がある。そこは男性女性問わず、さまざまな人々に出会う場であり、貴族社会のサロン的な刺激もあった。

婚姻形態は婿取婚であった。妻方に共住みの場合もあるが、多くは通婚で、夫が妻のもとに通ってくる。夫婦が同じ屋根の下に居る時間は短い。家は女性のものであった。社会は男性中心であり、政治は男の仕事であったが、経済は母系社会の流れを汲み、女が握っていた。母権ではないが、女性に財産権があった。

宮廷社会・貴族社会という制度的背景が女性の文化面の活躍を許したと言える。まず、その価値を認める同時代の空気があり、それが後代へ受け継がれ、何世代も享受された結果、作品は古典として残るのである。

ただし、いかなる時代の制度・文化基盤にも矛盾はある。人はその中で喜悦も悲哀も味わう。無論、王朝女性たちも例外ではない。

家に生きる女性たちにしてもさまざまである。一夫多妻の妻の一人であれば、『蜻蛉日記』の作者・道綱母のように、貴顕の夫・藤原兼家との関係に苦悩することになる。一方、家を守り支えた妻もいる。鎌倉期に『十六夜日記』を残した阿仏は、夫・藤原為家亡き後、和歌の家を守る役割を担って意志的に生きた。また、南北朝期の『竹むきか記』には、作者・日野名子が、無念の死を遂げた夫に代り、家門再興に生きた足跡が記される。

中宮付きの女房である紫式部・清少納言など、サロン的な場で才能を輝かせた女性作者たちもそれぞれの人生事情は異なる。さらに、王朝時代後半の特徴として、讃岐典侍・弁内侍・中務内侍・日野名子など、天皇付の女房たちが作品を残す。重責を負う作者たちの眼差からは、中宮や女院に仕える女房の立場とはまた別の宮廷構造の側面も見えてくる。彼女たちの存在と活躍はもっと注目されてよいと思われる。⑧

また、豊かな才能や知性は必ずしも幸せを約束するものではない。『紫式部日記』に垣間見られるように、学才あるがゆえに生き難さを感じ、人間関係の辛さ、孤独を味わうこともある。『無名草子』には、歌人ではあっても女性は勅撰集の撰者にはなれない無念さが述べられている。

生きる上での葛藤、失意、苦難、挫折はあっても、王朝の女たちは現状に埋没せず、正面から人生と生活を見つめた。洞察力、感性を磨き、表現する自由を手に入れていた。文化的ゆとりと経済基盤は人を支えるのである。

4　〈色好み〉の王朝文学　—隆盛から衰退まで

Ⅰ恋と結婚

2―Ⅱにみたように、実用的な古代中国詩論の教化の方向は、夫妻の、すなわち男女のモラルにまで及ぶのである。対して「仮名序」における歌の効用は、支配的教化には無縁であり、根源的に「包み込む」世界・女性原理が内在し、女性文化の花開く土壌たり得たと考えられる。

王朝の貴族たちは詩的言語を柔軟に享受した。その文化的自由さは、中国詩論の観点からは、背徳的と言い得る方向性をも持ち合わせているのである。

『古今集』をはじめとする勅撰集にも、私撰集、私家集にも、恋の歌のいかに多いことか。恋人たちは和歌を贈答し合ってお互いの胸の内を確かめた。そして、物語や日記においても、恋は王朝文学の主たるテーマであった。王朝時代は女性たちが自らの恋を語る時代であったとも言える。

抑々、王朝時代の女性たちは恋をどのように捉えていたのか。恋と結婚はいかに関連したのか。

『更級日記』には、『蜻蛉日記』のようには、夫婦の関係性とそれにまつわる心情が微細に書かれてはいない。夫・橘俊通の存在が、妻・孝標女にとっていかなるものであったのかと作品から窺い知ることはほとんど不可能である。この相違は両作品の執筆意図の相違に他ならない。それでも夫の作品への登場場面が少ないことをめぐって、夫婦が信頼と愛情で結ばれていたのか、はたまた互いに無関心で冷ややかなものであったのかは、現代読者の関心を引く。さまざまに取り沙汰される中で、背景として当時の女性の結婚観を論じた後藤祥子の見解はきわめて明解で示唆的であった。多少長くなるが引用する。

貴顕との恋がまずあって、後半生は東宮・帝王の乳母として権勢を誇る。この順序は重要である。しかるに孝標女の場合、貴顕と巡り合ういとまもないまま、「親たちもいと心得ず、ほどもなく篭め据えつ」ということになった。源氏「空蝉」のいわゆる「身のほどの定まる」悲哀を味わったのである。無論ここで、上達部の家に生れた空蝉が受領の妻になるのと、もともと受領の女である孝標女が受領の妻になるのと、その絶望の度合いが同じだといっては不用意であろう。しかし、受領の娘たちが、最初から身分相応に父兄と同身分の受領との平穏な縁組を至上のものとしたかといえば、そうは思えない材料が多すぎるのである。あえて思い切った言い方をするなら、女たちは束の間の貴顕との恋を夢見、その夢を支える後楯として同階層の男たちを迎えた節がある。決して長続きしない犠牲の大きな恋に身を焼くのは、現代の価値観からすれば誇りや意地がないとの批判があり得ようが、古代の心性として頻出する「思い上がる」「心高さ」などの語彙に思い合せる時、それが最大多数の支持を得る価値観であったことを否定するわけにはいかない。むしろそれこそが中流女性の誇りであり、到達目標であったと読むべきではないか。孝標女の不遇感と悲哀は、彼女にとって俊通一人が最初で最後の人であった点に尽きるのではあるまいか。⑨

とりわけ、恋の相手と結婚相手を同一線上に置かぬ価値観（傍線部）の指摘は、現代の物差しで古典を読む危険性に警鐘を鳴らすという意味でも卓越した見解である。「貞女は二夫にまみえず」「貞女は二夫をならべず」という、古代中国に学ぶ貞操観念が定着するのは近世以降である。また、恋愛の延長線上にその帰結としての結婚があると捉え、恋を矛盾なく一直線に結婚につなげるという道筋は、ロマンチックラブ・イデオロギーと呼び得る、これもまた近現代に根強い結婚観である。王朝貴族の価値観とはおおいに異なる。

Ⅱ〈色好み〉の理念 ―制度外の恋

結婚とは制度であり、制約がある。従って、階層社会においては、きわめて少数の例外を除き、同階層内で成り立ち、親が決める現実であり、結果的に破局を迎えることはあっても、その始まりにおいては続けるべき日常的関係である。

一方、恋は制度に縛られない。制約はない。個と個の関係性である。非日常であり、身分の壁を越えられる。秘密の恋、障害の多い間柄こそ情熱的に惹かれ合い、束の間と知りつつ燃える。人生の彩り、豊かな経験として、恋に身を焼くことは、結婚という継続すべき現実とは一線を画す。

制度外の恋でまず想起されるのは、王朝最古の物語⑩『伊勢物語』四～六段に描かれる主人公の男（在原業平がモデルと思われる）と后がねの女性（藤原高子がモデルと思われる）の悲恋であろう。男は築地の崩れを利用して女のもとに通い、盗み出して逃げもしたのだが、ついに女は雲の上の人となる。悲嘆に暮れて男は泣いた。ただし、この場合、事の次第は専ら男の側から描かれており、女の心情はまったくわからない。女は受領の娘ではない。

しかし、『更級日記』のような受領の娘たちの作品には、身分違いの恋、制度外の恋の、異なる様相が見えてくる。身分がさほど高くはない、しかし底辺ではない中流貴族は、実は最も自由で可能性を秘めた立場なのではあるまいか。

言うまでもなく、受領階級の娘たちが一方的に貴顕との恋を望むというのであれば、それは成り立たないのである。貴顕の男性側にも当然受け入れ態勢があったのである。暗黙のうちに双方の合意があって、男たちも身分違いの恋を心秘かに歓迎したのである。

未知の魅力をもつ女を思いがけぬところに発見する醍醐味は、『源氏物語』「帚木」雨夜の品定めに描かれる中の品・下の品の女へ示す男たちの興味に表象されよう。『和泉式部日記』に展開される「宮」と「女」の関係はその体現であろう。

受領階級の娘たちの結婚観が前提にあるからこそ、制度外の恋の受容は、決して不自然なことではなかった。さればこそ王朝の〈色好み〉たちは活躍したのである。

Ⅲ〈色好み〉の活躍

〈色好み〉という響きは現代ではマイナスでしかないであろう。たとえば人としての信頼性の欠如と評価され、また卑俗な揶揄になり兼ねないだろう。〈色好み〉の心意気は今やすっかり地に落ち、文化的意味は消えたのである。

王朝時代の〈色好み〉が、美的理念であり、しかも反制度としての恋に纏わるものであったことは、その代表的存在・業平や光源氏の人物造型からも明らかであろう。美貌と才覚（とりわけ歌詠みの才は必須条件である）ある魅惑的な存在こそが〈色好み〉であり、多情多恨な運命を辿る。そして、男性の場合、どこかで皇統とつながっている。この条件を満たす人物はかなり絞られてくる。

そして、〈色好み〉の男は、果敢に「行動する男」である。状況判断が確かな魅力ある男は、好機を捉え魅力ある女に向ってまず歌を詠みかける。それを待つ〈色好み〉の女は、男を「選ぶ女」である。〈待つ女〉と〈通う男〉という図式は、まさしく王朝の〈色好み〉の基本であった。

現代の尺度では、相手が来るのを待つだけとは、自由のない受動的な在り方にみえよう。しかし、「待つ」のは、〈色好み〉の女の身上であった。「待つ」からには、制度的な自分の居場所があるのが前提である。現代とはこれまた意味合いの異なる漢語の「処女」とは家に居る女の意であって、その対照語が「遊女」である。「遊」には、一定の所属がないという意味もある。すなわち、王朝時代の「遊女」とは、自分の居場所を持たず、出歩く女であった。舟上にせよ陸路にせよ、移動して芸を売り、春を鬻ぐ女たちであった。従って、旅の途上で出会う存在でもあった。〈待つ女〉は動かない。⑪

〈待つ女〉には心意気があった。無論、来ぬ恋人を待って気を揉み、孤閨を託つことがあったにしても、男を通わせる女には誇りがあった。男を選ぶからには、その結果拒むことも当然あり得る。⑫己れの意思を貫く語、「心強し」は、〈色好み〉の女の心意気を示すキーワードである。魅力ある女は男にとって手強い女である。この意味で心強さを通す『竹取物語』のヒロイン・かぐや姫は、〈色好み〉の女の祖であると言い得るのであり、⑬〈色好み〉として『伊勢物語』に登場する女たちは、その摑み難い魅力ゆえに男を不安にする。⑭

また、源平争乱期以降に『建礼門院右京大夫集』を残した建礼門院右京大夫にしても、両統迭立期に『とはずがたり』を残した後深草院二条にしても、恋に泣き、時代の波に翻弄されながらも自分の人生を生き、それを素材に文学次元に表現し得た〈色好み〉の女たちであったと言える。

Ⅳ女性文学史の空白と〈色好み〉の衰退

しかし、冬の時代が来る。女性たちは書かなくなった。書けなくなった。

南北朝期は日本史上の大きな変革期・変動期であったとする網野善彦の歴史観⑮は、女性文学史空白期の始まりに見事に重なる。この点は看過できない。

南北朝期以降、結婚形態は嫁取婚に変容し、男性の家に女性が入るようになると、財産権も失う。父系制が確立していく。女性は、男性の家に依存した生涯を送ることになる。自分だけの場所も、ひとりで采配できる経済も持ち得ない。従属して生きざるを得なければ、志を同じくする者同士が集まるサロンも持ち得ない。南北朝期の仮名日記作品『竹むきが記』を最後に文学史から女性作者が消える。文化構造も制度も、女性の創造を許さない時代を迎えたのである。

同時に王朝的〈色好み〉の時代は終わった。〈待つ女〉と〈通う男〉という図式は成り立たなくなる。その変容の過程を物語る恰好な例に、小町説話の生成がある。

言い寄る男を拒み、死に至らしめる百夜通い説話、自身の孤独な死を語る髑髏説話等を繋ぎ合せれば、ひとりの女の生涯が浮かび上がってくる。才色兼備の小野小町は、その驕慢さゆえ、遊女に堕ち、果ては物乞いをして行き倒れ、成仏出来ぬ髑髏として野晒になっている、と。

もうひとつの象徴的な例として和泉式部の足跡を辿ろう。

『和泉式部日記』の素材は、冷泉天皇の皇子、帥宮敦道親王と和泉式部という、貴顕の宮と受領階層の娘の、身分違いの恋がテーマである。皇統に連なる、魅力ある行動的な男・帥宮とその訪れを待つ和泉式部の、まさしく〈色好み〉の男と女の恋の成り行きである。しかし、和泉式部像は時代の変遷と共に揺らぎ変容する。

鎌倉期の『宇治拾遺物語』『古今著聞集』に描かれるのは、〈待つ女〉を返上して動き始める和泉式部像である。この時期に既に様々な男を受け入れる、という遊女的性格が付与されている。

南北朝期が終り、室町期に至ると、それは決定的になる。『御伽草子』の「和泉式部」では、選ばず男を受け入れる女・和泉式部が、産まれた我が子を捨て、長じて道命阿闍梨となった息子とそれとは知らずに契りを結ぶ、という筋書きになっている。〈色好み〉の女の何という堕落であろうか。王朝時代に才気縦横に活躍した魅力ある女の面影はない。[16]もはや、自らが筆を執ることはなく、専ら男性側から見られ、男性視点で書かれる対象としてのみ女性は存在した。

因みに、この変容をもたらす重要な要素として、住宅形態の変化があることをつけ加えておきたい。大きな空間を区切るのではなく、殿舎と殿舎を廊で繋ぐ構造の、いわゆる寝殿造は、

〈通う男〉と〈待つ女〉にふさわしい建築構造だったのである。[17]

5　おわりに―江戸期・女性漢詩人出現の意義

仮名文字の発明がなかったら、また、文学創造の革命児・紀貫之がいなかったら、日本文学の歴史は大きく変っていたであろう。そして、平安鎌倉期の王朝という文化背景は、書く女の活躍を可能にしたと言えよう。制度、文化のもたらす様々な要因の中でも、婚姻形態、男女の関係性、経済の安定、女性の居場所の確保という要素は大きいと思われる。しかし、次に来る社会の大きな変動、南北朝期を境に制度は転換する。とりわけ、男性の家に女性が入るという婚姻形態の変遷は、男性女性の関係性を変える。女性の社会的布置は当然変容する。王朝文化の衰弱と共に、女性の手になる仮名文学の流れは途絶えたのである。この空白は三五〇年にわたる。

かくも長き沈黙を破って江戸期に登場した内田桃仙は、女性漢詩人であった。文学史に名を残す才能豊かな桃仙には、父親の庇護があり、自身の書斎も与えられていた。[18] ウルフの言う創造者としての条件は整えられていたのである。

仮名文学の復活ではないという意味では、それをそのまま女性文学の復権とは言えないかも知れない。ただし、紫式部・清少納言をはじめとする王朝の女性作家たちにも、豊かで自由な仮名表現の前提として、漢学の素養は必要だったのである。桃仙の出現は男性社会における女性文化の、確たる胎動の兆しと言えよう。この後、江戸期の女性たちが仮名文で物語・紀行文・日記を書き始める。無論、それらは、王朝時代の作品とはまったく質も意味も異なるものではあるが、女たちが再び筆を執り始めたことの意義は大きい。

擬古文で書かれる流れは脈々と明治期の樋口一葉へ繫がっていくと捉え得よう。再び女性作家が活躍し、新しい文学の生まれる魁として、まず、女性漢詩人が世に出たのは必然だったのではあるまいか。

注

① 今関敏子『旅する女たち―超越と逸脱の王朝文学―』笠間書院二〇〇四
② 後藤祥子・今関敏子・宮川葉子・平舘英子『はじめて学ぶ日本女性文学史』(ミネルヴァ書房二〇〇三）の巻末年表参照。
③ 鈴木知太郎「土佐日記の構成―特に対照的手法について―」語文第8輯一九六〇・五
④ ①の拙著第四章「船旅―紀貫之と女性仮託」
⑤ 以上は④で詳述した。

⑥ 引用は『新編国歌大観』（角川書店）に拠り、私に表記する。
⑦ 全釈漢文大系（集英社）の現代語訳に拠る。
⑧ 今関敏子『仮名日記文学論―王朝女性たちの時空と自我・その表象―』笠間書院二〇一三
⑨ 後藤祥子「平安女歌人の結婚観―私家集を切り口に―」『平安文学の視角―女性―』論集平安文学3・勉誠社一九九五・一〇
⑩『伊勢物語』は、『源氏物語』において「物語の祖」と称される『竹取物語』と並び、『古今集』に前後して成立した。
⑪ 江戸期に入ると遊女たちは遊郭に隔離される。遊女の文化的意味は時代によって変容する。
⑫ 王朝の色好みについては、拙著『〈色好み〉の系譜―女たちのゆくえ』（世界思想社一九九六）で論じた。
⑬ ①の拙著第一章「異次元の旅人―かぐや姫」で論じた。
⑭ ⑫の拙著に詳述した。因みに、藤原高子がモデルと思しき『伊勢物語』四～六段の后がねの女は、制度に守られて高い地位に落ち着くという点で、〈色好み〉とは言えない。〈色好み〉には、制度を逸脱した破滅の方向性が見え隠れする。
⑮ 網野善彦『無縁・公界・縁』平凡社一九七八
『日本中世の民衆像―平民と職人―』岩波新書一九八〇
『日本の歴史を読みなおす』ちくま学芸文庫二〇〇五
⑯ ⑫の拙著で詳述した。
⑰ 今関敏子「恋のかたちと住居―王朝時代の〈色好み〉が消えるとき」『家の文化学』（今関編

青簡舎二〇一八）

⑱　福島理子「漢詩を作った女たち」②に掲げた書の第4章、「近世の女性文学」「女性詩人の書斎」『家の文化学』（今関編　青簡舎二〇一八）

第二章

かぐや姫の孤独

『竹取物語』の時空

1　はじめに―かぐや姫の現代

バレエの素養も知識もなかったのに、演目に興味をひかれてチケットを買ったことがある。『竹取物語～月から来た姫～』、二〇〇三年一月、レニングラード国立バレエの日本公演、会場は渋谷オーチャードホールだった。

主人公・かぐや姫は、草刈民代とイリーナ・ペレンのダブルキャストだったが、筆者が観たのは後者である。骨格や眼の色の違う異国のダンサーたちが、髷の鬘を付け、和服をアレンジした衣裳に、タイツと白い足袋のような履物を履いて宙に舞い、ダイナミックに華麗に場面が展開していく。実にめずらかな舞台であった。

バレエのストーリーは、〈竹取の翁は貧しく、妻も子もなく、独居の寂しさを託つ老人である。竹林では竹の精が影のように活躍し、光る竹の中に居る女の子を翁に引き合わせる。その子を連れて帰った翁は、裕福になり幸福感に満たされていく。神秘の力を発揮する命の鐘を持つかぐや姫は美しく成長する。貴公子たちが求婚するが、難題を解けず諦める。メインテーマは、帝とかぐや姫の恋。互いに惹かれ合いながら別れざるを得ぬ悲恋物語である。太陽の子である帝と月から来た姫は、もとより結ばれぬ運命という設定である。帝や翁の引き留めようとする努力もむなしくかぐや姫は昇天する。帝は悲嘆にくれ、翁は哀しみのあまり死んでしまう。〉というものだった。

たいていの日本の子どもたちは、絵本で、また、語り聴かされて、〈竹取の翁が光る竹の中に発見した女の子は、翁と媼に大切に育てられ、美しい娘に成長し、やがて月の世界に帰って行った〉という基本的な話型でかぐや姫に出会う。バレエのストーリーは基本型を踏まえながら、大幅に脚色されている。

また、『竹取物語』は映画化もされてきたが、映画にも現代的な新しさが盛り込まれている。一九八七年、市川崑監督・沢口靖子主演の『竹取物語』は宇宙船の墜落事故で地球にやって来たエイリアンがヒロインである。発見した竹取の夫婦は亡き娘・加耶の生まれ変わりと信じて育てる。美しい娘は偶然出会った大伴の大納言に惹かれ、他の求婚者を遠ざけようとし、葛藤も生じるが、迎えの宇宙船に乗って月に帰ってしまう。ＳＦのような特撮が話題になった映画である。

さらに、二〇一三年には、アニメーション映画『かぐや姫の物語』（スタジオジブリ制作、高畑勲監督）が、劇場公開された。次のようなストーリーである。〈光る筍から生まれた女の子は翁と媼に大切に育てられる。「タケノコ」と呼ばれ、木地師の村童たちと元気に遊び、素朴で無邪気な子ども同士の交流を深めていく。やがて貴族的な教育を受ける展開になり、成人式を迎え「なよ竹のかぐや姫」と名付けられる。かぐや姫にとって忘れがたい木地師たちの身の上にも変化があり、会えなくなったり再会したりする。五人の公達が求婚するが、姫は課題を与えて拒む。帝も姫への思いを果たせない。かぐや姫は幼馴染の木地師・捨丸に惹かれるが、現実生活とは別次元の幻想的な恋に終る。やがて月の世界から迎えが来る。天の羽衣を着れば穢れた地上の生活をすべて忘れるはずであったが、かぐや姫の眼には涙が浮かぶのであった。〉様々な身分の子どもや大人が登場し、庶民的で親しみやすいのも特徴的と言えようか。国際的にも高く評価されたと聞く。かぐや姫は、いまや世界からも注目されているようである。

周知のごとく、原作『竹取物語』は、平安時代に書かれ、『伊勢物語』に並ぶ最古の作り物語である。バレエも映画も原作を下敷きにしながら、大幅に再構築され、当然ながら『竹取物語』そのものではない。原作にこだわれば、筋立てに違和感を覚え、かぐや姫の変容に戸惑わざるを得ない。とりわけ、相手が帝であるにせよ貴族の青年であるにせよ村童であるにせよ、かぐや姫自身が恋に悩むプロセスは、原作を知る者には受け入れ難い。

とは言え、時代とともに古典作品というものは、様々に解釈され、受けとめ方は変っていく。かぐや姫も現代風に造型され直される。我々は、原作とは別の、現代の享受が反映された新たな作品として、虚心坦懐に華やかな舞台や美しいスクリーンを鑑賞し、堪能すればよいのであろう。

それにしても、人々は『竹取物語』の何に、かぐや姫のどのようなところに惹きつけられてきたのだろう。抑々かぐや姫の正体とは何だったのであろう。

2　かぐや姫造型の独自性

Ⅰ異界のヒロインたち

『竹取物語』のヒロイン・かぐや姫は人間ではない。ただし、異界のヒロインが登場するのは『竹取物語』だけではない。

たとえば、〈天女が降りて沐浴し、天の羽衣を隠されて天上に帰ることならず、人間の男と結婚し母となる。しかし、衣を発見して平穏な暮らしが破られる。天女は、天上に帰る〉という羽衣説話がある。

また、〈父親を凍死させ、「このことを誰にも話してはならない」とその息子に約束させた雪女が、その後息子のところへ人間の姿で現れる。雪女とは夢にも知らぬ息子は結婚し、子どもに恵まれ、幸せな日々を送る。しかし、息子が妻を信頼してつい秘密を洩らしたために、雪女の妻との平穏な暮らしが崩壊する〉という民話もある。

さらに、『竹取物語』に酷似した作品として注目されたチベットの民話『班竹姑娘』は〈貧しい竹取の母子が、竹の中に娘を発見する。娘は五人の求婚者に課題を与え、四人は退散し一人は死ぬ。娘は竹取の息子と結ばれる。〉というストーリーである。竹の中に発見された娘が人間として地上の生活に落ち着くハッピーエンドは、月へ帰還する『竹取物語』の結末とは対照的である。

以上の例には共通性がある。すなわち、天女も雪女も、結果的に破綻するにせよ、人間の男と一時は地上の生活を営む。また、チベット民話のヒロインは人間の男と結婚して幸せに暮らす。一過性であるにせよ、到達点であるにせよ人間の世界に同化して生活するのである。

しかし、『竹取物語』のかぐや姫にはこのような側面は全くない。

Ⅱ『竹取物語』の独自性

『源氏物語』「絵合」に〈物語の出で来はじめの祖《おや》①〉とある『竹取物語』は、平安期には最古の物語であると認識されていたと思われる。〈この世の濁りにもけがれず、はるかに思ひのぼれる契り高く、神代のことなめれば、あさはかなる女、目及ばぬならむかし〉と『源氏物語』に書かれるかぐや姫は、比べることの出来ぬ神代の穢れなき聖女と捉えられている。

最古の物語『竹取物語』はその後に残されたどの物語にも似ていない。物語というジャンルの主人公としてかぐや姫は異色である。

同時代の『伊勢物語』をはじめとして、後代に繰り広げられる物語というジャンルの主人公・登場人物はこの世の人々（生霊・死霊となることもあるが）であり、さまざまな人間模様が繰り広げられ、ストーリーが展開していく。人間同士なればこその愛憎、葛藤が生み出される。平安朝の文化を特徴づける物語というジャンルのヒロインが異界の存在であるのは、『竹取物語』だけである。

Ⅲモデル論について

独自の構成、ヒロイン造型が『竹取物語』の特徴と言えようが、現実が下敷きになっているとする説もあるので簡潔に触れておく。

かぐや姫のモデルは悲惨な死を遂げた采女であるとする梅山秀幸②の見解は、文武朝の後宮のあり方が物語造型に影を落としているとする点で興味深い。また、『日本書紀』に記載されているトカラ人（ペルシャ人）がモデルであると唱える孫崎紀子③は、そこから菅原文時作者説を導き出している。采女説も異国の美女説も、緻密な考証の上で出された魅力的な見解である。しかし、そもそもモデルというものを想定し難いのが『竹取物語』の特質と言えるのではあるまいか。

現実に存在した女性に触発されたとしても、作者は作品世界を構築する際に、時空を大幅に操作し、エイリアンの特殊な存在性を創作しなければならない。それには広大な世界観と相当な力量がいる。

Ⅳかぐや姫の独自性

異界の存在にまつわる話型――神話、輪廻転生譚、報恩説話、異類婚説話、昔話――と『竹取物語』には類似点、共通点はある。しかしながら、同型、または相似の話型はない。④

この世の人間が生老病死を免れ得ないのに対して、かぐや姫は不老不死である。『竹取物語』が神仙思想に影響されていること⑤は確実だが、それではかぐや姫は不老不死を修行によって手に入れた仙女なのか。そうではない。かぐや姫の故郷・月の都では皆が不老不死で悩みもないのである。さらに、かぐや姫の存在性は、六道輪廻の天上界の天人にも重ならない。天人にも五衰という徴候が現れ、やがて死が訪れるのである。

この世の人間は無論のこと、他の異界のヒロインたちに比しても、かぐや姫は異質である。一線を画するのは身体性である。すなわち、羽衣説話の天女や雪女やチベット民話のヒロインは、異界の存在とはいえ、結婚や出産というこの世の女性の身体性を受け入れ、人間の生活に同化している。

かぐや姫は、人間の男と結婚することはおろか、惹かれることもない。身体性をもって接触することはまったくないのである。この世の最高権威、絶対権力である帝さえ、拒否するのである。かぐや姫は身体性と皇権を超越している。そして不老不死という永遠の命が属性である。

このようなヒロインはすべての文学ジャンルを通してかぐや姫以外にはいないと思われる。原作『竹取物語』に沿って原点に戻り、捉え直してみたい。

3　かぐや姫の身体

Ⅰかぐや姫の出現

『竹取物語』は次のように始まる。

今は昔、竹取の翁といふものありけり。野山にまじりて竹を取りつつ、よろづのことに使ひけり。名をば、讃岐《さぬき》の造《みやつこ》となむいひける。（9頁）⑥

まずは、竹を取ることを生業にしている翁の紹介であり、続けてかぐや姫発見の記述となる。

その竹の中に、本光る竹なむ一筋ありける。あやしがりて、寄りて見るに、筒の中光りたり。それを見れば、三寸ばかりなる人、いとうつくしうて居たり。

翁言ふやう、

「われ朝ごと夕ごとに見る竹の中におはするにて知りぬ、子になり給ふべき人なんめり」とて、手にうち入れて家へ持ちて来ぬ。妻の嫗にあづけて養はす。うつくしきことかぎりなし。いと幼ければ籠に入れて養ふ。（9〜10頁）

現代語訳は〈竹林の中に根元の光る竹が一本ある。不思議に思って近寄ってみると、筒の中が光っているのである。その光を見ると三寸ほどの人がたいそう愛らしい様子で居た。「毎朝毎夕見ている竹の中にいらっしゃるとは――、わかりました、子どもになられる方なんでしょうね」と言って手に載せて家へ持って帰った。老いた妻にまかせて育てさせる。かわいらしいことといったらない。とても小さいので籠にいれて育てる。〉となろう。

ところで現代の我々は、竹取の翁が竹を切った、その竹の中に姫がいた、と認識してはいないだろうか。竹の筒の切り口の中に居る女の子を絵本で見た記憶が微かにでもないだろうか。

常識的に考えれば、おかしな話である。ただの空洞ならば問題はないが、中に命あるものが存在している竹を切れば、取り返しのつかないことになりかねない。中に居た女の子が無事であったのはよほど運が良かったということになろう。

ただし、右に示した物語本文にはどこにも竹を切ったという記述はない。⑦　それなのに、なぜ我々は、竹が切られたと思い込んでいるのであろうか。

その答は、学校制度の中で使用された教科書にありそうである。昭和の初めに使用された国定教科書『小学国語読本』（昭和八〜一五年）に小学生用に書き直された「かぐやひめ」が載る。その冒頭は次のごとくである。

竹取のおきなといふおぢいさんがありました。毎日竹を切って来て、ざるやかごをこしらへてゐました。

ある日のこと、もとの方が大そう光ってゐる竹を、一本見つけました。それを切って、わって見ますと、中に小さな女の子がゐました。おぢいさんはよろこんで、てのひらへのせてかへりました。さうして、おばあさんと二人でそだてました。小さいのでかごの中へ入れておきました。

国定教科書に拠れば、お爺さんは竹を「切って割った」のである。学校教育における教科書の影響は絶大である。ここで今日の我々の認識は決定づけられたと言い得るのではあるまいか。この解釈が絵本や語り聞かせにも及び、昭和という時代に、竹の切り口に居るかぐや姫像が定着したと言えよう。

原作では竹は切られも割られもしなかったのである。また、桃太郎の桃のように自然に割れたのでもない。「あやしがりて、寄りて見るに、筒の中光りたり」——、不思議に思ってそばに寄ると筒の中が光って見え、そこに小さな女の子がいたのである。

Ⅱ化身の美女

女の子は翁と嫗に慈しまれ大切に育てられていく。姫は外出しない。ずっと家の中に守られて居り、庭に降りる気配すらない。これは平安期の貴族階級の女性のあり方である。⑧無論、ジブリのアニメのように村童と戯れることなどあり得ない。

帳の内よりも出ださず、いつき養ふ。（10頁）

光る竹に発見された姫のおかげで竹取の家は富裕になった。それればかりでなく、家の内は光に満ち、姫が居ることで翁の心の内も慰められ、幸福が齎される。

家の内は、暗き所なく、光り満ちたり。翁、心地あしく苦しき時も、この子を見れば、苦しきこともやみぬ。腹立たしきこともなぐさみにけり。（10頁）

三寸（約一〇センチ）ほどだった女の子の成長は早く、三箇月で大人の身の丈になる。まさしく異界の人の成長である。女性として一人前であることを象徴する儀式、髪上げと裳着（成人式である）を済ませ、「なよ竹のかぐや姫」と名を付けられた。それから盛大に祝いの宴が開かれる。

このほど三日、うちあげ遊ぶ。よろづの遊びをぞしける。男はうけきらはず呼び集へて、いとかしこく遊ぶ。（10～11頁）

お披露目である。成人式とは、結婚の資格を得た身の証明である。とりわけ美しいとあれば、世の男たちの目を引く。噂は広まる。

世界の男、貴なるも賤しきも、このかぐや姫を、得てしがな、見てしがなと、音に聞きめでてまどふ。（11頁）

だが、手の届かぬ高嶺の花である。たいていの男は諦め「色好みといはるる五人」の貴公子が残る。しかし、かぐや姫の出す課題に応えられず、（一人は命まで落とす）退散せざるを得ない結果となる。

かぐや姫は頑として求婚に応えない。なぜなのか。変化の人だからである。応えないというより、応えられないのである。

翁はかぐや姫に次のように言う。

「翁、年七十に余りぬ。今日とも明日とも知らず。この世の人は、男は女に婚ふことをす。女は男に婚ふことをす。その後なむ、門ひろくもなり侍る。いかでか、さることなくてはおはせむ。」（14頁）

「この世の人」の常識を、翁はかぐや姫に説いているのである。結婚するのは当たり前のこと、結婚して一族が繁栄するのは当たり前のこと、親も年をとった、早く身を固めて欲しい。現代では少なくはなったであろうが、世の親が子に願うことを翁も願う。

それに対してかぐや姫は

「なんでふさることとはし侍らむ」（15頁）

と答えている。〈どうして私にそんなことが出来ましょうか〉と言うのである。翁は

「変化の人といふとも、女の身持ち給へり。云々」（15頁）

〈仮の姿とは言え、女性の身体をお持ちではありませんか〉と言う。この問答は重要である。

「この世」の当たり前はかぐや姫にとっては不可思議なことである。それは翁には理解出来ない。「この世の女性」の姿をしている限り、「この世の人」として「この世」に生きよと翁は言っているのである。

かぐや姫は、女性という身体を化身として「この世」に滞在しているに過ぎない。もとより「この世の人」ではないのであり、「この世の人」にはなれない。かぐや姫は「この世」そのものを理解出来ない。「この世の人」に同化も共感も出来ない。こういう存在性は誰にも理解されない。

理解されぬこと・理解出来ぬことは孤独を深くする。いかなる時代、いかなる組織に在っても、とりわけマイノリティーは孤立する。まして、かぐや姫はこの世にただ一人なのである。

Ⅲ帝とかぐや姫　—精神的関係性

「この世の人」が「この世の振る舞い」で姫に接すると、翻弄された結果になるのである。かぐや姫が冷淡、冷酷、わがままなのではない（冷淡、冷酷、わがままなどという判断基準がそもそもこの世のものなのであるが）。「この世」の制度も男女の交情もかぐや姫には異次元であり、現実にはなり得ない。もとより無縁な地上の恋の駆け引きにかぐや姫を巻き込むことは出来ない。かぐや姫にとって、五人の求婚者たちは、どんなことをしてでも遠ざけねばならぬ人たちなのである。

結婚拒絶の美女かぐや姫は、ついに帝の関心を引く。帝はいわば視察に内侍中臣房子を竹取の家に遣わすが、「帝の召してのたまはむこと、かしこしとも思はず」〈帝がお側に私をお召しになると仰せのことをありがたいとは思いません〉（59頁）と言って拒絶する。内侍の立場では、帝に遣わされた任務を果たさずに帰るわけにはいかない。

「かならず見たてまつりて参れと、仰せごとありつるものを。見たてまつらでは、いかで帰り参らむ。国王の仰せごとを、まさに、世に棲み給はむ人の承り給はでありなむや。いはれぬことなし給ひそ」（60頁）

とたしなめる。右の傍線部〈国王のおっしゃることを、どうしてこの世に棲んでいる民が承服しないなどということがありましょうか。道理に合わないことをおっしゃいますな〉について、保立道久は〈この内侍の言葉は、いわゆる「王土王民思想」、つまり国王とそこにすむ民はすべて王のものであり、その命に服さねばならないという理念の典型的な表現である。歴史学の側ではこれまでまったく注目されてこなかったが、『竹取物語』のこの一節は、その文学表現として、きわめて早い時期に属するもので、第一級の史料的価値をもっている。⑨〉と述べている。注目すべき重要な見解である。

帝の絶対権力を示す内侍の言葉にもかぐや姫は「国王の仰せごとを背かば、はや殺し給ひてよかし」（60頁）――〈国王の仰せごとに（私が）背くというのであれば、さっさと殺されたらいいでしょう〉――と応じている。このようなことが言える人民はまずいない。

そこで、（通常はないことだが）帝は竹取の翁の家に行幸し、思い通りにならぬかぐや姫を無理やり宮中に連れ帰ろうとする。

「おのが身は、この国に生れて侍らばこそつかひ給はめ、いと率ておはしがたくや侍らむ」と奏す。帝、

「などか、さあらむ。なほ率ておはしまさむ」

とて、御輿を寄せ給ふに、このかぐや姫、きと影になりぬ。（64～65頁）

〈私がこの国に生れたのでございましたら、お仕え申し上げも致しましょうが、到底お連れになるわけには参りますまい〉と言うかぐや姫に対し、〈どうしてそんなことがあるものか。何と言ってもお連れしますよ〉と御輿を寄せる。途端にかぐや姫は姿を消してしまう（きと影になりぬ）のである。慌てた帝の願いで本の姿には戻るのだが。

帝すら姫を諦めざるを得ない。絶対権力も無効である。帝の権威も「この世」のもの。かぐや姫には通用しない。

その後、帝と姫は文のやりとりをするようになる。帝は他の女性を寄せ付けず、かぐや姫一筋に恋心を傾ける。ふたりの接点は和歌だけある。まさしく身体の接触のない関係を築くのである。王朝文学にあって身体性の伴わない恋はない、と言っても過言ではない。後にも先にも『竹取物語』のような王朝物語は出現しないのである。

Ⅳ光の身体

この世の人間には、身体があればこその生きる楽しみも多い。日常を過ごすのも、理想を実現すべく学問芸術に勤しみ、また権力を志向するのも、身体ある現世の人間なればこその選択である。

自然に力を加減し、方向を調整しながら我々は身体をもって生活している。身体の動きには自ずと物理的法則が作用している。無理はきかない。身体ゆえに行動が制限される場合も多い。身体の自由が利かなくなっても超常現象は期待できない。この意味で、我々は身体に縛られている。

かぐや姫はそうではない。時として消すことすら出来る身体性、この世の人間からみるならば身体の稀薄さこそが、かぐや姫の存在の本質である。この世の物理的法則をかぐや姫は超えている。仮の姿である身体は物質的実態ではない。必ずしも邪魔にはならない。物質を自由に通過することも出来るはずなのである。
従って、かぐや姫発見の際、たとえ、竹が切られたとしても身体性という観点でみれば、傷つくことはなかったと言える。竹は物理的に力を加えられて切られたのでもなければ、自然に割れたのでもない。そのような記述は『竹取物語』には一切ない。光に満たされて姫は「居た」のである。そして、後に姫を迎えにくるのも強烈な光であった。かぐや姫の存在の本質は光である。竹の中に降臨し、周囲を光で満たし、影ともなり得る光の存在である。⑩「なよ竹のかぐや姫」という命名は、まことにふさわしいと言えよう。

4 時空の旅人・かぐや姫

Ⅰかぐや姫の滞在期間

やがて、光の存在に翳りが見え始める。かぐや姫は、月を眺めては泣くようになり、ついにその正体を明かす。

「(上略)おのが身は、この国の人にもあらず、月の都の人なり。それをなむ、昔の契りありけるによりてなむ、この世界にはまうで来たりける。今は帰るべきになりにければ、この月の十五日に、かの故《もと》の国より、迎へに人々まうで来むず。さらずまかりぬべければ、思し嘆かむが悲しきことを、この春より、思ひ嘆きはべるなり」（71頁）

〈私の身は、「この世の人」ではなく、「月の都の人」なのです。それでも昔の縁があってこの世界に参りました。もう帰る時期になったので今月の十五日に、故郷の国から人々が迎えにやって来ます。どうしてもお暇しなければならないとなると、さぞや翁や嫗が思い嘆き悲しむでしょうと、この春から思い悩んでいたのです。〉と言って姫は激しく泣いた。

異界の人・変化の人はやがてその故郷に帰らねばならない。かぐや姫は月の都に帰らねばならない。それでは「月の都」はどのようなところか。続けて語るかぐや姫の言葉に糸口が見出される。

「月の都の人にて父母あり。片時の間とて、かの国よりまうで来しかども、かくこの国には、あまたの年を経ぬるになむありける。かの国の父母のことも覚えず、ここには、かく久しく遊びきこえて、慣らひたてまつれり。いみじからむ心地もせず、悲しくのみある。されど、おのが心ならず、まかりなむとする。」（72頁）

〈月の都の住人として父母がいます。ほんの少しの間ということで、月からやって来ましたが、こんなふうにこの国では多くの年月を経ることになってしまいました。故国の父母のことも思い出さず、ここで長い間楽しませていただき、（実の父母のように）親しませていただきました。帰ると申しましてもとてもうれしいという気分にはなれず、悲しいかぎりです。でも私の意思ではなくお暇しようとしています〉と姫は語った。この傍線部に対応する表現が、後出する月の世界からの使者と翁の問答にもある。使者の「片時のほどとて下ししを（ほんの少しの間ということでかぐや姫を地上におろしたのだが）」に対し、翁が「かぐや姫を養ひたてまつること、二十余年になりぬ。片時とのたまふにあやしくなり侍らぬ（かぐや姫をお育て申し上げるのも二十余年になりました。ほんの少しの間とおっしゃるので、疑わしくなりました）」と言っている（78頁）。引用部傍線の実線は月の世界の時間把握、波線はこの世の時間把握と捉え得よう。かぐや姫が「この世」に滞在した時間の捉え方が双方で異なるのである。月の都の「片時」は、この世では「あまたの年」「二十余年」に相当する。

同じ時間を過ごしてもその長さの感覚は人によって異なる。楽しい時間は早く過ぎるように感じ、退屈な時間は長く感じるのが、一般の傾向であろう。時間認識は、個人の内的時間とも言い得る。人により、場合により内に認識される時間は異なる。それは外的時間と正確に一致することはきわめて少ない。個人の内面の時間は、物理的時間・時計の時間とは別に認識される。

しかし、「月の都」と「この世」の時間差は、このような認識の相違だけから生じるものではない。かぐや姫が三箇月ほどで大人になってしまったことに鑑みれば、「この世」と「月の都」では、時間体系そのものが異なるのである。

Ⅱ不老不死の時間

帰還の時が来た。かぐや姫は、愛情深く育んでくれた翁嫗を置いていくことが辛いと、次のように述べている。

「(上略)かの都の人は、いとけうらに、老いをせずなむ。思ふこともなく侍るなり。さる所へまからむずるも、いみじくも侍らず。老い衰へ給へるさまを見たてまつらざらむこそ、恋しからめ」(76頁)

ここにも「月の都」と「この世」の時空の違いが示されていよう。「月の都」は老いることなく悩みもない世界(実線)であり、「この世」は人が老い衰えていく世界(波線)である。「生老病死」の「この世」に在って老いていく翁と嫗を最後まで看ることなく「不老不死」の「月の都」へ帰ってしまうのが心残りだとかぐや姫は言うのである。「不老不死」と「生老病死」を分けるのは、時間体系そのものである。

「かの都の人は、いとけうらに、老いをせずなむ。思ふこともなく侍るなり」という時間は、止まっている時間・円環する時間・回帰する時間でなければならない。生老病死に無縁であり、身体性に無縁であり、喪失感に苛まれることはない世界は「この世」と対極的な時間体系にある。それは永遠の時間・聖なる時間である。

Ⅲ生老病死の時間

一方、この世の時間は、身体の時間・俗なる時間である。

それは、変化・変容をもたらし、歴史を重ねる時間であり、直進し、可逆性がない。過去は取り戻せない、戻らない。思い出は紡がれるが、それは過去の現実が戻ることではない。一度起こったことは訂正が効かず、一度為した行為はやり直しがきかない。起こってしまったことを起こらなかったことには出来ない。一瞬一瞬の現実はすぐに過去になる。二度と同じ場面が人生で繰り返されることはない。似ていても質が違っている。喜怒哀楽の感情は生老病死の過程で生まれ、また消えていく。

この世の直進時間は物理的法則に従う時間の経過であり、物理的変化によって計られる、とも言える。我々は変化によって時間の経過を認識する。新しいものは変化して古くなる。いずれ消滅する。時間の経過とともに人は年をとり、死に至る。直進する時間は無常の時間である。生成と滅びを繰り返し、永遠のものなどはない。

この世に在る限り、滅びと別れに直面するのは必須である。取り返しのつかぬ思い、愛する対象を失う喪失感は、直進する時間体系に生きる者のみに生じる。直進時間の住人ゆえに、我々は悲哀を味わい、苦悩する。

直進時間に身体を以て生きるのが人間である。身体には生老病死が伴う。

Ⅳ聖なる時間・俗なる時間

かぐや姫を帰すまいと皇権は最大限に発動された。たくさんの人々が厳重に警護しているところへついに迎えが現れた。


かかるほどに、宵うち過ぎて、子の時ばかりに、家のあたり、昼の明かさにも過ぎて、光りたり。望月の明かさを十合せたるばかりにて、ある人の毛の孔さへ見ゆるほどなり。大空より、人、雲に乗りて下り来て、土より五尺ばかり上がりたるほどに、立ち列ねたり。

（76〜77頁）


月からの迎えはまさにまばゆい光とともにやって来た。武装して構えていた人々の描写が続く。

これを見て内外なる人の心ども、ものにおそはるるやうにて、会ひ戦はむ心もなかりけり。からうじて思ひ起して、弓矢を取り立てむとすれども、手に力もなくなりて、萎えかかりたり。（77頁）

武器を持った身体は萎え、力をもってかぐや姫の帰還を阻止しようとする企みはことごとく無効になる。そして、戸も格子もひとりでに開いてしまい、匿われていたかぐや姫も外に出される。「いかなる手段を講じても無駄ですよ」とかぐや姫は言っていたが、その通りになる。

帝の威光も武力も、かぐや姫をこの世にひきとめることは出来ないのである。力を加えれば変化する物理的法則・力の作用は、直進時間でこそ有効であるが、永遠回帰する時間・円環時間では無効である。自ずとこの世の暴力は否定される。

V　穢れと帝

天人の言葉「いざ、かぐや姫、穢き所に、いかで久しくおはせむ」（78頁）、「壺なる御薬たてまつれ。穢き所の物きこしめしたれば、御心地悪しからむものぞ」（80頁）に拠れば、この世は穢れているのである。

穢れも直進時間のなかでこそ生まれる。変化して止まない生老病死というプロセスはそのものが穢れである、と王朝の人々は捉えた。宮中を例に取るとわかりやすい。宮中では出産することも、病床に伏すことも、命を終えることも許されない。だからこそ『源氏物語』で病の桐壺更衣をひきとめる帝に周囲は気を揉んだのである。老いもまた穢れであった。生きる時間の身体のプロセスはすなわち、穢れなのである。

従って、身体性を持たず、不老不死の円環時間の住人は聖なる存在である。かぐや姫は聖女なのである。[11] 清浄無垢な聖なる月の都と、穢れたこの世の差異は時間体系の差異である。かぐや姫にとって帝が脅威ではないのは当然であろう。帝は直進時間の中で聖性を付与されている存在である。言うなれば、そういう存在に過ぎない。崩御は必至であり、死を免れ得ない。だからこそ儀式が大切になる。中でも即位式は世界を変える儀式なのである。言わば初期化のごとく、リセットされ、すべてが新しくなる儀式である。[12]

時間が直進する「この世」において不老不死ではあり得ない。不老不死であるためには時間体系が変容しなければならない。かぐや姫の置いていった長寿の薬を帝が放棄したのは当然である。直進時間のこの世で、例外として永遠に生きることが可能だとして、これほどの苦しみがあろうか。円環する永遠の時間の国、月の都でなければ、不老不死というあり方は意味を持たない。

物語の祖である『竹取物語』は、聖なる存在とされる帝が、実は人間であることを、それを超えられぬ存在であることを表象する独自の物語と言えよう。不老不死の薬の拒絶は、すべての民を支配する帝が生老病死を人の現実として受け入れたことを意味しよう。

5　おわりに　―かぐや姫の孤独

Ⅰ流謫されたかぐや姫

この世はかぐや姫にとって流謫の地であった。迎えの天人がそう言うのである。

かぐや姫は、罪をつくり給へりければ、かく賤しきおのれがもとに、しばしおはしつるなり。罪の限り果てぬれば、かく迎ふるを、翁は泣き嘆く。（78頁）

かぐや姫は罪を犯したので流謫され、刑期が終ったので迎えに来たということなのだ。聖なる地から俗にして穢れている地上へ、不老不死の時空から、生老病死の時空へ移動したとは、想像を絶する大きな変化である。

円環する時間の住人・身体性に縛られぬ世界の住人にとって、直進する時間に身体をもって生きるのは、実に住み心地が悪いことであろう。重い刑罰である。この世はかぐや姫にとって桎梏であった。この世の人にとっての当たり前は、かぐや姫にとってはそうではない。身体性と物質性から切り離せないこの世の慣習・制度・価値観はかぐや姫にとって不可思議でしかない。なぜ結婚というものがあるのか、この世の男たちはなぜ自分のような者に魅せられ夢中になるのか、帝はなぜこの世の絶対権力をもって強引に意思を通そうとするのか、まったく理解出来ない。穢れて汚いこの世の滞在は、聖女かぐや姫にとっては重い苦役であったに相違ない。理解されず、理解出来ぬ孤独は、何より重い罰であったかも知れない。

それにしても、月の都でかぐや姫の犯した罪とは、いったい何だったのか。直進時間の住人である我々にはまったく見当がつかないのだが。

Ⅱかぐや姫の帰還

そして、最後の瞬間を迎える。天の羽衣を着た途端、かぐや姫の存在性は変容する。直進時間の記憶は消え、人間であれば普通に持つような憐憫も未練も消えてしまう。天の羽衣を着たと同時に、円環の時間にかぐや姫は帰ってしまった。かぐや姫は解放され、やっと救われたのである。

国定教科書では「御恩は一生忘れません」と言ってかぐや姫は月に帰る。これも我々が子どもの頃に認識していたかぐや姫像であろう。かぐや姫も別れが辛かった、さぞや月の世界に帰っても地上が懐かしかろう、と読者は思いたい。しかし、そうではないのである。

思い出は直進時間の流れでのみ生じるものである。従って、永遠の今に生きるかぐや姫がこの世を思い出すことはもうない。直進時間の住人だったので、その間は人間に近い感情を持つこともあったが、再び永遠の時間に入ってしまえば、再びこの世の経験を思い出すことはない。月に帰ったかぐや姫に地上の時間の記憶は残らない。かぐや姫は地上のことなど忘れ去って永遠に月の世界にいる。この世における孤独こそが、姫の服役した罰であった。月に帰れば、孤独から解放されるのである。

残された人々――帝や、翁と嫗や、かぐや姫に心を奪われた男たち――だけが姫を思い出し、喪失感に苛まれる。対象喪失に苦しむ。そして、生老病死の繰り返されるこの世から彼らはいずれいなくなる。

Ⅲ　かぐや姫の残したもの

異界の存在は、逆照射して人間存在の特質を教えてくれる。時空間を旅した主人公・かぐや姫の存在は、直線的に時間の流れるこの世の無常、帝の絶対権力の限界、生老病死を免れ得ぬ身体性の限界、物理的物質的力の無効性を炙り出す。

深い洞察力、超越的な視点、豊かな空想力、構築力がなければこのような創造は不可能であろう。人間観という点で見れば、今なお新しい物語である。このような物語構成、ヒロイン造型はいかにして可能だったのか。謎は依然として謎のまま稿を閉じることになる。異なる時間体系のヒロインが、二度と戻っては来ないことだけは確かである。

注

① 『源氏物語』本文の引用は、新潮日本古典集成『源氏物語』（石田譲二・清水好子校注）に拠る。

② 梅山秀幸『かぐや姫の光と影―物語の初めに隠されたこと』（人文書院一九九一）は〈以後の後宮のありようを決定づけた文武後宮の悲劇を生きた女性への深い共感から生れ、その女性の思い出を飾り、荘厳化した、死者の冥福を祈る物語であったといってよい。屍衣を天の羽衣と語り、死を月への昇天と語る想像力は痛ましい。しかし、他にどのような語り方がありえたであろうか。その痛ましさの中にこそ文学としての本質があるのだと思われる。〉と結ばれている。

③ 孫崎紀子『「かぐや姫」誕生の謎―渡来の王女と〝道真の祟り〟』現代書館二〇一六

④ 高橋宣勝『語られざるかぐやひめ―昔話と竹取物語―』（大修館書店一九九六）では、桃太郎や浦島太郎のような昔話の範疇にも入らないことが指摘されている。

⑤ 渡辺秀夫『かぐや姫と浦島―物語文学の誕生と神仙ワールド』（塙選書二〇一八）には、神仙世界で重要な竹が冒頭部以降は登場しないこと等が指摘されている。神仙思想の物語への反映が徹底しているわけではないと言える。

⑥ 『竹取物語』本文の引用は、新潮日本古典集成『竹取物語』（野口元大校注）に拠る。

⑦　夙に藤井貞和も指摘しているが（「かぐや姫―竹取物語主人公の誕生」国文学一九八五・七）、原作に竹が切られたと書かれていないことはきわめて重要であろう。
⑧　今関敏子『旅する女たち―逸脱と超越の王朝文学』「第一章　異次元の旅人かぐや姫」（笠間書院二〇〇四）では、色好みの構図でかぐや姫を捉えた。平安朝の貴族の恋は行動する男と待つ女である。家の中に居て待ち、選ぶ女の元祖としてかぐや姫を論じた。
⑨　保立道久『物語の中世―神話・説話・民話の歴史学―』講談社学術文庫二〇一三
⑩　小嶋菜温子（『かぐや姫幻想―皇権と禁忌』森話社一九九五）は光の存在としてのかぐや姫の系譜をアマテラス―かぐや姫―光源氏に繋ぐ。興味ある視点だが、本論では時間体系に関わる存在性、身体性の対極として光を捉える。
⑪　M・エリアーデ『聖と俗』（風間敏夫訳　法政大学出版局一九六九）には、〈「宗教的人間は俗なる時間と聖なる時間の二種類の時間を知る。一方は流れ去る時間持続であり、他方は聖なる暦を形成する諸祝祭において回復することのできる〈一連の永遠〉である」と書かれている。
⑫　M・エリアーデ『永遠回帰の神話―祖型と反復―』（堀一郎訳・未来社一九六三）には、〈ほとんどいたるところで、新しい治世はその国民の歴史の再生、もしくは宇宙の歴史の再生とさえ見られている。それぞれの新君主が、個人としてはどんなにつまらぬ人であっても、そこに「新時代」がひらける、とする。この形態はしばしば君主へのへつらいとか、型にはまった手くだとしても見られる。（中略）すなわち過ぎゆく時間を撥無し、その始めのときに絶えず回帰することにより、宇宙開闢のわざのくり返しにより、歴史を撤廃するのである。〉と述べられている。

第三章

王朝女性の自己語り

「日記文学」とは何か

1　はじめに　―かぐや姫は語らない

この地上にあって、かぐや姫は孤独であった。前章で述べたごとく、それは異次元にたった一人でいること、一人だけが異質な存在であることの違和感・孤立感と言えよう。魅力的な美しい女性に見えてもそれはこの世の化身、短期間で成長して光輝き、姿を消すことも出来る存在に、地上の人間と同じ身体性はない。物理的法則も帝という絶対権力もかぐや姫には無効である。貴公子たちの熱心な求婚に応じないのは、かぐや姫が我儘で冷酷だからではない。この世の「当たり前」はかぐや姫にとってはそうではない。地上の結婚や制度はまったく不可解である。エイリアンかぐや姫の孤独は人間の孤独とは同質ではない。しかもそのことは地上の人間には決して理解されない。それがこの世におけるかぐや姫の存在性である。このような孤独は月の世界で犯した罪のため地上に流謫された刑罰であった。

かぐや姫自身が語る月の都は地上とは対照的な世界である。

かの都の人は、いとけうらに、老いをせずなむ。思ふこともなく侍るなり。（76頁①）

月の都の人は清らかに美しく年をとらない。物思いもないという。生老病死には無縁の世界であり、変り行く過程にまつわる苦悩はない。変化・変容も労苦もない平安な永遠の「今」と言えよう。すなわち、月の都ではこの世のようには時間は直進しない。時間は存在しない。あるいは、（我々には想像し難いが）始めも終わりもない円環する時間と言い得よう。

従って、過去を振り返ることも未来を案じることもなく、他と異なる自己を意識することもなく、我欲もなく、何も語る必然がない。『竹取物語』の中で、かぐや姫が唯一自己に関して語るのは、右に引用した月の都の時空の様相のみである。異次元の地上に在ればこそ、月の都との差異が認識される。当然、かぐや姫は月の世界では孤独というものを知らなかったし、月へ帰還すれば地上のことなど忘れ去り、再び永遠を取り戻すのである。

対照的に、我々人間は、変化・変容を余儀なくされる直進の時間上に在って、生老病死を免れ得ぬ存在である。この世の栄華を希求し、衣食住に快適さと美を求め、身体ある存在性を享受する一方、不自由な身体に縛られ、病苦、傷病、老衰に苛まれもする。またこの世の制度は人を守るが、一方では桎梏となる。様々な営為、様々な出来事の中で葛藤し、喜怒哀楽の波に揉まれ、喜悦を味わい、一方で苦悩し、やがて死すべき運命が待っている。誰一人として時間の流れに抗うことは出来ない。

「今」がすぐに「過去」となり、「未来」がじきに「今」となる。失われた時間は戻らない。

逆行不能な直進時間の出来事やそれに纏わる様々な思いは、語り残さなければ忘れられてしまう。書き残さなければ消えてしまう。しかも生老病死の過程と様相は皆同じではないので、数多の他者の中に在って、この世に一人しか存在しない自己という認識が生まれる。自己認識は直進する時間の住人であればこそ持ち得るものであり、自己語りは必然的に生じる。

王朝の女性たちは、和歌や物語を享受し、自らも創作したが、世界に先駆けて、自己語り――自己を素材にした作品――を仮名で書き残した。いわゆる「日記文学」と称されるジャンルである。

2　「日記文学」という名称

Ⅰ「日記文学」と称される作品群

現存の王朝時代の自己語り――いわゆる「日記文学」作品は次の通りである。

男性歌人・紀貫之が女性仮託して仮名で書いた『土佐日記』を受け継いだのは女性たちであった。平安期の作品はすべて「～日記」と題され、鎌倉期以降の書名は様々であるが、一連の作品はすべて作者の「自己語り」である点で共通する。

	作品	作者	年代
平安時代	土佐日記	紀貫之	九三五頃
	蜻蛉日記	右大将道綱母	九七四頃
	和泉式部日記	大江雅致女《むすめ》	一〇〇五頃
	紫式部日記	藤原為時女	一〇〇八頃
	更級日記	菅原孝標女	一〇五九頃
	讃岐典侍日記	藤原長子	一一一〇頃
鎌倉時代	たまきはる	建春門院中納言	一二一九頃
	建礼門院右京大夫集	世尊寺伊行女	一二三五頃
	弁内侍日記	藤原信実女	一二五八頃
	うたたね	阿仏尼	一二七八以前
	十六夜日記	阿仏尼	一二八一頃
	中務内侍日記	藤原経子	一二九二以前
	とはずがたり	後深草院二条	一三一三頃
南北朝時代	竹むきが記	日野名子	一三四九頃

個々の作品については、既に論じてきたので[②]、ここでは「日記文学」というジャンルをあらためて捉え直してみたい。

Ⅱ 「日記文学」というジャンル名が定着するまで

「日記文学」とは考えてみれば不可思議な呼び名である。「日記文学」を外国語に翻訳することは可能なのか。英語に関して言うならばそれはなかなか困難である。他のジャンル――小説novel 詩歌 poem 戯曲 drama ――のようにはいかない。「日記文学」は日本語独自の名称であり、dairy literature では意味をなさない。海外の研究者には journal と訳されることが多いのだが、記録としての「日記」という意味合いが強く文学性が後退する。適切な翻訳は出来ないと言ってよい。

そもそも、日本語の「日記文学」そのものが近代の産物なのである。夙に論じたが[③]、「日記文学」という名称が定着するのには次のような経緯があった。

○大正4年　垣内松三、R・Gモールトン（MOULTON, Richard Green 1849–1924）の *The Modern Study of Literature*（1915）に出会う。

○大正6年　垣内、東大の講義に於いて、日記、随筆を「自照文学」と規定し、日記の文学性を積極的に取り上げる。（久松潜一の記憶に拠る）

○大正11年　垣内、『国語の力』刊行。モールトンの影響大。
○大正12年　蘆田正喜、*The Modern Study of Literature* を『文学形態論　文学形象の学的研究』として抄訳、刊行。背後に垣内の意志、影響力を感じさせる。ここで Philosophy が「自照（の）文学」と訳される。付録『日本文学史観』に於いて、日記は、随筆、評論、紀行と共に、「自照文学」と規定される。「自照」をその特質として、「～日記」と題される一連の作品は文学と認められるに至った。
○大正15年　7月、久松潜一、ラジオ講座「日記文学と女性」で初めて「日記文学」という語を用いる。この語は「自照文学」から導き出された。
○昭和2年　2月、池田亀鑑、『宮廷女流日記文学』刊行。4月、「日記紀行文学の本質」執筆。
○昭和5年　10月、池田、「自照文学史」執筆。垣内の『国語の力』の影響大。
○昭和7年　本多顕彰訳『文学の近代的研究　文学の理論及び解釈の序説』刊行。モールトンの原文に忠実な訳書である。
○昭和9年　藤村作編『日本文学大辞典』の「文学」の項目に、文学形態の一つとして「自照文学」が掲げられる。用語としての一応の定着を意味するものと考えられる。

「日記文学」という名称の定着は、大正四年にモールトンの *The Modern Study of Literature*

に出会った垣内松三がおおいに影響を受け、ヒントを与えられ、王朝時代の一連の作品を「自照文学」と規定したことに始まる。そして大正一五年に久松潜一によってラジオ講座で「日記文学」という名称が提唱されることになる。

命名の前提には、王朝女性の一連の作品群が、物語文学や和歌文学という他のジャンルと異なる性格を持つという気づきがある。それをいかに捉えるかという試みに果たした *The Modern Study of Literature* の役割は大きい。

かくして単なる「日記」ではない、「日記文学」というジャンル名が、王朝期の一連の仮名作品につけられたのである。

3 「日記文学」には何が語られるか

Ⅰ「日記」と「日記文学」の混同

「日記文学」は、「日記」と同義語ではない。この点は重要である。しかし、両者はしばしば混同される。

一九八一年一月号の『国文学　解釈と鑑賞』（至文堂）の特集は「日記と人生」であるが、ここで取り上げられているのは日本の中古中世の作品のみ。男性の書いた漢文日記にも触れてはいるが、女性の手になる仮名日記作品が中心である。

一九八五年七月号の『国文学　解釈と鑑賞』（至文堂）の特集「魅せられた日記文学　古典から現代まで」、一九九四年『歴史読本特別増刊　日本「日記」総覧』（新人物往来社）には、王朝貴族の漢文日記、仮名日記、中世近世の男性の文人の日記、近代以降の作家の日記と、かなり広範囲に「日記」「日記文学」が取り上げられている。『日本「日記」総覧』が、多くの紙幅を割いて紹介しているのは、古代・中世・近世・近・現代に亘る男性の日記であり、女性篇を別に設けて平安時代から近現代までの日記が掲げられている。「日記」と「日記文学」は混在しているのである。

以上は今から二十五年以上も前の状況であるが、現在でもさほど変っていないように思われる。たとえば、近年に出版された鈴木貞美『日記で読む日本文化史』（平凡社2016）では外国の日記も日本の古典文学とともに論じられている。

確かに、古今東西、「日記」と称される作品は数多くあり、書き手も身分、職掌、背景の異なる老若男女である。そして、基本的に事実・史実が書かれていると認識されている。「日記」とは、日次の記である。基本的に個人の備忘録であって、他者に見せることが目的ではない。毎日、あるいは少し日を置いてその日のことが記録される。ある日の出来事、感慨、思惑が書かれていく積み重ねの時間は直線的に流れる。その日毎のまとまった記述はあるにしても、その行先は書き手にもわからないので全体の構成はない。

Ⅱ「日記文学」には何が書かれるか

対して、「日記文学」は「日記」そのものではない。「日記文学」は単なる日次の記ではない。そのような体裁であっても「日記」とは異なるのである。「日記文学」とは、ある時点で作者の人生を振り返って記憶を辿り、回想し、意味づけて綴られる、構成ある「自己語り」である。

書かれる内容は、作者の過去の人生すべてではない。ある時期、ある側面が選択される。大まかに示せば、船旅（土佐日記）、結婚生活の始まりから終焉まで（蜻蛉日記）、物語に関わる人生（更級日記）、ある時期の恋（和泉式部日記、建礼門院右京大夫集、うたたね）、天皇の崩御（讃岐典侍日記）、女房の目で見た宮廷生活（紫式部日記、たまきはる、弁内侍日記、中務内侍日記、とはずがたり）、亡夫の遺志を継いで家門を守る妻としての足跡（十六夜日記、竹むきが記）、ということになる。

ただし、個々の作品はそれぞれ他の要素と絡み合っている。たとえば、『紫式部日記』は全体の構成という点で未整理の観があって難解である。これは紫式部が『源氏物語』という壮大な物語を成した作者であることにも関連すると思われる。また、『とはずがたり』は、波乱万丈の道程が描かれ、複雑であるが、その人生は宮廷という場に端を発している。「日記文学」独特の執筆動機として、作品ごとに質は異なるものの、人生における喪失（多くは愛する対象の死）であることが共通する。それは作品から窺えることも多いが、書かれないこともある。たとえば、『土佐日記』を執筆した当時の紀貫之は、お仕えした天皇と親友を失い、老年期にさしかかっていた。また、日記文学掉尾の『竹むきが記』は、夫が南北朝動乱のさ中に眼前で処刑され憤死した悲劇には全く触れていない。

個々に違う喪失体験は、他と異なる自己の認識を深くする。それを機に人生上のある時間、時期、ある側面が選択されて、自ずから主題あるストーリーが語られる。

書かれる素材と書く時間には距離が必要である。事のさ中に在ってはその事の意味はわからない。過去は回想によって意味づけられていく。回想は連想を呼びつつ意味づけは深まる。従って、語る必然として直進する時間は作品内で前後し、しばしば解体し、主題ある世界が構築される。④作品構成、全体の統合性は作品を文学と呼び得る重要な要素であろう。

Ⅲ「日記」と「日記文学」の相違

「日記」と「日記文学」の違いを明確にするために、表に示せば、次のようになる。

	日記	日記文学
執筆動機	個々により異なる。	喪失体験。
形態	備忘録・記録・日次の記。	日次の記の体裁をとることはあってもストーリーと構成・主題がある。
書かれる事と執筆時期の間隔	事のさ中、あるいは近い過去。	意味づけが深まる時間間隔が必要。
書かれる時間	基本的にその日一日。	過去の時間・選択された時空。必然的にテーマを持つ。
時間序列	基本的に直進。	直進と解体。
読者認識	基本的にはない。	書き残すという強い希求。
構成	一日毎・事項毎にはあるが、全体の構成はない。	全体が構築・構成される。
虚構性・物語性	稀薄。	濃厚。

Ⅳ自照性という呪縛

先に述べた「日記文学」というジャンル名の定着の過程には問題もなかったわけではない。近代以前の読者が王朝女性の作品群をいかに読んできたのかはさだかではないが、既にみたように、「自照文学」「日記文学」という名称は西洋の文学理論を取り込んだ近代以降の産物である。複数の研究者たちの熱意の成果であるが、その過程の矛盾も看過出来ない。

まず、言語の曖昧さを指摘しなければならない。⑤ *The Modern Study of Literature* の誤訳、極端な意訳、曲解など様々な無理が重ねられている。⑥ 最も重要な点は、出発点において、原著の Philosophy を「自照文学」と訳し、まずは一連の作品群のジャンル名としたことである。言葉の問題だけではない。西欧と日本、それぞれの伝統と文化背景の差異という視点が稀薄であったとは言えまいか。それは作品の素材となる自己把握の相違という点で重要である。

西欧の背景にはキリスト教文化と近代科学精神がある。自己認識の基底には明確な「個」がある。「個」（individual）とは、これ以上分けられない確固たる一人の人間という認識である。そこから自己洞察、客観的な自己観察、正確な事実の認識を目ざす、自照の姿勢が導き出される。西欧の「自伝」はまさしくその姿勢で書かれた。出生（未生以前の先祖たちから書き起こされる自伝も少なくない）から現時点までの記憶を正確に掘り起し、情緒に流されずに冷徹に凝視し、自照に徹する試みであり、「私とは何者か」は、書いた結果わかるはずのものであった。西欧の自己語りである「自伝」に於いても虚構性が皆無ということはあり得ないのだが、重要なのは、自照を貫こうとする姿勢そのものである。

「日記文学」は自伝的ではあるが、自伝そのものではない。無論、自照性が皆無なわけではないが、後代の読者、研究者が捕らわれ過ぎることには警戒しなければならないだろう。「日記文学」には、出生に始まる過去のすべてが語られるのではない。時間や側面が選択されているので、ストーリーを構成しやすい。書いた結果「私とは何か」が導き出されるというより「私はこのような者だ」という主題性を持って出発する「自己語り」とも言える。

近代の把握を反映したジャンル名は混乱をもたらした面もあったのである。「日記文学」の本質が「自照性」にあるという捉え方は、作者が正直にありのままに自己を表出しているという作品理解を導き、その後の研究にもおおいに影響した。

一方、疑問を呈する動きも出てくる。昭和一〇年に、今井卓爾は、『平安朝日記の研究』（啓文社）に於いて、「自照文学」と捉える視点に異議を唱えた。さらには、昭和四三年に岡崎義恵が「日記文学における事実と虚構」（文学・語学9月号）で、誤訳、モールトンの曲解という観点から、「自照文学」という名称を批判している。

ジャンル名の出発点の矛盾は「事実と虚構」論争の起爆剤ともなったと言える。

4　虚構論の展開

I 日記文学研究における虚構論の展開

事実と虚構という観点からの論及は昭和四〇年代に隆盛になる。主題と構成をもつ自己語りに、事実と虚構という観点は大きな鍵に相違ないのである。

秋山虔は、「古代における日記文学の展開」（国文学一九六五・一二）において

けだし日記文学が記録でないことはもちろんであるし、自己告白とか私小説とかの類でないこともいうまでもない。それは根源的には虚構である。（以下引用部の傍線筆者）

と述べた。

木村正中は秋山の論を踏まえて次のように論じている。

彼らが不安定な歴史的位相から逃れられない以上、その道は書くことによって体験の内容をもう一度辿り、そこに現実から解放された新しい世界、自律的な構造をもった新しい世界を創造するよりほかにないではないか。かくてはじめて、事実を書くという日記の伝統を継ぎながら、しかも事実を乗り越えて、記録的日記とはまったく質を異にする日記文学を生成せしめたのである。⑦

さらに、昭和四四（一九六九）年五月号の『国文学　解釈と教材の研究』学燈社の特集は、「王朝女流日記の詩と真実」である。秋山は巻頭で「事実と虚構――王朝女流日記の方法――」と題して、「新しい切り口」としての「事実と虚構」を提唱している。続けて秋山虔編「王朝

女流日記　事実と虚構」として、五本の論文が寄せられている。

まず、木村正中は「蜻蛉日記の創造」の末尾部で

たしかに蜻蛉日記は事実に即した作品なのである。だが、このように素材的に事実から逸脱していないにもかかわらず、すでに詳しく述べてきたとおり、そこには事実とは次元を異にする新しい世界が創造されている。なお道綱母の実人生にその他いろいろの事実があったことはいうまでもないが、それらは所詮蜻蛉日記とは無縁である。

小町谷照彦は「和泉式部日記の方法——その虚構性を通して——」の冒頭で

日記文学が日次的な時間に即した単なる事実の記録としての日記から区別されるのは、経験的な事実である体験を、作品化する過程を通して認識し直し、自立的な構造を持ったものとして再構成しているからであって、そこに当然虚構性が介入する余地がある。

と述べ、『和泉式部日記』の虚構性を論じ、次のように結んでいる。

虚構性の問題は作品世界を展開させていく視点にもかかわってくる。鈴木一雄氏はその視点の移動について、超越的視点という視座を提示しておられるが、結局は式部の視点に還

元される質のものであろう。式部が帥宮との愛情関係に意味づけをし、自己の存在のあり方を追求した時、両者の愛情関係は式部によって統一されたものとなる。帥宮は式部にとて対立する存在ではなく、並立する存在だからである。かくして和泉式部日記の虚構性は式部の存在そのものと関連することになる。

篠原昭二は「紫式部日記の成立―記録の方法について―」と題する論文で次のように述べている。

紫日記に主として描かれた世界は、敦成親王の誕生を中心として、一つの栄華の極点に立った道長を中心とする繁栄の世界である。（中略）そして物語の主人公たちにとっても、現世のあらゆる価値あるものをとり集めているかに見える世界も、決して住みよい世界ではなかったが、この日記で作者は自らの身の程を思うことで、この美の世界に適合せぬ人間として自己を規定している。

篠原は「虚構」という語をどこにも使っていないが、「この美の世界に適合せぬ人間として自己を規定」という自己規定こそが、虚構に繋がる。

犬養廉は「更級日記の虚構性――実人生とその自画像――」の中で、次のように論じた。

ところで、こうした日記文学において、特に虚構性が問題にされるのは、本来、一人称文学として虚構の入り込む余地のない自記に、而も虚構がしつらえられ、まさにそのことが、多くの場合、作品の文学性を支える重要な役割を果たしているからである。しかも、日記文学におけるこの種の虚構は、作品の主題、作者の姿勢によって多種多様、それぞれの質を異にする。

以上は本質論に迫っており、「日記文学」の文学としての特質が虚構と関連することを指摘している。しかし、その後の研究史、研究状況に鑑みるに、これで落ち着いたわけではなかった。「〝現実の作者〟と〝事実〟」と作品中の「〝作者を素材とした人物〟と〝選択された出来事の叙述〟」の境界が曖昧なまま、微に入り細を穿つ作品論が積み上げられている観がある。

Ⅱ事実尊重と虚構

事実信仰とも言い得る傾向は未だに強い。身近な例としては、「事実をもとにした映画」「現実にあったことに基づいたテレビドラマ」などという謳い文句が跡を絶たないことが挙げられよう。逆に「このドラマはフィクションです」という断り書きが画面に出ることもある。「作り話」ではない「実話」「本当にあった話」というものは、確かに人を動かす力をもっている。事実の再現（あり得ないことなのだが）に惹かれる傾向は根強い。

近代以降の私小説をはじめ、日記（と題される日記文学も含む）、紀行、随筆、自伝には、直接に書き手の自己が表出されており、その内容は事実、あるいはきわめて事実に近いと一般に認識されがちであろう。

そもそも、事実をありのままに表現することが果たして可能なのだろうか。たとえば、マスコミの報道である。テレビの画面に見える現場は、すべてを映し出しているように錯覚しがちだが、そうではない。撮影者の視野という限界がある。同じ場で同じものを見ても視点によって見えるものは異なる。受けとめる側の感受性、感性、視点、解釈も様々である。ドキュメンタリー番組、ドキュメンタリー映画にも同じことが言える。素材は制作者の意図によって選択され、編集されて自ずと一連のまとまり、筋書きを生み出す。製作者の視点、立場、思想が反映されていないものはない。事実をもとにしたドラマや映画にしても、脚色され、俳優が演じる過程でますます事実そのものではなくなる。

以上の意味ですべての映像はフィクションである。

Ⅲ事実はありのままに書けるか

「書く」という表現に問題を絞ろう。まず、何かを認識する。それは、個人の視座に左右される。個々において微妙に異なる認識内容は事実そのものではない。すなわち、認識そのものに虚構の要素はすでにある。

それを表現する過程はさらに複雑である。とりわけ事実と認識するものを「書く」場合には、虚構性から逃れられない。池田晶子は次のように述べている。

確かに、すべての書き手は嘘つきである。小説家や物語作家に限らない。言葉を書くということは、「現実にないもの」、すなわち何らかの意味や観念をそこにあらしめるという意味で、嘘をつくことに他ならない。しかしそれは、言葉というものの機能が本来そういうものであるという、それ以上のことではない。嘘をつく機能としての言葉を使って、どのように嘘をつくかというそこに、まさにその書き手の人となり、すなわち真実は現われているという事実の側には、何ら変わりはないのである。⑧

書き手が無意識であろうと、「書く」という行為は、素材の現実・事実を変容させる。池田の言う「嘘」とは、「虚偽」というより「虚構」が正確であろう。人間の持つ言葉そのものが、虚構の要素を持つ装置である。そして書く内容によって、虚構性は強まり、質を変えていく。

さらに自己表出、自己語りに焦点を絞ろう。池田は次のようにも述べている。

なるほど、否定したくなるようなこと、できれば思い出したくないような出来事はたしかにある。しかし、否定したい、思い出したくないとは、それ自体、それが在ることを認めているということに他ならない。在ったこととして在ることは、こちら側勝手な解釈など拒絶して、それ自体として在るものだ。この事実によく耐えられない時、人は、自分の人生を解釈し、意味づけし、構成し始めることになる。たとえば自伝のようなもの、自己の来歴を語るようなもの、それは、思い出したいことのみ思い出し、思い出したくないことを思い出さずに語られるものだが、しかし、そのような仕方以外で、人が自分の過去を語るということが可能なものだろうか。思い出したくないから思い出さないことや、そも思い出されもしない無数のことどもをも完全に拾いあげ、客観的事実として過去を語るなどということができるものだろうか。

認めたくない自己を語らずにおくという選択は出来る。書かないことも虚構の入り口である。自己を語るということは、存在をそのまま語るのではなく認識する自己を語るのである。

5　自己語りと虚構

I表現の多層性・多様性

また、人は直接に自己を語るだけではない。たとえば王朝時代の代表的な物語文学に誰もが知る『源氏物語』がある。主人公は光源氏であり、女性作者・紫式部によって造型された男性像である。才能豊かな美なる貴公子像は理想の典型として享受されてきたと言えよう。その一方、具体的な実在感のあるイメージが結び難く、不可解で共感し難い面もあることが案外見逃されてはいまいか。これは文化と時代、制度という背景の差異だけが理由ではなさそうである。この点に関して、河合隼雄の次の見解は示唆的である。

『源氏物語』は光源氏の物語ではない。これは紫式部という女性の物語である。これが筆者が『源氏物語』を通読したときに抱いた印象である。

物語を読みすすんでいるうちに、光源氏という人物が、一人の人間としての存在感を感じさせないのに気がついた。心の中に、生きた一人の個人としてのイメージができあがってこない。これはどうしたことか、と少しいらだつような思いもあったが、そのうちに

「これは紫式部の物語なのだ」と思いはじめた。そして、全巻を読み終わったときには、光源氏の姿が消え、そこには一人の確固とした人間として存在している紫式部の姿があった。これは、実に深い感動をもたらすものであった。

このように感じた筆者の印象は非常に強いものがあった。物語に登場する女性群像が光源氏という主人公を際立たせるものではなく、紫式部という女性の分身として見えてきたのである。紫式部という一人の女性が、彼女の「世界」をこのようにして描ききったのだ、と思った。⑨

主人公をめぐる多くの女性群像こそ式部の分身である――首肯できる見解である。作品に登場する女性たちに親和感を抱く読者は時代を越えて多いであろう。『源氏物語』は一人の男性をめぐる女性たちの物語である、主人公は女性群像である、とも読めるのである。作者自身が反映しない文学作品はない。虚構（フィクション）を通して作者自身を、作者の世界観、思想を語る――文学とはそのようなものではないのだろうか。

Ⅱ 虚構の意義

明治末期に端を発する私小説は、作家の現実を赤裸々に描くことを旨とした。田山花袋は、事実は虚構を越えるとして、「露骨なる描写」を標榜した。事実をありのままに表現することに価値を置いたのである。花袋はドイツの作家ズーダーマンの『カッツェンステッヒ』を「作為の痕跡ばかりで、全編作者のこしらえものに過ぎない」と貶し、夏目漱石の『三四郎』をこれに倣ったものと、言わば決めつけた。

漱石はさらりと否定し、次のように述べている。

こしらえものを苦にせらるるよりも、活きているとしか思えぬ人間や、自然としか思えぬ脚色をこしらえる方を苦心したら、どうだろう。こしらえた人間が活きているとしか思えなくって、こしらへた脚色が自然としか思えぬならば、こしらえた作者は一種のクリエーターである。こしらえた事を誇りと心得る方が当然である。⑩

文学の本質を捉えた見解であろう。「こしらえもの」、すなわち虚構によって、人間の姿、存在、真実が炙り出される。創造・創作上の虚構は文学のみならず、美術、音楽も含め芸術には不可欠であり、古今東西に通ずる普遍的な要素であろう。

たとえば、第二章で論じた『竹取物語』は、地上の人間の視点で創作されたかぐや姫の物語である。まさしく虚構を通して、この世の人間存在の特質と意味を見事に逆照射して浮き彫りにしたと言えるだろう。そこには作者のコスモロジーが反映されている。「物語の祖⑪」の秀逸な視点、発想と構想力に驚かざるを得ない。

Ⅲ 物語の必要性

「自己語り」の虚構に戻ろう。

何事であれ、何かを語るには物語（ストーリー）が必要である。表現という言語機能は物語を生み出すのである。自己を語るにも物語は必然である。小川洋子は次のように述べている。

たとえば非常に受け入れがたい困難にぶつかったとき、人間はほとんど無意識のうちに自分の心に合うようにその現実をいろいろ変形させ、どうにかしてその現実を受け入れようとする。もうそこでひとつの物語を作っているわけです。／あるいは現実を記憶していくときでも、ありのままに記憶するわけでは決してなく、やはり自分にとって嬉しいことはうんと膨らませて、悲しいことはうんと小さくしてというふうに、自分の記憶の形に似合うようなものに変えて、現実を物語にして自分の中に積み重ねていく。そういう意味でいえば、誰でも生きている限りは物語を必要としており、物語に助けられながら、どうにか現実との折り合いをつけているのです。⑫

人は物語（ストーリー）なしには生きられない、誰でもが自分の物語（ストーリー）を持っている、と小川は言う。

さらにアメリカに住む医師、アトゥール・ガワンデ（GAWANDE, Atul）の言辞は示唆的である。

最期の時、人は自分の人生を単なる瞬間・瞬間の平均と見ることはしない――いろいろ言ってみても結局のところ、ほとんどの人生にはたいしたことは起こらず、ただ眠気を誘うだけのものだ。人間にとって人生が意味を持ちうるのは、それがひとつのストーリーだからである。ストーリーには一貫性があり、何かの出来事が生じた重要な瞬間がその山場を形作る。瞬間・瞬間の快楽と苦痛の点数の平均を測定してしまうと、人の存在の根本的な一面を見逃すことになる。一見、幸せに見える生活というのは、実は空っぽの人生なのかもしれない。一見、困難に満ちた人生というのは大義に殉じた人生なのかもしれない。人は己じしんよりも大きな目的を持つようにできている。経験する自己――瞬間・瞬間に吸い取られていく自己――とは違って、記憶する自己は、喜びの頂きと悲惨さの谷底だけでなく、人生のストーリーが全体としてどのようになっているかも認識しようとする。全体は最終結果から深い影響を受ける。なぜ、フットボールのファンは試合の最後のたった二、三分間のミスのために三時間にも及ぶ至福の時をぶち壊されたような気分になるのだろうか。それはフットボールの試合もまたまた一つのストーリーだからだ。そしてストーリーでは結末が重要だ⑬。

人は、生涯を終えようとするとき、さらに強く自分自身のストーリーを必要とする。死にゆく時はその結末であるとガワンデは捉えているのである。

人は無意識のうちにも自己自身の物語（ストーリー）を紡ぐ。人間存在にはそのような普遍性があると考え得る。それは人生の「意味づけ」である。事のさ中、渦中から時間を置き、過去を、また過去の自分を、記憶を頼りに回想して意味づける。そこに虚構が介入する。意味づけ物語られることによって、現実は異なる生命を持ち始めるのである。

「日記文学」は、自己語りを意識的に文字に残す文学営為である。自己の物語に虚構性が内在するのは当然であろう⑭。

6　自己の物語としての「日記文学」

Ⅰ作品冒頭にみられる虚構

最初の仮名日記『土佐日記』は、次のように始まる。

男もすなる日記といふものを、女もしてみむとて、するなり。

『土佐日記』は、男性作者・紀貫之の女性仮託によって土佐から京までの船旅が物語られる文学史上画期的な試みであった。それまで「日記」とは男性の備忘録、記録として漢文で書かれていたが、それを仮名で女性視点で書いてみるというのである。既に冒頭から虚構を表明しているに等しい。

現存する次なる作品は女性の手になる『蜻蛉日記』（道綱母作）である。冒頭をみよう。

かくありし時過ぎて、世の中にいとものはかなく、とにもかくにもつかで、世に経る人ありけり。かたちとても人にも似ず、心魂もあるにもあらで、かうものの要にもあらであるも、ことわりと思ひつつ、ただ臥し起き明かし暮らすままに、世の中におほかる古物語の端などを見れば、世におほかるそらごとだにあり。人にもあらぬ身の上まで書き日記して、めづらしきさまにもありなむ、天下の人の、品高きやと、問はむためしにもせよかし、とおぼゆるも、過ぎにし年月ごろのことも、おぼつかなかりければ、さてもありぬべきことなむおほかりける⑮。

作品の書き出しのように見えるが、成稿後の後書きとも読める。「かくありし時」とは作品に書かれた長い時間であろう。

そもそも「時が過ぎ、世の中に頼りなくどちらともさだまらず、過ごしている人がいた」という書き出しは三人称である。その人は「容貌も美しいわけではなく、思慮才覚もあるわけでなし、何の役にも立たないというのも当然と思いつつ、ただ起き伏しの日を送っている」うちに古物語をみて触発される。「近頃はやりの古物語の一部分などをみると、世に多い絵空事（虚偽）すら書かれている。人並みとは言えない我が身のことを日記に綴って、さぞや格別なこの世で身分が高いとされる（人の）暮しはいかなるものか、という問いの答にもしようと思うが[16]」――その人は、虚構に対して事実を書こうとする。ところが続けて「過ぎてしまった年月のことは記憶が定かではないので、そうではなかったということも多いであろう。」と、過去の記憶が必ずしも正確ではないことにも言及し、書いてあることがすべて事実そのものではないと匂わせている。虚構に反発する執筆も別の虚構を生み出さざるを得ないのである。古物語に飽き足らない道綱母は、自己の物語を紡ぐのである。

それから八十年程後の作品、菅原孝標女作『更級日記』は、次のように始まる。

> あづま路の道の果てよりも、なほお奥つ方に生ひ出でたる人、いかばかりかはあやしかりけむを、いかに思ひはじめけることにか、世の中に物語といふもののあんなるを、いかで見ばやと思ひつつ、つれづれなる昼間宵居などに、姉継母などやうの人々の、その物語、かの物語、光源氏のあるやうなど、ところどころ語るを聞くに、いとどゆかしさまされ

ど、わが思ふままにそらにいかでかおぼえ語らむ、いみじく心もとなきままに、等身に薬師仏を造りて、手洗ひなどして、人まにみそかに入りつつ、「京にとく上げたまひて、物語の多くさぶらふなる、あるかぎり見せたまへ」と、身を捨て額をつき祈り申すほどに、十三になる年、のぼらむとて、九月三日門出して、いまたちといふ所にうつる。⑰

「東路の道の果てに生まれ育った人」という書き出しはやはり三人称である。しかも現実の作者・藤原孝標女は、東国の田舎育ちではない。親の転勤で十歳の頃、東国へ数年移り住んだに過ぎず、十三歳の上洛は帰京であった。冒頭から虚構に始まると言ってよい。鄙びた少女が、似つかわしくもない雅な物語文学に憧れる姿は、その後に書かれる主人公の行く末を際立たせるのに効果的である。

作品すべてに言及するゆとりはないが、「日記文学」というジャンルは、冒頭に既に虚構の姿勢が垣間見られる傾向がある。

Ⅱ多様な展開へ　―鎌倉期以降

一般によく知られている「日記文学」作品は、平安期のものであろうが、先に示したように、鎌倉期以降の方が現存の作品数は多い。そして、そのほとんどは、「日記文学」というジャンル名が定着した当時は、視野に入っていなかった。従って、研究史は浅い。

鎌倉期以降の作品は、「～日記」と題されるものばかりでない。書名の多様化は、内容の多様化を示してもいよう。

まず『建礼門院右京大夫集』は、和歌で構成された私家集とも見做される作品であるが、長文の詞書が語りの役割を担い、ほぼ時間序列に従った記載であることから、「日記文学」にもジャンル分け出来る。

『たまきはる』（もともとの表題はない。『建春門院中納言日記』『健寿御前日記』という別名もある）は、「日記文学」作者の構成意識を明確に示す例として、その形態に特徴がある。この作品は一旦筆を擱いたはずの奥書以降にまた文章が続くのである。これは作者が作品に取り入れなかった草稿を、没後に後人（作者の弟の藤原定家かと思われる）が拾い集めた結果である。すなわち、奥書以降は、作者が自己の物語として、何らかの理由・事情で捨てた、語りたくない、あるいは語るのが憚られる部分である。無論そこにも感興を呼ぶ叙述があり、読者としては残された作品を堪能すればよいのだが、それは作者の意図ではなかったということは研究上見過ごせない。作品は、構成ある作品として奥書以前で完結しているのである。

『うたたね』は、阿仏の若き日の恋の体験と読まれてきたが、この作品から作者の伝記的な事実を探るのは困難である。時間序列は大幅に組み換えられ、現実にはあり得ない場面設定があり、一人称の恋物語と捉え得る。

虚構性・物語性は質を変えて深化してきたと言えよう。表現者は常に新しさに挑戦するのである。

7 むすびにかえて ―後深草院二条の自己語り

価値なきものとして、さして顧みられなかった鎌倉期の日記文学作品の中で、昭和期に発見され、研究者たちの話題をさらったのが『とはずがたり』であった。十四歳の春に後深草院の情人となり、複数の男性と関係を持ち、人事の葛藤に揉まれ、果ては宮中を追われ、出家して旅の尼となるというのが大筋である。何より注目され、衝撃を受けたのは、錯綜した宮中の男女関係の大胆な叙述であった。退廃の時代の愛欲描写と評された好奇の眼差しを否めない。

数奇な運命を作者・後深草院二条はなぜ語ったのか。既に様々な角度から作品を論じてきた⑱ので、ここでは「物語文学」と「日記文学」という観点からいささか述べてこの章を閉じたい。

『とはずがたり』の語りの展開や場面設定に『源氏物語』の影響が濃いことは夙に指摘されてきた。そして、先行作品の影響に言及する場合、「優れた物語文学を、実人生を描くときに参考にした」という捉え方が当然のようになされ、虚構性に結びつけられても来た。

しかし、『とはずがたり』に書かれているのは『源氏物語』の「影響」などという生易しいものではない。作者二条はやみくもに『源氏物語』を評価し、憧れていたわけではない。むしろ、深く内面化し、さらに物足りなさをも感じていたと思われる。

『とはずがたり』に描かれるのは悲喜交々、愛憎交々の人間模様なのだが、底流には、権力と性、その暴力性、呪縛という、翳りある通奏低音が流れている。そして、その萌芽は『源氏物語』にすでに潜んでいるのである。帝に匹敵する高い身分である光源氏に抗える女性はいない。物語文学史上、帝の申し出を自らの意志で拒絶したのは、かぐや姫だけである。地上の女は制度の桎梏からも女性という身体性からも逃れられない。

宮廷という場で女性であることの心と身体の痛みを見事に描き切った作品は『とはずがたり』の他にはあるまい。エロスの魔力で露呈される我が身の矛盾、官能に翻弄される煩悩、その哀切をも二条は充分に味わい尽くした。その背景には、皇権支配という逃れられぬ蟻地獄があった。『源氏物語』の真髄を最も的確に理解出来、しかもそれに飽き足らないのが二条ではなかったか。

弁明の許されぬ一方的な御所追放は、不条理極まりない宮廷生活の破局であったが、二条にとっての解放であったとも言える。尼となった二条の生き方には、昭和の研究者から「女西行」という勇ましいキャッチフレーズがつけられた。西行の生き方を羨ましく思う記述は確かにある。しかし、男性のあり方は女性の現実とはあまりに異なり、モデルにはならない。憧憬しつつもそのようにはなれぬという諦念が先立つ。二条の出家で重要なのは、小町説話のような破滅の帰結が想定される状況から、見事に新しい生き方を体現したところにあろう。それまで、そのような女性はいなかった。それを表現し得た女性はいなかった。人生の独自の達成である。

かぐや姫とは対極的な地上の女は、世界と自分との不調和を、疎外感を、喪失感を、深い孤独を物語らずにはいられなかった。そして、出家した我が道も語らずにはいられなかった。月への帰還でこそないものの、二条は旅する尼として、地上の自由は手に入れたのである。

注

① 新潮日本古典集成『竹取物語』(野口元大校注)に拠る。

② a『中世女流日記文学論考』和泉書院一九八七

b『旅する女たち　超越と逸脱の王朝文学』笠間書院二〇〇四

c『仮名日記文学論　王朝女性たちの時空と自我・その表象』笠間書院二〇一三

③　②a「「自照文学」としての「日記文学」言語概念の検討」
④　②c第1章第2節「《時間》の表象　解体と組み換え」
⑤　②aで詳述した。
⑥　モールトンの原著は、昭和二十六年に、本多顕彰によって、正確な翻訳『文学の近代的研究』改訂版が出されている。
⑦　「日記文学の本質と創作心理」『講座日本文学の争点【中古編】』明治書院一九六八・一二
⑧　『新・考えるヒント』講談社二〇〇四
⑨　『源氏物語と日本人　紫マンダラ』岩波現代文庫二〇一六
⑩　「田山花袋君に答う」一九〇八年十一月七日『国民新聞』（『文学の思想』（中村光夫編　筑摩書房一九六五）所収
⑪　『源氏物語』「絵合」に「物語の出で来はじめの祖（おや）」とある。
⑫　『物語の役割』ちくまプリマー新書二〇〇七
⑬　『死すべき定め　死にゆく人に何が出来るか（*Being Mortal: Medicine and What Matters in the End*）』原井宏明訳　みすず書房二〇一六
⑭　夙に「日記文学の虚構と文学性―「自己を素材とした文学」の視点から―」（お茶の水女子大学『人間文化研究』第2号一九七九・三）において、自己の人生、生活、経験を「書く」という行為で表現する場合、どのような経緯で虚構が関連するかを、次のように図式化してみたことがある。

無意識の虚構 → 虚構の意識化

事実 ――→ 認識［第一段階の虚構］ 表現［第二段階の虚構］ ［第三段階の虚構］

（歴史的客観的事実）

（自己の視点で捉えた主観的事実）

（○認めたくない自己からの逃避、美化
○興奮や感動の強さに拠る誇張
○自己陶酔）

（故意の歪曲
脚色
美化）

図式はあくまで便宜的な見取り図でしかない。虚構になる過程を第一段階、第二段階…などと明確に区切れるものではなく、また虚構を意識するか無意識なのかも境界は明確ではないのだが、参考までに掲げておく。

⑮ 新潮日本古典集成『蜻蛉日記』（犬養廉校注）に拠る。

⑯ ⑮では、「めづらしきさまにもありなむ。」と表記される。しかし、文脈上「人にもあらぬ身の上まで書き日記して」は、「問はむためしにもせよかし」に繋がると考えられる。「ありなむ」に付すのは、句点より読点がふさわしいのではあるまいか。

⑰ 新潮日本古典集成『更級日記』（秋山虔校注）に拠る。

⑱ ②に同じ。

第四章

和歌で綴る愛と死

『建礼門院右京大夫集』の作品構築

1　はじめに

建礼門院右京大夫は、新村出により星の美を発見した詩人と称された。[①]『建礼門院右京大夫集』に次のように載る歌である。

251　月をこそながめなれしか星の夜の深きあはれをこよひ知りぬる[②]

（月を見て思いにふけることにこそ慣れ親しんできたけれど、今まで気づかなかった星の夜の深い情趣を今宵は身にしみて知ることだ）

技巧のない素直な詠みぶりである。この一首だけをみれば、とりたてて秀歌というほどのことはないかも知れない。しかし、王朝文学の伝統上、月の美は讃えられてきたが、星に注目されることはほとんどなかったのである。まずは、そのような新しさがある。

さらに、この一首が『建礼門院右京大夫集』という作品に配列されることで、新たに意味が深くなる。詞書（和歌の趣意）によれば、愛する人（平資盛）の死という喪失感を抱いたままの旅先で真夜中過ぎに見上げた星空である。見慣れているはずなのに、何と美しいことか。新鮮な驚きであった。星の美の発見を機縁に、悲哀と絶望の淵より脱していく過程[③]が、作品には綴られていく。

『建礼門院右京大夫集』の作者は、高倉天皇皇后・建礼門院徳子（平清盛の娘、安徳天皇の母）に仕えた。右京大夫は女房名である。父は能書家で古典学者の世尊寺伊行、母は、笛の名手と謳われた伶人・大神（おおが）基政の娘で、琴に堪能であった。文化的にきわめて豊かな背景と言えよう。作者もまた、和歌や音曲に親しんだ。

平家全盛の時代の宮仕えであった。高倉天皇を日に、徳子を月と仰ぎ、身の光栄を覚えつつ、才覚を縦横に発揮し、平家の公達や女房たちと交流した。その中で、平重盛の息、清盛の孫にあたる資盛と出会い、恋に落ちる。身分違いの間柄は物思いの絶えぬものだったが、それでも平和な日々であった。しかし、それは長くは続かない。源平の争乱の世になった。世のありさまはすっかり変ってしまった。都落ちした資盛は若くして戦の嵐に散り、右京大夫は深い喪失感にうちひしがれる。

争乱が収まって後、再び出仕するが、様変わりした宮廷に在っては、昔ばかりがなつかしい。回想のうちに一つの作品『建礼門院右京大夫集』を成す。それは次のように始まる。

家の集などいひて、歌よむ人こそ書きとどむることなれ、これは、ゆめゆめさにはあらず。ただ、あはれにも、かなしくも、なにとなく忘れがたくおぼゆることどもの、あるをりをり、ふと心におぼえしを思ひ出でらるるままに、我が目ひとつに見むとて書きおくなり。

1　われならでたれかあはれと水茎の跡もし末の世に伝はらば
（私の他に誰が心を動かされるでしょうか、もし、書き残したものが後世に伝わったならば）

「家集（個人歌集）などといっては歌詠み（と呼ばれる人）が書き残すものだけれど、これはもう全くそんなものではない。ただ、せつなくもいとおしくも、何となく忘れがたく思い出すことの数々が、ある折々ふと心に浮かぶ――それを思い出すままに、私一人で見ようと書いておくのだ」という詞書である。

「我が目ひとつに見む」は作品の終り（357詞書「これはただ、我が目ひとつに見むとて書きつけたる」）にも見出され、集全体が構成意識をもって編まれたことを示し、他者に見せる意図はないことが強調されている。これは『蜻蛉日記』冒頭の人に読ませたい（「問はむためしにもせよかし」）姿勢とは対照的な対読者意識にみえるが、真に受けるわけにはいくまい。物を書き残す心理は、潜在的に読者を想定しているに相違ないのである。

作品全体の歌数は三五九首。右に挙げた冒頭部のように長文の詞書を和歌で締め括る、という体裁で展開していく。「家集」にも「日記文学」にもジャンル分け出来る作品である。

2　日記文学として読む『建礼門院右京大夫集』

Ⅰ日記文学と自伝

『建礼門院右京大夫集』は和歌で綴られていく自己語りである。自伝的ではあるが、自伝と同質ではない。西欧の自伝が詩で書かれることなど、まずはあり得ないであろう。

西欧で最初の自伝とされるアウグスチヌスの『告白』は、神に対する告白であった。自我(self)を規定するものは神(God)に他ならなかった。神の前では真実を語らねばならない。この姿勢は時代に拠る変容を見せながら西欧のキリスト教文化の伝統として受け継がれていく。

産業革命以降の近代では、神への忠誠に加えて、自伝とは科学的・客観的に「自己とは何か」を摑もうとする実験的試みであった。従って、ルソーの『告白録』にみるごとく、虚構に陥ることを警戒し、自己の人生の隅から隅までを詳細に克明に語ろうとする。自身の生まれる前、先祖のことから辿られることも稀ではない。必然的に自伝は散文で貫かれる。④

一方、日記文学の素材となる時間は、生まれてから現在まででではない。『とはずがたり』には例外的に未生以前・幼少期が辿られるが、主題に関わる後深草院との因縁を語る必然であり、自伝の意図と同じではない。

日記文学は、自伝のように作者の人生の克明な省察を目ざすものではない。告白という類のものでもなければ、また実生活・実体験暴露でもない。喪失体験を契機に人生のある時期、ある側面が、作品の素材として選択され、限定されているのである。従って、必然的に主題性がある。

散文精神に徹する西欧の自伝に対し、日記文学と呼ばれるジャンルの作品は多かれ少なかれ和歌（韻文）を含む。修辞表現に慎重な自伝の観点からは、奇異に映る表現形態であろう。韻文につきものの抒情に流されては、正確に自己を摑むことが出来ないのである。

『建礼門院右京大夫集』はまさしく和歌（韻文）で構成されているのである。そのような作品までも含む一連の作品群――「日記文学」とは、世界的見地からは、きわめて独自のジャンルと言えよう。

Ⅱジャンルと『建礼門院右京大夫集』

既に第三章で触れたように、「日記文学」とは、古典を近代からみたジャンル分けである。ジャンルとは、共通項・法則性による便宜的な分類に過ぎないとも言える。音楽や美術にも言えることだが、ひとたびは、ジャンル意識から自由になってもよいのではないか。あるジャンルを目指す文学営為もあろうが、作者というものは、常に新しい創造・創作・表現に挑戦する。複数のジャンルにあてはまる作品もあれば、どのジャンルにも分け難い作品も当然出てくる。それは、第三章で述べたように、表現が変容していく「日記文学」にも言える。たとえば、鎌倉期の作品『うたたね』は「物語文学」にきわめて近いのである。

さて、『建礼門院右京大夫集』はなぜ日記文学にジャンル分けされ得るのか。先に引用した「歌詠みの編む家集ではない」という意味の言辞を、読者は鵜呑みにしてはならないだろう。歌人としての誇りも自信もあることは、作品全体を読めば疑い得ない。冒頭にいかに書かれていようと、『建礼門院右京大夫集』は、まずは「私家集」である。「私家集」である『建礼門院右京大夫集』が、過去の回想を書くのだ（ふと心におぼえしを思ひ出でらるるままに）と表明している執筆姿勢はまさに「日記文学」的である。その執筆動機に、資盛の死という深い喪失感があることは見逃せない。さらに、作品全体に見出せる次の特徴から、『建礼門院右京大夫集』は「日記文学」にも分類可能である。⑤

・ほぼ時間序列に沿っている。
・詞書が長文化して散文表現の要素が強い。
・記憶を辿り、回想して主題のある世界を構築している。

本章では「日記文学」としての『建礼門院右京大夫集』（以下『右京大夫集』と略す）を論じたい。

3 時間序列の解体

Ⅰ記憶・回想・意味づけ・時間序列の解体

人の記憶に残るのは自身にとって大切なこと、興味関心のあること、影響の大きいことである。記憶は時間の経過とともに風化するが、回想の過程で連想作用、相互貫入により、鮮明になることがある。その一方、曖昧になることもある。すなわち、過去というものは、現時点で無意識に操作されると言い得る。それは過去の意味づけに密接に関連する。意味づけは、自己を素材に「書く」段階できわめて意識的になり、虚構につながる。

そもそも日記文学の最初の作品『土佐日記』の女性仮託そのものが虚構である。そのようにしなければ語れない男性作者・紀貫之の自己の側面があったということである。女性仮託した仮名日記という文学史上の画期的な試みは、作者の「語る必然」から生じた。虚構は虚偽と同義語ではない。

構築された虚構には時間が必要である。出来事や体験の只中に在っては物事の本質は見えにくい。出来事・体験と時間の距離を置くこと、年月を経て振り返ることはきわめて重要である。回想は熟成し、過去の意味づけは深まっていく。意味づけに虚構が関わってくるのが、文学であろう。こうして構築された作品世界の完成度こそ、文学としての質を決定づけると考え得る。

従って、素材となる現実の時間序列と作品の時間序列は全く同じではない。記憶・回想・意味づけに関連して、現実の時間序列は解体し、再び作品世界の時間として組み換えられる。これは虚構に関連する日記文学と呼ばれるジャンルの特徴である。

先に『右京大夫集』を日記文学に分類し得る根拠のひとつに「ほぼ時間序列に沿っている」を挙げたが、「ほぼ」というのは、正確・かつ厳密な過去の現実の時間序列ではない、という意味なのである。『右京大夫集』は、愛する人・平資盛の死という喪失体験を契機に過去が回想され意味づけられた作品世界の構築である。

Ⅱ恋の記述における時間の逆行 ―「はじめつかた」と「そのかみ」

《恋の始まり》

平資盛との出会いは次のように表現されている。

なにとなく見聞くごとに心うちやりて過ぐしつつ、なべての人のやうにはあらじと思ひしを、あさゆふ、女どちのやうにまじりゐて、みかはす人あまたありし中に、とりわきてとかくいひしを、あるまじきことやと、人のことを見聞きても思ひしかど、契りとかやはのがれがたくて、思ひのほかに物思はしきことそひて、さまざま思ひみだれし頃、里にてはるかに西の方をながめやる、こずゑは夕日のいろしづみてあはれなるに、またかきくらししぐるるを見るにも、

61　夕日うつるこずゑの色のしぐるるにこころもやがてかきくらすかな

（夕日の当たった梢の色がだんだん暗くなっていくところへ時雨が降るのを見るにつけ私の心も暗くなっていく）

宮仕えの場には男性も女性もいる。あれこれと他人の恋の噂も耳に入る。その度に自分には関わりのないこと、皆と同じようにはなるまい（傍線部）と思っていた。それなのに、言い寄って来る人がいて、契――前世の因縁というものは逃れることが出来ないものなのか（傍線部）、あろうことか恋の物思いに捉われ、思い乱れる身となる、という内容の詞書である。風景に心情が投影される和歌で結ばれる。

この後のプロセスが作品には綴られていく。宮廷女房として仕え、様々な人たちと交流しつつ、一方で恋は進行する。いつまでも同じままの恋情ではない。状況も変わる。物思いに苛まれる苦しい恋である。いつしか資盛の訪れは間遠にもなる。その間に宮仕えも退く。時は流れた。

《ふたたび「はじめつかた」へ》

ところが、時間を遡り作者の筆は、再び恋の始めに戻る。

はじめつかたは、なべてあることともおぼえず、いみじう物のつつましくて、あさゆふ見かはすかたへの人々も、まして男たちも、知られなばいかにとのみかなしくおぼえしかば、手習ひにせられしは、

132　散らすなよ散らさばいかがつらからむしのぶの山にしのぶ言の葉

（散らさないで下さいな、人に見られたどんなに辛いでしょう、あなただけに贈った私の思いのこもった言の葉を）

133　恋路にはまよひいらじと思ひしをうき契りにもひかれぬるかな

（恋の道になんて迷い込むまいと思っていましたのに、辛い宿命に導かれてしまいました）

134　いくよしもあらじと思ふかたにのみなぐさむれどもなほぞかなしき

（こんな苦しい思いも生きている間だけ、長くは続きますまいと思うことでのみ我が心を慰めていますけれど、やはりとても辛い）

「始めの頃は（傍線部）よくあることとは思えなくて、とても気恥ずかしくて、朝夕顔を合わせる仲間の女房たちにも、まして男性たちにも、二人の仲を知られたらどんなことになるかと

ばかり辛く思っていたので、書き流した歌は」という詞書に続いて三首の歌が並び、一途に思いつめた秘めた恋であったことが確認されている。恋の始まりの後の経緯が、朧化はされつつも語られて来たのに、再び恋の始まり（傍線部「はじめつかた」）に戻るのはなぜか。

《ほぼ同時進行の恋「そのかみ」》

恋の相手は資盛一人ではなかった。すぐに続けてもうひとつの恋が叙述される。（現代語訳は男の歌に「男」、右京大夫の歌に「右」を付す）

そのかみ、思ひかけぬところにて、よ人よりも色好むと聞く人、よしある尼と物語りしつつ、夜もふけぬるに、近く人のあるけはひのしるかりけるにや、頃はうづきの十日なりけるに、「月の光もほのぼのにて、けしき見えじ」などいひて、人につたへて。その男はなにがしの宰相中将とぞ。

135 思ひわくかたもなぎさによる波のいとかく袖をぬらすべしやは

（男：寄せる潟のない波のように、分別心を失くしてあなたに思いを寄せる私の袖がこんなにも涙に濡れてしまうとは）

と申したりし返し

136 思ひわかでなにとなぎさの波ならばぬるらむ袖のゆゑもあらじを

（右：分別なくどこにでも寄せる波のようなお気持ちなら、濡れた袖は私のせいではないでしょうに）

137　もしほくむあまの袖にぞ沖つ波心をよせてくだくとはみし

（右：藻塩を汲む海女ならぬあの尼に、心を寄せて思い悩んでいるとお見受けしましたよ）

また、返し

138　君にのみわきて心のよる波はあまの磯屋に立ちもとまらず

（男：あなたにだけ心を寄せている私、尼さんになど、立ちどまりはしませんよ）

色好みの男性の登場である。思いがけぬところでの思いがけぬ出会いである。具体的ではないこの場面は読者には俄かに想定し難いのではあるまいか。尼と語り合っていた男は、女性（右京大夫）の存在に気づき「月の光もほのかで姿は見えませんよ」と人づてに歌を詠みかけ、したたかに言い寄った（135）。右京大夫も気丈に返歌で応酬する（136 137）。また男が返す（138）。機知ある巧みな遣り取りである。

この出会いはいつの出来事か。なぜ、この叙述がここにあるのか。

「そのかみ」（傍線部）がキーワードである。いずれの注釈も「そのかみ」を「その昔」と解している。⑥語の意味はその通りであるが、それではいつを指すのか。

直前に資盛との出会いの始めの状況に戻って述べられていることがヒントである。資盛との恋の始まり「はじめつかた」を受けた「当時」の意味である。夙に論じたが[7]、隆信と出会った「そのかみ」は資盛との恋が始まった「はじめつかた」に対応し、ほぼ同時期を指すと考えられる。若い平家の公達、資盛と秘めた間柄になり、一途な思いに身を委ねていたちょうど同じ頃に、もう一人の男が出現したのである。ほぼ同時進行で二人の男との恋が始まった。その表現に時間の逆行は必然だったのである。資盛との恋の成り行きが叙述されてから、再びはじめに戻るのは、作品展開の周到な用意である。

4　ふたつの恋の展開とその意味

Ⅰ隆信との恋　―視点の相違・場面設定の相違・虚構

先学諸氏の指摘でよく知られている通り、同時進行のもうひとりの恋の相手は藤原隆信である。『隆信集』に『右京大夫集』と重なる贈答が載る。右の場面に相当する箇所は次の通り[8]。

ある宮ばらにて、女あまた物語らひて帰りにし朝、中にすぐれてきこえし人に言ひ遣はしし

665 思ひわくかたもなぎさによる波のいとかく袖をぬらすべしやは

かへし

666 思ひわかでなにとなぎさの波ならばぬるらむ袖のゆゑもあらじを

またおし返して

667 君ならで誰にか袖をかこつべきなほ思ひわくかたはなけれど

（男：あなたでなくて濡れた袖は誰のせいだというのでしょう、相変わらず他に思いを寄せる人はいないのに）

この返事はいかにいふべしともおぼえずとて

668 うつろはむことこそかねて憂かりけれ色なる人の散らす言の葉

（右：好色なあなたの散らす言の葉は色が変わるように変ってしまうことがわかっているのでもう今から辛いのです）

またこれより

669 うつろはむことな思ひそ浅からぬ色をば色に染むと知らずや

（男：心変わりを心配なさいますな、深い色はさらに深い色に染まるのだとご存じないのですか、私の恋心は募るばかりです）

両集の内容には、一致する箇所と相違する箇所がある。

まず、記載される和歌がすべて同じではない。665 666番歌は『右京大夫集』の記載と一致する。しかし、667〜669番歌は『右京大夫集』の137 138番歌と同じではない。『隆信集』667〜669は、心変わりを案じる女に、あなた一筋ですとひたすら言い寄る男の歌である。「尼」から「海女」を導き出す『右京大夫集』137 138の贈答とは趣が異なる。

そもそも、詞書にある出会いの記述に齟齬がある。『隆信集』では、ある親王（あるいは内親王か）方で会った女性たちの一人に魅力を感じて翌朝歌を贈ったという。尼など登場しない。『右京大夫集』137 138番と同歌が『隆信集』にないのは当然である。

出会いの場面は『隆信集』の方が、自然であり、当時よくありそうな恋のきっかけと言えそうである。一方、『右京大夫集』の展開には、意外性とドラマ性があると言えよう。月の光も微かな春の宵、尼の居る場所は、いったい何処だったのか。場面が朧化されて謎めいている。尼は物語情趣を醸すのに効果的な演出と言えよう。

この相違は、まずは、同じ出来事に対する双方の視点、捉え方の相違から生ずる。

Ⅱ　隆信の挑発

その後も隆信は、右京大夫に資盛という若い恋人のいることに気づいていながら——というより、それだからこそなお、好戦的に歌を贈ってくる。『右京大夫集』をみよう。

そぞろきぐさなりしをついでにて、まことしく申しわたりしかど、「よのつねのありさまはすべてあらじ」とのみ思ひしかば、心強くて過ぎしを、この思ひのほかなることをはやいとよう聞きけり。さて、そのよしほのめかして、

139　浦やましいかなる風のなさけにてたく藻のけぶりうち靡きけむ

（男：羨ましいですね、浦風に煙が靡くようにどのような男性の想いにあなたは靡いたのでしょうか）

かへし

140　消えぬべきけぶりの末は浦風に靡きもせずてただよふものを

（右：何をおっしゃるのでしょう、今にも消えそうな煙の末は浦風に靡きもせず漂っているという状態ですのに）

また、おなじことをいひて、

141　あはれのみ深くかくべき我をおきてたれに心をかはすなるらむ

（男：いえいえ、想いを深く懸けるべきは私だけなのに、いったい他の誰に心を交しているのでしょう。）

かへし

142 人わかずあはれをかはすあだ人になさけ知りても見えじとぞ思ふ

（右：恋というものをわきまえてはおりますが、私が誰彼の区別なく情を交す不実な人間には見えまいと思いますよ）

祭の日、おなじ人、

143 ゆくすゑを神にかけても祈るかなあふひてふ名をあらましにして

（男：二人の行く末を神にかけて祈ることです、葵祭の葵（あふひ＝逢ふ日）に望みをかけて）

かへし

144 もろかづらその名をかけて祈るとも神のこころに受けじとぞ思ふ

（右：葵に添える諸蔓にかけて二重にお祈りしても神の心に届かないと思いますよ）

この段階では、対等に渡り合う、才気ある言葉の応酬と言えるだろう。右京大夫は用心深く身を守りつつ、言葉の遊戯を楽しむ和歌の贈答が続く。「よのつねのありさまはすべてあらじ」「心強し」（傍線部）という、意志堅固に揺るがない姿勢が貫かれている。

しかし、『隆信集』では様相が異なる。

またまたもこの女のもとへたびたび文を遣りて、ねんごろに言ひ渡りしに、返事もい

とこまやかにて、焚く藻の煙にはいかが思ひたつべきを、あづまと聞きしかばとて、
思ひたえなんもいかがはせんと言ひたりしを、聞くことやありけん
670　浦やましいかなる風のなさけにかたく藻のけぶりうち靡きけむ
かく言ひても猶飽かずおぼえて
671　東路と聞くにぞいとど頼まるる阿武隈川に逢瀬ありやと
（男：逢坂の関を越えた東路と聞くからには、ますます期待されますね、阿武隈川にも逢瀬があろうかと＝他の男に靡いたとなれば、ますます魅かれます、私と会うこともあるのではと）

『右京大夫集』140〜144番歌に相当する歌はない。670番歌は、表記が一字異なるものの、『右京大夫集』139番歌に内容は同じであり、671番歌は『右京大夫集』にはない。何よりの相違点は詞書の内容が異なることである。

『隆信集』の詞書は、右京大夫の文の内容の叙述と思われる「焚く藻の煙…」以下が難解である。⑨試みに私解を示せば、「焚く藻の煙（他の男の誘い）をどうしたら絶つことが出来るのかと思う一方、（逢坂の関を越え）今は東路（＝深い仲になった）ときいてあなたが諦めてしまったらどうしましょう、と、女は言っていたのに、相手の言うことを聞き入れてしまったようだ」になろうか。

だとすれば、資盛の存在をほのめかし、それでもあなたに惹かれているという媚態を見せているのは、右京大夫の方である。「よのつねのありさまはすべてあらじ」と「心強く」自分を守っていたという『右京大夫集』の記述とは全く逆の、挑む女の姿が見える。対して、女をめぐる好敵手の存在にますます闘志を燃やす男という恰好の組み合わせが『隆信集』から窺える。

ともあれ、『右京大夫集』によれば、この後、隆信とは逢坂の関を越える間柄になった。それは喜ばしい恋の成就ではなく、悔いを伴うものであった。

かやうにて、何事もさてあらで、かへすがへすくやしきことを思ひし頃、

145 越えぬればくやしかりける逢坂をなにゆゑにかは踏みはじめけむ

（越えてしまえばこんなにも悔やまれる逢坂の関までの道を、いったいどうして踏み始めたのかしら）

Ⅲ資盛 ―秘めたる恋

この直後に次の叙述がある。

車おこせつつ、人のもとへ行きなどせしに、「主つよく定まるべし」など聞きし頃、な

れぬる枕に、硯の見えしをひきよせて、書きつくる。

146　たれが香に思ひうつると忘るなよ夜な夜ななれし枕ばかりは

（右：私以外の誰の香にあの人の思いが移ろうとも忘れないでね、夜毎に慣れ親しんだ枕だけは）

「かへりてのち見つけたりける」とて、やがてあれより

147　心にも袖にもとまるうつり香を枕にのみや契りおくべき

（男：我が心にも袖にも残っているあなたの移り香を忘れるなと枕にだけ約束させるのでしょうか

（私は忘れはしませんよ））

男が車を寄こし、右京大夫はそれに乗って相手の元へ行き逢瀬を持っている。この贈答は、誰を相手にしたものなのか。

147番歌は、『玉葉集』に資盛歌として所収されているのであるが、『右京大夫集』135〜154番歌までは、隆信との一連の贈答歌群と解されていたため、これも隆信歌と見做す説が優勢であった。しかし、上條彰次が異論⑩を唱えてから、解釈に揺れが見え始める。

この場合、男が通ってくるのではない恋の状況に注意したい。「車おこせつつ」は、二人の間柄が人に知られてはならぬ事態であることを匂わせる。秘かに女のもとへ通うにせよ、隆信にはことさら、人目をはばかる事情はあるまい。わざわざ車を寄こす必然性は稀薄である。

秘密の恋の相手は資盛であろう。恋のはじめの時期は、とりわけ資盛が車を寄こして他所で密やかな逢瀬をもっていたとおぼしい。そして、正妻の決まる時期（「主つよく定まるべし」）は、公務も多忙（資盛が蔵人頭であったことは『公卿補任』で知られる）であり、車の迎えを寄こすことすら間遠になっていたと想像される。後年、平家都落ちも近い頃の記述に右の叙述の頃を回想した記事が見える。

おほかたの世騒がしく、心細きやうに聞えし頃などは、蔵人頭にて、ことに心のひま無げなりしうへ、あたりなりし人も、「あいなきことなり」などいふこともありて、さらにまたありしよりけに忍びなどして、おのづからとかくためらひてぞ、物いひなどせしをりをりも　（204詞書）

世の中が騒然となり、周りの人からも「よくないこと」と諫められる仲である。権門平家の公達・資盛と右京大夫の恋は、周囲から祝福されず、将来を約束されぬ秘密の恋だったのである。

Ⅳ隆信その後

『右京大夫集』には、147番歌に続けて再び隆信との贈答が配される。

おなじ頃、夜床にてほととぎすを聞きたりしに、ひとり寝覚めに、またかはらぬ声にて過ぎしを、そのつとめて文のありしついでに、

148　もろともにこと語らひしあけぼののにかはりざりつるほととぎすかな

（右：互いに誓い合ったあの明け方に変らぬ声で鳴く時鳥だこと（あなたは変ってしまったけれど））

かへしに、「われしも思ひ出づるを」など、さしもあらじとおぼゆることどもいひて、

149　思ひいでてねざめし床のあはれをも行きてつげけるほととぎすかな

（男：あなたを思い出して目が覚めたまま臥している床のさびしさを行って告げた時鳥なのですよ）

「おなじ頃」とは、資盛が車を寄こしていた頃である。一人で寝覚めて聞く時鳥の声に、ともに聞いた明け方を思い出して歌を贈ると「私も同じことを思い出していましたよ」と口上手なことばを添えて返歌がある。そろそろ先行きが見えてきている。

『隆信集』にも同様の贈答がある。

時々、もの申し渡りし女のもとより、ねざめに時鳥を聞きてかくなんおぼえつるとて

676　もろともにこと語らひし暁の同じ声なるほととぎすかな

かへし

677　思ひいでてねざめし床のあはれをも行きてつげけるほととぎすかな

「あけぼの」（『右京大夫集』）が「暁」（『隆信集』）に変るが一首の歌意は同じである。

続けて『右京大夫集』

　またしばし音せで、文のこまごまとありしかへしに、などやらむ、いたく心の乱れて、ただ見えし橘を、一枝つつみてやりたりしに、「えこそ心得ね」とて、

150　むかし思ふにほひかなにぞ小車に入れしたぐひの我が身ならぬに

（男：昔思ふ花橘…の古歌のように終わった恋を忍んでいるのですか、それとも道行く女性が車に橘を投げ入れたという藩安仁の故事のつもりですか、私はそんな男ではありませんが）

　かへし

151　わびつつはかさねし袖のうつり香に思ひよそへて折りしたちばな

（右：あれこれ嘆きつつもあなたと重ねた袖の移り香になぞらえて折った橘なのです）

『隆信集』では

　もの言ひわたりし女のもとより、花橘を文に包みて、いかなるすぢの心ともおしはかり給へと書きたりければ、いと心得がたく、かの昔の人の袖の香ぞすると言ひけんた

ぐひにも思ひよそふべきかたなく、また藩安仁の車にいれけむためしを思ふにも、この身のあやしさにはことたがひたれば、言ひ遣りし

679　昔思ふにほひか何ぞ小車に入れしたぐひの身にもあらなくに

女、かへし

680　いづれとは思ひもわかずなつかしくとまるにほひのしるしばかりに

（右：古歌とも藩安仁の故事とも考えずにお贈りしたのです、身に残る慕わしいあなたの移り香の思い出に少しばかり）

隆信歌は「我が身ならぬに」「身にもあらなくに」の異同がみられるが、歌意は変らない。右京大夫の返歌は両集で異なる。いずれにせよ、位置関係は隆信が優位にある。「今さら橘なども、いったい何の真似ですか」と言わんばかり、手強い女を思い通りにした男は自信に満ちている。一方、右京大夫は追いすがる形勢となり余裕を失っていく。早晩終わる恋の行方が見え始めている。隆信の方から見切りをつけた可能性が濃厚ではあるまいか。これ以降、隆信は作品に登場しない。

Ⅴ資盛 ―断ち切れぬ恋

『右京大夫集』151番歌の次に配列されるのは、それまでの流れから、隆信ではなく資盛との逢瀬に相違あるまい。

絶え間久しく思ひ出でたるに、「ただやあらまし」とかへすがへす思ひしかど、心よわくて行きたりしに、車より降るるを見て、「世にありけるは」と申ししを聞きて、心ちにふとおぼえし。

152　ありけりといふにつらさのまさるかな無きになしつつ過ぐしつるほど

（「生きていたんだ」とおっしゃるのには、ますます辛さが募ります、我が身をないものにしながら過ごしてきたのですから）

間遠になった逢瀬。未来のない恋を捨てようとしては決心がつかず、「心よわくて」――このまま行かないでいようという意志を通すことが出来ず、迎えの車に乗ってしまう。そして、車から降りる姿を見て資盛は言った、「世にありけるは（生きていたんだね）」。胸に迫る言葉であろう。

続く153番歌も『玉葉集』記載通り、資盛歌と解釈するのが妥当であろう。

夢にいつもいつも見えしを、「心の通ふにはあらじを、あやしうこそ」と申したるかへり事に

153　通ひける心のほどは夜をかさね見ゆらむ夢に思ひあはせよ

（男：お互いに通じ合っている心のほどは、夜を重ねて見る夢に思い合せて下さい）

かへし

154　げにもその心のほどや見えつらむ夢にもつらきけしきなりつる

（右：そうですね、まさにお心の程が見えましてよ、夢の中でも薄情なご様子でしたもの）

逢えずとも資盛は始終夢に現れる。「心が通じ合っているものでもないのに不思議ね」と言う右京大夫に、「心は通っているのでしょう、夢でわかるように」と資盛は歌で答え、右京大夫は「そうね、夢の中でも冷淡だったもの」と返歌する。後にふり返れば、恋人同士のほほえましいやりとりであろう。

睡眠時にみる夢の記述は作品中、この箇所と後述するもう一箇所のみである。

Ⅵそれぞれの存在意義

以上のように、資盛と秘密の恋が始まったほぼ同時期に、隆信が右京大夫に接近し、苦悩を

深めた。次の箇所は同時に二人の男と逢瀬を重ねた身の嘆きに他なるまい。

せんなきことをのみ思ふ頃、「いかでかかからずもがな」と思へど、かひなき、心憂くて、

156　思ひかへす道をしらばや恋の山は山しげ山わけいりし身に

（思い返して引き返す道があるのなら知りたいもの、浅いところから深みへと生い茂った恋の山に分け入ってしまった身は）

隆信は135〜144・148〜151の歌群を以て作品から退場する。それ以降の消息も、右京大夫が当然知ったはずの死も一切語られない。

既にみてきたように、『右京大夫集』と『隆信集』では同じ状況であるはずの詞書に齟齬があり、贈答歌の記載もまったく重なるものではない。どちらの叙述が本当なのか、事実なのかと問うことよりも、同じ状況をどのように捉えたか、どのように意味づけたか、が重要であろう。それぞれが自己の視点から物語っているのである。同じ出来事に対して、人はそれぞれの物語を紡ぐ。それは多かれ少なかれ虚構を招くのである。一歩進めて言うなら、右京大夫の自己語りにはより強く虚構が読み取れよう。

隆信は資盛とは全く異質の魅力で右京大夫の心を捉えた。年長の色好み・隆信は挑む男であ

る。互いの出方・心の動きの懸け引きを楽しむ遊戯的要素の濃厚な冒険味を帯びた恋は長くは続かなかった。深い愛情を育くむに至らぬ恋は駆け抜けるように終わった。それは一連の歌群をもって表現しきれるものであったとも言える。

対して、資盛の存在とその意味は、愛と死をテーマに作品化するにふさわしいものだったのである。

5　喪失体験と時間把握

Ⅰ資盛の死

恋に煩悶した日々も過去となる。平家は追い詰められていく。資盛は次のように言い置く。

・また、もし命たとひ今しばしなどありとも、すべて今は、心を昔の身とは思はじと思ひしたためてなむある。（中略）よろづ、ただ今より身をかへたる身と思ひなりぬるを　（204詞書）

・申しやうに、今は身をかへたると思ふを、たれもさ思ひて、後の世をとへ　（216 217詞書）

・今はただ身の上も今日明日のことなれば、かへすがへす思ひとぢめぬる心ちにてなむ、まめやかにこのたびばかりぞ申しもすべき　（219 220詞書）

・219　思ひとぢめ思ひきりてもたちかへりさすがに思ふことでおほかる（資盛詠）
（諦め、思いを絶ってもまた元に戻ってしまい、やはり思うことの多いことです）

・220　今はすべてなにのなさけもあはれをも見もせじ聞きもせじとこそ思へ（資盛詠）
（今となってはすべてどのような興趣も情趣も見まい聞くまいと思うのです）

危機が迫っている。資盛は覚悟を決めている。傍線に示したように、「昔」とはすべてがすっかり変ってしまった限界状況では、時間は「今」にのみ結集する。過去も未来もない。菩提を弔うよう、資盛は言い遺した。

そして、ついに資盛の死は現実となる。右京大夫の喪失の悲哀は深い。

222　なべて世のはかなきことをかなしとはかかる夢みぬ人やいひけむ
（よくある世の中の死を悲しいとは、こんな夢のような別れに会わない人が言うのでしょう）

資盛の死そのものが「夢」としか捉えようのないものであった。

Ⅱ夢の比喩と時間

あまりに大きな喪失体験は、たとえ一時的なものではあっても現実認識・時間認識を変えてしまう。背負いきれぬ現実は夢の比喩に結びつく。出家した建礼門院徳子を大原に訪ねた記述に次のような「夢」の譬えがある。

（上略）昔の御ありさま見まゐらせざらむだに、おほかたの事がら、いかがことなのめならむ。まして、夢うつつともいふかたなし。（後略）

239 今や夢昔や夢とまよはれていかに思へどうつつとぞなき
（今この時が夢なのか過ぎた昔が夢なのかと迷われ、どのように思っても現実感がない。）

240 あふぎみしむかしの雲のうへの月かかる深山の影ぞかなしき
（仰ぎ見た昔の宮中の月のように美しい御姿が、このような山奥の影となられたのが悲しい）

源平争乱を境に分断された対照的な「今」と「昔」。いったいどちらが夢なのか。どちらが現実なのか。右京大夫はその昔、高倉帝と徳子を仰ぎ見る光栄を「2雲のうへにかかる月日のひかり見る身の契りさへうれしとぞ思ふ」と詠み、高倉帝崩御の折には「203かげならぐ照る日のひかりかくれつつひとりや月のかきくもるらむ」と詠んでいる。高倉帝は日、中宮徳子は月であった。月に譬えた徳子は「昔」の幸福の象徴であった[11]。しかし、その月は、平家滅亡とともに沈んでしまった。「昔」を喪失した「今」の現実を、大原で目の当たりにするのである。

因みにこの状況は『伊勢物語』八三段の昔男（在原業平がモデルである）が、出家した惟喬親王を比叡に訪ねる場面に類似する。昔男の歌「忘れては夢かとぞ思ふ思ひきや雪踏み分けて君を見むとは」にも夢の比喩がみえる。『伊勢物語』八二・八三段は、逸脱の皇統の物語、中心から排除された人間の物語と言い得る。⑫ 徳子の隠棲は、惟喬親王の悲劇に重なろう。

さらに、再出仕の際の「若かりしほどより、身をようなきものに思ひとりにしかば（322詞書）」という言辞には、「身をようなきものに思ひなして」東へ下る『伊勢物語』の〝昔男〟に通ずる身の上の認識が反映されてはいまいか。没落する主人に伝え儚い恋に生きた我身であった。

Ⅲ昔の価値

作品中の「昔」の用例には、恋の進行中の例、退出した後に宮中を思い出す例、亡き人の意もあるが、何と言っても圧倒的に多いのが、源平争乱期以前の平和な宮中をさすものである。⑬ 再出仕の宮中は折あるごとに「昔」と比較され、その変容を実感し、違和感を覚える。

藤壺の方ざまなど見るにも、昔住みなれしことのみ思ひ出でられてかなしきに、御しつらひも世のけしきも、かはりたることなきに、ただ我が心のうちばかりくだけまさるかなしさ。（中略）昔軽らかなる上人などにて見し人々、重々しき上達部にてあるも、「とぞあらまし、かくぞあらまし」など思ひ続けられて、ありしよりけに、心のうちはやらむかたなくかなしきこと、何にかは似む。高倉の院の御けしきに、いとよう似まゐらせさせおはしましたる、上の御さまにも、数ならぬ心の中ひとつにたへがたく、来し方恋しくて、月を見て、

322
今はただしひて忘るるいにしへを思ひいでよとすめる月影
（今はもう敢えて忘れようとしている昔を思い出せと言わんばかりに澄んでいる月の光だこと）

「昔」を共有出来る人に親しみ、「昔」からの知己の死には特別な思いを残しつつ、不本意な再出仕の日々が展開していく。

そして、作品の終結部が、藤原俊成・定家をめぐる和歌に纏わる「昔（いにしへ）」の栄誉であるのは象徴的である。

藤原俊成九十賀では法服の刺繍を縫い直す役を果たし、賀宴に伺候し、昔を思い出し、歌詠みの栄誉に与り、歌を贈る。

（上略）やがてその賀もゆかしくて、よもすがらさぶらひて見しに、昔のことおぼえて、いみじく道の面目なのめならずおぼえしかば、つとめて入道のもとへ、そのよし申しつかはす。

355
君ぞなほ今日より後もかぞふべき九かへりの十のゆくすゑ

（あなた様（俊成）はさらにこれからもお年を重ねられましょう、九十歳の遥か先まで）

返歌の詞書「（中略）なほ昔のことも、物のゆゑも、知ると知らぬとは、まことに同じからずこそ」（356詞書）には、価値ある昔が共有されている。

また、『新勅撰集』に歌を召された折、定家と次のように贈答したことが記される。

老いののち、民部卿定家の、歌をあつむることありとて、「書き置きたる物や」とたづねられたるだにも、人かずに思ひ出でていはれたるなさけ、ありがたくおぼゆるに、「『いづれの名を』とか思ふ」ととはれたる、思ひやりのいみじうおぼえて、なほただ、へだてはてにし昔のことの忘れがたければ、「その世のままに」など申すとて、

358 言の葉のもし世に散らばしのばしき昔の名こそとめまほしけれ

（我が歌がもし世間に知られるのでしたら、忘れがたい昔の名の方を残したいものです）

かへし　民部卿

359 おなじくは心とめけるいにしへのその名をさらに世に残さなむ

（同じことならあなたが心を留めている昔の名の方をあらためて世に残しましょう）

とありしなむ、うれしくおぼえし。

勅撰集に歌が載ることとは、歌人として名誉なことである。その折、定家に、「今」と「昔」とどちらの女房名でと問われ、「昔の名（いにしへのその名＝建礼門院右京大夫）」を残すことにした。喪失した価値ある時空をとどめるべく、「昔」の女房名を選んだのであった。こうして作品は閉じられる。

失われた「昔（いにしへ）」は価値ある時間なのである。『右京大夫集』において、作品世界の時間認識は流れず、積み重ならずに分断されている。喪失の深さは、本来流れるはずの時間を「存在」と「不在」、「昔」と「今」に隔ててしまう。源平の争乱、平家滅亡、資盛の死を境に、それ以前の価値ある「昔」と、その後に分断される。

6　むすびにかえて

『建礼門院右京大夫集』には、比喩としての夢の語例は多いが、睡眠時に見る夢の記述はわずか二例にとどまる。すでに恋のプロセスで見た資盛の夢（153 154番歌）を挙げたが、もう一箇所は、次のごとくである。

恐ろしきもののふども、いくらも下る。何かと聞けば、いかなることをいつ聞かむと、かなしく心憂く、泣く泣く寝たる夢に、つねに見しままの直衣姿にて、風のおびただしく吹く所に、いと物思はしげにうちながめてあると見て、さわぐ心に覚めたる心ち、いふべきかたなし。ただ今も、げにさてもやあるらむと思ひやられて、

207 波風の荒きさわぎにただよひてさこそはやすき空なかるらめ

（疾風怒濤の戦乱にさまよってさぞや安らぐ場のないことでしょう）

都を追われ、果てしない旅の空にいて、もはや会うことは決してかなわぬ資盛は、風がひどく吹く中、いつもの見慣れた姿のまま、一人物思いに沈む（傍線部）。滅びの予兆の夢に、右京大夫は大きな衝撃を受ける。

作品中二箇所にとどまる夢の記述がどちらも資盛に関する夢であり、作品の主題である「愛と死」を象徴しているのは偶然ではあるまい。

注

① 新村出「星夜讃美の女性歌人」「星月夜」『南蛮更紗』一九二三

② 以下、引用は、新潮日本古典集成『建礼門院右京大夫集』（糸賀きみ江校注）に拠る。

③ 今関敏子『中世女流日記文学論考』和泉書院一九八七　作品論第一章「建礼門院右京大夫集

第二節　月—徳子の存在及び星に関連して」において、右京大夫の月と星への視点に関して述べた。
④ 今関敏子『仮名日記文学論　王朝女性たちの時空と自我・その表象』笠間書院二〇一三　第1章第1節「《自我》の表象—仮名日記文学と自伝」
⑤ ③の拙著　第二章日記文学論「日記文学における回想と虚構—『建礼門院右京大夫集』を中心に—」
⑥ 本位田重美『評釈建礼門院右京大夫集』武蔵野書院一九五〇
村井順『建礼門院右京大夫集評解』有精堂一九七一
草野了円『世尊時伊行女右京大夫家集』笠間書院一九七八
糸賀きみ江『建礼門院右京大夫集』新潮日本古典集成一九七九
⑦ 今関敏子「『建礼門院右京大夫集』における愛と死—資盛と隆信をめぐって—」『女流日記文学講座第六巻』勉誠社一九九〇
④の拙著　第1章　自我と時間　第2節「《時間》の表象—解体と組み換え」
⑧ 『隆信集』の引用は『新編国歌大観』（角川書店）に拠り、私に表記する。
⑨ 樋口芳麻呂は「塩をとるための海藻を燃やす煙が風になびくように、ほかの男になびこうとは決して思いませんが、逢坂の関が東国へ行く道にあって、越えるのが容易ではないと聞いたからと言って、逢うことをあきらめようとなさるのであれば、それもやむを得ませんと言っていたが、伝え聞くことがあったのだろうか、次のように言い送った」（『隆信集全釈』風間書房二〇〇一）と解しており、苦心されたと思われる。

⑩　上條彰次「建礼門院右京大夫集私見─隆信との恋をめぐって─」静岡女子大学国文研究第11号一九七八・三

⑪　③に同じ。

⑫　今関敏子『旅する女たち─超越と逸脱の王朝文学』第三章「旅の造型」笠間書院二〇〇四

⑬　④の拙著　第2章夢の表象第5節「『建礼門院右京大夫集』の夢─象徴と比喩」

第五章

「水なき空」に立つ「波」

貫之の詠む落花

1 はじめに

桜花散りぬる風の名残には水なき空に波ぞ立ちける

一〇世紀初頭に成立した勅撰集『古今和歌集』春歌下・89番歌。高い評価を得てきた紀貫之詠である。

一首の構造は決して複雑ではないように思われる。直訳すれば、「桜花が散ってしまった風の名残には水のない空に波が立っていることだ」となろう。

ここから、いかなる光景が浮かぶのか。研究史を辿ると解釈は一通りではない。とりわけ、下の句「水なき空に波ぞ立ちける」をいかに解するのか、「波」になぞらえるものは何かという点で揺れがみられる。以下、年代順に辿っていく。

2　「波」は何を表象するか

I「波」は「桜花」の表象・説

本居宣長の俗語訳『古今集遠鏡』①には次のように解釈されている。

桜ノチル時ニ風ガ吹タテヽ其花ガシバラク中《チウ》デサワグケシキハ　テウド浪ノタツケシキヂヤ　ソシテ海ベニナゴリト云コトガアル其ナゴリハ浪ガタツヂヤガ　花ヲチラシタ此風ノアトノナゴリニハ　水ノアリモセヌ空ニサ　浪ガタツワイ

風が吹き過ぎた後になお、散り舞う「花」が空の「波」のように見える光景と捉える。この解釈は近代以降に引き継がれる。

窪田空穂②は、「波」については、「風には吹き散らされた桜花の、風に運ばれて、空一面に白く漂っている状態の譬喩」と釈し、一首を

桜花の散ってしまった後の風の、そのなごりとしては、水のない空に、風に吹き運ばれた桜花が白く、余波さながらであるよ。

と訳している。

竹岡正夫③は、

桜花が散っていった風の名残には、水のない空に余波の波が立っていた。

と訳し、「桜の時期も過ぎて、そのなごりに、水色の空に一面に桜の花びらが余波として散乱している、まさに散る桜花の幻想曲である。」と評している。

久曽神昇④は、

桜花が、そのために散ってしまった風の名残としては、水のない空になごりの波が立っていることであるよ。

と、歌意を示し、下の句「水なき空に波ぞ立ちける」について、次のように説明している。

水もない空に波が立っている。散った桜が風が吹きすぎてもなお空一面に舞っているのを、余波に見立てた。

また、岩波文庫『古今和歌集⑤』の脚注には「空に乱れとぶ花びらを波と見た」とある。

以上は、眼前の花びらが空を背景に波のように舞う、具象的な光景が目に浮かぶ一首と捉える。

Ⅱ「波」は桜の「イメージ」の表象・説

ところが、この「花びらそのもの」＝「波」ではなく、「眼前にはない花のイメージ」＝「波」であるという方向に解釈が変化していく。

発端は、大岡信⑥の次の見解であると思われる。

「なごり」は「名残り」であると同時に「余波」である。このもともとは語源を共有し、影像としても互いに惹き合うところをもっている二つの語が、一つに溶け合って一首のかなめの位置に置かれる。一首全体は、この微動する一語の周囲にゆらめいていて、何度読みかえしても、かっちりした「像」が眼底に結ばれるという感じはない。風に散り遅れた桜花の幾ひらかが、水なき空の波の引きぎわにちらちらとさまよっている、その影像さえ、ともすればふと見えなくなって、あとにはゆらめいている心の昂ぶりの、その痕跡だけが、名残の余韻を引いていつまでも棚引いているという感じである。（傍線筆者）

かっちりした像が結べない（傍線部）――すなわち、具象的な光景が浮かばないと表明した最初の評であろう。続く波線部「風に散り遅れた桜花の幾ひら」と「水なき空の波」の関連、

「波」を何の表象と捉えているのかが、不鮮明であるが、そこに像の結べぬ要因があるのだろうか。ともあれ、像の結べぬままの「ゆらめき」「心の昂ぶり」の「痕跡」「名残りの余韻」が、輪郭の淡い幻想的な抽象画のように印象的に評される。

そして、この大岡説は解釈のエポックとなったと言っても過言ではなかろう。これを機に、「波」が「桜の花びらそのもの」ではなく、「桜のイメージ」であるという解釈が展開されていく。

片桐洋一⑦は、【要旨】として　次のように述べている。

桜の花を散らした風が、そのなごりとして、水があるはずもない空に桜のイメージの浪を立たせているように見えると言っているのである。

「桜」の具象ではない、風の名残のもたらす「桜のイメージ」の波と捉えている。さらに、【鑑賞と評論】で次のように解説する。

（上略）花吹雪という言葉のように風が散らしたその残像が目に焼きついたままで、青い空を見ると、水もないのに、風が桜の浪を描いているようだというのである。「なごり」は現在では過ぎ去ったものの気配が残っているという意味で「名残り」と書くが、「難波潟潮干のなごりあくまでに人の見る児を吾しともしも」（『万葉集』巻四・五三三）や「風もし吹けばなごりしも立てれば「（「催馬楽」紀の国）のように、本来は「余波」の意味であった。ここは「水なき空に余波が残る」という言い方で、桜の気配、桜のイメージがいまだ空に漂っていることを言っているのである。残像をイメージ化した素晴らしい歌であり、たとえば国宝西本願寺本三十六人集料紙下絵の波文様を思い出すような美しさがある。

貫之が詠んでいるのは、現実の現象ではなく、すでに過ぎ去って現実にはない桜の気配・残像のイメージである、ということになろうか。

佐田公子⑧は、大岡説と片桐説に触れ「夢幻的なイメージの広がりを表出する詩的空間をもった歌として高く評価されていると言えよう。」と述べている。

さらに近年、鈴木宏子⑨は、見立ての説明にこの歌を例に挙げ、次のように論じている。

〈桜と波の見立て〉の歌であるが、桜はすでに散ってしまい、花を散らした風の名残だけが空に吹き渡っている。風とともに白い花びらも漂っているような、そして、からっぽの空のかなたに真っ白な余波が立っているような……。桜花群のピリオドにふさわしく、いわばゼロ記号の「桜」が「波」の幻に見立てられている。そして桜を波に見立てたことに伴って、大空もおのずから海のイメージを帯びてくる。空を海へ、というもう一つの見立てが喚起されているのである。

しかし貫之は「海」ということばは使わず、「空に波が立つ」という矛盾した言いまわしを選び取り、さらに「空」の上に「水なき」という修飾語を加える。空に水はない、だからほんとうは波など立つはずがないことを念押しして、この「波」が見立てによって作り出された虚像であることを、さらには、あり得ないものを「ことば」の力によって創造する見立てというレトリックの不可思議さを、歌自体の中で明らかにしているのである。と同時に、「なし」と打ち消されるにしても、一度は「水」ということばが登場したことによって、この歌を読む者の脳裏には、風に吹かれて白く波立つ広々とした水面のイメージも浮かんでくるであろう。

すなわち、――「桜」は既に散ってしまっている。「波」は、視覚で捉え得る具体的な事象ではない、何もないところにイメージされる抽象性の高い表現である。仰ぐ空は、風の名残が吹き渡る海の如く果てしなく広がる虚空である。既にもう視覚で捉え得ない桜は、「波」に見立てた虚像である。ことばの力によって、そこにないもの、あり得ないものが創造される。「波」とは詠者の内面世界の桜のイメージの表象である――、ということになろうか。

貫之歌の解釈は、ついにここまで行き着いたのかという観がある。

Ⅲ　「波」は「雲」の見立てという仮定

文学作品は作者の手を離れた途端に、独り歩きを始めると言える。文学だけではない、あらゆる芸術、創作は、作者から享受者に委ねられる。この意味でいかなる解釈も自由である。作り手と享受する側によって、作品は作り上げられていくと言ってよい。

イメージ説のように、一首の中に在る言葉を越えたイメージに解釈を拡げることが可能ならば、言外の事象を想像することも可能にならないだろうか。たとえば、次のような捉え方も許されはしまいか。

イメージ説に従い、「散りぬる」をすっかり散り果てたまったく花の残らない景色であると捉えてみよう。そして、突飛とも言える仮定をしてみよう。波に見立てられる対象として一首にない語を想定してみる。「雲」である。一首の中に「雲」という語はなく、この一首に関して「波」を「雲」の見立てとする説は皆無であるが、目に見えぬ桜を見立てる具体的な手がかりとして「雲」を仮定してみよう。あくまでも仮定である。

桜は、白さを共通項として、伝統的に雲に見立てられるのである。貫之には次の歌もある。

119　白雲と見えつるものを桜花今日は散るとや色ことになる　（後撰・春下）

まるで白雲のように見えていた桜がすっかり散ってしまうと、あたりの色彩が変ってしまうのである。このように「咲き始め」や「満開」の桜が雲に紛うという歌は数多い。[10] また、「雲の波」、「花の白雲」という歌語が貫之より後代に定着する。

問題の貫之歌は「散る花」の詠である。「散る花」の名残・形見を「雲」に託する歌は、『千載集』に至ると見出せる。

80　吉野山花はなかばに散りにけり絶え絶え残る嶺の白雲　（藤原季通）

さらに次の『新古今集』では数が増える。

144　散る花の忘れ形見の嶺の雲そをだに残せ春の山風　（藤原良平）

145　花誘ふ名残を雲に吹きとめてしばしは匂へ春の山風　（藤原雅経）

156　春深く尋ねいるさの山の端にほの見し雲の色ぞ残れる　（藤原公経）

157　初瀬山うつろふ花に春暮れて紛ひし雲ぞ嶺に残れる　（藤原良経）

144・145番歌は、貫之詠同様、風も関与している。いずれも雲に託して散り果てた桜をなつかしむ詠である。貫之詠を以上の歌に先駆けた一首と仮定して、「雲」を「波」に見立てた詠と捉えるならば、冒頭の貫之歌は桜は風で散ってしまった。風の形見として水のない空に（立つはずのない）波（＝雲の波）が立っている。

となる。――落花の時期は過ぎ、風も止み、見上げる「水なき空」には「風の名残」の雲が浮かぶ。「波」のような白雲である。それは白雲に紛う往時の花盛りを、さらに波に紛う地上の落花をも想起させるのである――という解釈も成り立ちそうである。雲を波に見立て、さらにもう目の前にはない桜を思い出させる。落花の後の、動きの止まったような静かな時間の詠ということになる。

しかし、この解釈にはやはり無理があり、取り下げなければならないだろう。「雲」を「花」に見立てる表現が定着していくのは貫之より後代である。「雲」という語が一首の中にない以上、不自然であることは言うまでもない。

同様に、ないもののイメージの創造と解するのもまた、深読みの観を免れ難い。貫之の一首はそれほど複雑で難解であろうか。

3　表現の検討

解釈は自在であってかまわないと思われるが、研究者の末席に侍る者としては、作者・貫之の意図が気になる。少しでも近づいてみたい。あらためてこの一首を捉え直してみたい。まずは「散りぬる」「風の名残」「水なき空」という表現を検討しよう。

Ⅰ散りぬる　桜花散りぬる風の名残には水なき空に波ぞ立ちける

「ぬる」は「ぬ」の連体形、完了の助動詞である。いったい、貫之詠の桜は眼前に見えるのか、すっかり散ってしまって跡形もないのか。

「散りぬる」を枝を離れてしまった花々そのものととれば、散り行く花が波のようにみえるという解釈が成り立つであろう。また、花がすっかり散り果てた状態ととれば、何も見えない風景の残像に桜をイメージする、という解釈も生まれよう。

桜に関する「散りぬる」の語例は勅撰集の貫之詠に二首見出せる。

吹く風の誘ふものとは知りながら散りぬる花のしひて恋しき　（後撰91）

花もみな散りぬる宿は行く春のふるさととこそなりぬべらなれ　（拾遺77）

これらは、もう見ることの出来ぬ桜をしのんでいるのである。散った桜を惜しむ、恋しく思う、なつかしむという姿勢は貫之同時代にも後代にも数多くみられる類型であるが、「散りぬる」に絞れば、その語例は八代集には他に二例見出せる。

あかなくに散りぬる花の面影や風に知られぬ桜なるらむ　（千載96悟盛法師）

故郷は花こそいとどしのばるれ散りぬる後は訪ふ人もなし　（千載102藤原基俊）

以上四首に挙げた「散りぬる」の次にくる語は「花」「宿」「後」である。問題の貫之詠は「風」である。「散りぬる風」という表現は貫之独自である。「散らせる風」でも一応意は通じようが、風が主体になる。「散りぬる」でなければならぬ必然性があろう。「散りぬる」でまず桜花に視点が置かれ、次に「風の名残」の「波」と融合する、という構造であろう。

Ⅱ風の名残

桜花散りぬる風の名残には水なき空に波ぞ立ちける

さてまた、貫之詠に風はまだ吹いているのか、もう吹いてはいないのか。先学の見解はそれぞれに微妙である。「名残の風」ではない、「風の名残」であることに留意したい。「なごり」は、「名残」とも「余波」とも表記される。貫之詠の「風の名残」は「風の余波」である。「なごり」は「波」の縁語として、一首に重層性を持たせている。「風の名残」は、貫之以前にも同時代にもみられぬ歌語である。貫之独自の表現かと思われる。勅撰二十一代集にも例がない。準勅撰集と見做される『新葉集』の次の一首にみられるのみである。

243　いかばかり槙の下露乱るらむ夕立過ぐる風の名残に　（源持房）

夕立が過ぎ去った跡の「槙の下露」、その乱れに感じとれる「風の名残」である。
貫之以降の私家集、百首歌には少しく「風の名残」の用例が見出せる。

678　あぢきなくこの世を身にもしむるかな梅が枝過ぐる風の名残に　（拾遺愚草員外・藤原定家）

58　香を思ふ心の花の色ゆゑに風の名残も深く見えけむ　（実国集・藤原実国）

私家集に収められる以上二首は、風が残した「梅の香」に引き起こされる心情詠である。

さらに『延文百首』

1561　雲払ふ風の名残の冴ゆる夜に月の氷も光添へつつ　（藤原公清）

は、風が吹き払った雲の跡にくっきり見える寒空の「月」を詠む。

以上四首の「風の名残」は、「露」「花の香」「冴えた月」という現象に確と観ずる現在であり、過ぎた時間の余情・余韻を伴う詩情の表象である。「風の名残」とは視覚、嗅覚に残る「風が吹き過ぎて残した現象」である。

以上の後代の用例に鑑みれば、貫之詠の「風の名残」——風の残した現象とは、視界に入る花びらである、と捉え得る。風はやんだばかり、未だ大気が微かに揺らいでいる。そこに、「散ってしまった花びら」が未だ宙に舞っていてそれが「波」のよう見える、という風景ではないのだろうか。

Ⅲ水なき空　桜花散りぬる風の名残には水なき空に波ぞ立ちける

「水なき空」の語例もまた、きわめて少ない。「風の名残」同様、勅撰集には冒頭の貫之詠一首のみ。貫之の造語とみられてきた。私家集では『後撰集』を撰進した大中臣能宣の家集『能宣集』に「水なき空」と「波」の用例がみられる。

205　濃紫匂へる藤の花見れば水なき空に波ぞ立ちける

下の句は貫之詠に重なる。生年に四〇年程の隔たりがある能宣は当然、先行歌・貫之詠を認識したであろう。眼前の花盛りの藤を波に見立てた趣向は、一首にゆったり流れる時間を醸し出す。下の句が全く同じとはいえ、貫之詠とは異なる時空間である。この相違は何か。後述するように、貫之詠は束の間の叙景なのである。

私撰集、私家集及び百首歌に眼を向けると、「水なき空」は、貫之よりかなり後世になると幾首か用例を見出すことが出来る。

まず、「水なき空」とは

466　五月雨のしばし晴れ行くほどばかり水なき空に月ぞ見えける　（洞院百首・藤原頼氏）

のごとく、雨の晴れ間の空をさす場合もある。しかし、どちらかと言えば例外的である。

多くは

1075　布引の滝の水上ながむれば水なき空と誰か言ひけむ　（建保名所百首・藤原家隆）

のように、あたかも水が漲っているように見える空を指す。また、次のごとく月を詠む例も見出せる。

541　秋の夜に照る月なみを半ばとは水なき空の影も見えけり　（草庵和歌集・頓阿）
1750　冬の夜の深けて冴えたる月影ぞ水なき空の氷なりける　（嘉元百首・藤原為信）
1751　影映す池の鏡もさゆる夜は水なき空に氷る月かな　（嘉元百首・藤原為信）
273　いひしらず夜半の嵐の冴えぬれば水なき空も氷る月影　（新撰和歌六帖・藤原為家）

月齢の「月並み（波をかける）」の半ばに照る月は半ばの月ではなく満月であることに興じ、また、冷たく澄み冴えた月を氷に見立てるとき、「水なき空」という表現が生きてくるのである。古今集時代には新しい表現であった「水なき空」に在るのは、眼に見える具体的な現象ではなかったろうか。

Ⅳ貫之詠の先駆性

語彙、発想、後代への影響という点で、貫之詠は当時としては前衛的な作歌であったと言える。貫之歌においては、「風の名残（風が吹き過ぎて残した現象）＝余波」は「（視覚に捉え得る）桜の花びら」である、と解し得る。そして、「水なき空」を背景に立つはずのない「波」を配し、「落花」を見立てた興趣もまた新しい。青空を背景に落花がさざ波のように見える短い間の動きを捉えた叙景歌として味わえばよいのではないだろうか。

4　見立てとは何か

さらに、見立ての技法の斬新さ、着眼点の面白さも看過出来ない。

竹岡正夫⑪は、貫之詠を、漢詩

風翻白浪花千片、雁点青天字一行。　（『白氏文集』江楼晩眺景物鮮奇翫成篇寄水郡張員外）

の和歌化であると述べている。この詩では、風に吹かれて水に立つ「波」が「落花」に見えるというのである。貫之は逆に「落花」が「波」に見えると詠んだのである。右の漢詩を見立てと捉えるならば、眼に見える「波」に、そこにはない「花」を見立てているのである。逆に貫之は眼に見える「落花」を「波」に見立てたのである。見立てとは〈今、眼前に存在するもの〉を〈今は、眼前には存在しないもの〉になぞらえるのが基本であろう。

イメージ説が釈然としない理由の一つは、見立ての捉え方にあろう。鈴木宏子⑫は貫之詠を〈桜と波の見立て〉の歌と論ずる。しかし、「桜はすでに散ってしまい、花を散らした風の名残だけが空に吹き渡っている虚空」に「ゼロ記号の桜」を「幻の波」に見立てるという鈴木の論に従えば、「桜」も「波」も眼前にはないものである。貫之詠は〈すでに存在しないもの＝桜〉

を〈もとより存在しないもの＝波〉に見立てていることにならないだろうか。

桜も波も虚空の幻視・虚像・イメージでしかないのなら、享受者が一首の光景を思い浮かべるのは困難であろう。鈴木自身が「「AをBと見る」という枠組みがないことで、この歌を読む者は、ふと軽い眩暈のような感覚に襲われる。（中略）貫之の目は本当のところ、何を捉えているのだろうか。」と述べているのは、先に引用した大岡の言辞に通じようかと思われる。具体的な現象がなく、詠者の心象がかくも飛躍的・抽象的であるのなら、享受者はいかにして詠まれている風景の像を結び得ようか。光景と抒情を共有出来ようか。

見立てという修辞が、イメージの創造であることは言うまでもない。ただし、見立てには五感で捉え得る具体的な対象が要るのではあるまいか。何もないところから言葉によって創造される虚像でしかないもの、〈存在しないもの〉から〈存在しないもの〉を生み出す幻影、鑑賞者を眩惑させるようなものではないと思われる。

見立てとは〈存在する対象〉から引き出される〈別の形象〉を表出する技法ではあるまいか。貫之詠は「桜花（存在する対象）」を「波（別の形象）」に見立てたのである。「風の名残」で「水なき空」に白い花びらの「波」が立つ。それは移ろいゆく風景の一瞬の美しさを表象する。

5　発想と後代

Ⅰ 地上の波と落花

貫之詠のごとく「落花」を「空の波」に見立てる歌はきわめて珍しい。「地上の波」に「落花」が紛う風景すらきわめて少ないのである。まず、『後撰集』の貫之詠がある。

107　常よりも春辺になれば桜河花の波こそ間なく寄すらめ　（後撰・紀貫之）

これ以降、「花の波」が詠み込まれる勅撰集の歌は、『続拾遺集』『続千載集』に一首づつあるのみである。⑬ また、「花の白波」という歌語は『新勅撰』以降に定着する。「落花」を「空の波」に見立てる詠歌となると、さらに少ない。

まず、「咲き始めた桜」を「波」に見立てる詠は『千載集』春歌上の一首。

68　高砂の尾上の桜咲きぬれば梢にかかる沖つ白波　（賀茂成保）

「空の波」ではないが、山の高みの梢に次々に開花する桜花そのものが、遠くからは沖に立つ波のように見える光景を詠む。

Ⅱ空の波と桜

「咲き始めた桜」を「空の波」になぞらえるのは『金葉集』二度本春部の次の歌である。

51　初瀬山雲居に花の咲きぬれば天の川波立つかとぞ見ゆ　（三奏本・50大江匡房）

山高く咲き始めた桜が天の川の川波さながらに見えるというのである。

「散る桜」を「空の波」に見立てる歌となると、『千載集』春歌下の一首。

87　嵐吹く志賀の山辺の桜花散れば雲居にさざ波ぞ立つ　（藤原公行）

天空を背景に「散る花」が「さざ波」の如く舞う光景を詠む。

また、「桜」を「水なき空」と「波」に見立てる詠が、貫之詠から三〇〇年程後の『洞院百首』に一首見出せる。

118　散らぬ間も水なき空の波なれや雲居になびく嶺の桜は　（洞院百首・藤原基家、夫木和歌抄1507）

この歌が冒頭の貫之詠を踏まえていることは疑い得ない。ここには、貫之詠が後代にいかに享受されていたかの一端が示されていよう。貫之詠の「波」を「落花」と捉え、散ったあとに

「空の波が立つ」という前提で、「散らなくとも桜は波のようだ」と詠んでいるところに趣意があろう。天空に近い嶺に咲く「桜」の、まさしく空の「波」に紛うがごとき光景を詠出する魁に、貫之の落花詠がある。

6　むすび

確かに、「波」が想像のうちの「桜」のイメージであるとする、定説化した見解は、魅力ある詩的世界を展開する。貫之詠は前衛性の強い一首であるがゆえに、そのような解釈が出てきても不思議はないのかも知れない。

しかし、貫之が意図したのはそのような世界の創造であろうか。桜のイメージ、歌人の内面の表象という捉え方、無から有を生み出すがごとき想像、虚像という解釈は、抽象的に過ぎまいか。まして、像が結べぬまま貫之の一首に浪漫性・主情性・幻想性を読み取るのは、近代的過ぎはしまいか。複雑に考え過ぎると本質から遠くなってはしまわないか。

『古今集』の歌風の奥行きは、『新古今集』と同質ではない。言外の現象の暗示はあっても、それが主眼ではない。唐突に幻影を招くようなひねりはない。虚像に夢幻的世界の創造を目ざすものではなく、具象的である。そこから余韻・余情を味わい、イメージを拡げるのは、鑑賞者に任された楽しみであろう。

貫之の一首に詠まれるのは、花嵐・花吹雪の真只中ではなく、桜花の季節がまさに終ろうとしている光景である。風の名残の波は大波ではないので、花びらが空一面を覆い尽くしてはいない。余波のさざ波である。風が吹き過ぎ、大気が微かに揺れ残る大空を背景に、さざ波のごとく花びらが舞う。さざ波はいつまでも留まってはいない。花の命の終りの束の間の煌めきを捉えた叙景歌ではないだろうか。

虚心坦懐に味わえば、自ずと一首の美しい像が結ばれるのではないかと思われる。果たして貫之の詠歌意図に近づけたか否か。

注

① 今西祐一郎校注　東洋文庫　平凡社　二〇〇八

② 『古今和歌集評釈Ⅰ』窪田空穂全集第二十巻　角川書店一九六五、初版全二巻東京堂一九三五

③ 『古今和歌集全評釈古注七種集成』右文書院一九七六

④ 『古今和歌集全訳注』（一）講談社学術文庫一九七九

⑤ 佐伯梅友校注一九八一

⑥『紀貫之』日本詩人選7　筑摩書房一九七一
⑦『古今和歌集評釈（上）』講談社一九九八
⑧『古今集の桜と紅葉』笠間書院二〇〇八
⑨『「古今和歌集」の創造力』NHK出版二〇一八
⑩「桜」を「白雲」になぞらえる表現は、八代集では、『後撰集』以下に見出せる。満開時の表現が多いが、散る桜と雲・白雲の組み合わせが『千載集』『新古今集』に見え始める。

後撰集春下
117　み吉野の吉野の山の桜花白雲とのみ見え紛ひつつ（よみ人しらず）
118　山桜咲きぬる時は常よりも嶺の白雲たちまさりけり（よみ人しらず）
119　白雲と見えつるものを桜花今日は散るとや色ことになる（後撰春下）
後拾遺集春上
112　山桜白雲にのみ紛えばや春の心の空になるらむ（源縁法師）
121　吉野山八重たつ嶺の白雲に重ねて見ゆる花桜かな（藤原清家）
金葉集二度本春部
36　白雲と遠の高嶺に見えつるは心惑はす桜なりけり（三奏本42藤原公実）
40　白雲に紛ふ桜の梢にて千歳の春を空に知るかな（三奏本46待賢門院中納言）
42　白雲に紛ふ桜を尋ぬとてかからぬ山のなかりつるかな（源貞亮）
47　桜花咲きぬる時は吉野山立ちも上らぬ嶺の白雲（三奏本47藤原顕季）
52　吉野山嶺に波寄る白雲と見ゆるは花の梢なりけり（藤原忠隆）

詞花集春
18　紅の薄花桜匂はずばみな白雲と見てや過ぎまし（康資王母）
22　白雲と見ゆるにしるしみ吉野の吉野の山の花盛りかも（大江匡房）
24　九重に立つ白雲と見えつるは大内山のさくらなりけり（前斎院出雲）
千載集
春歌上
69　おしなべて花の盛りになりにけり山の端ごとにかかる白雲（円位法師）
70　吉野山花の盛りになりぬれば立たぬ時なき嶺の白雲（藤原為業）
72　白雲と嶺の桜は見ゆれども月の光は隔てざりけり（待賢門院堀河）
春歌下
79　白雲と嶺には見えて桜花散れば麓の雪にぞありける（藤原伊通）
80　吉野山花はなかばに散りにけり絶え絶え残る嶺の白雲（藤原季通）
87　嵐吹く志賀の山辺の桜花散れば雲居にさざ波ぞ立つ（藤原公行）
新古今集
春歌上
87　葛城や高間の桜咲きにけり龍田の奥にかかる白雲（寂蓮法師）
90　白雲の龍田の山の八重桜いづれを花とわきて折りけむ（道命法師）
91　白雲の春は重ねて立田山小倉の嶺に花匂ふらし（藤原定家）
93　磐根踏み重なる山を分け捨てて花も幾重の後の白雲（藤原雅経）

春歌下

102 白雲のたなびく山の山桜いづれを花と行きて折らまし（藤原師実）
124 麓まで尾上の桜散り来ずはたなびく雲と見てや過ぎまし（藤原顕輔）
132 散り紛ふ花のよそ目は吉野山嵐に騒ぐ嶺の白雲（藤原頼輔）
139 桜花夢かうつつか白雲のたえて常なき嶺の春風（藤原家隆）
144 散る花の忘れ形見の嶺の雲そをだに残せ春の山風（藤原良平）
145 花誘ふ名残を雲に吹きとめてしばしは匂へ春の山風（藤原雅経）
156 春深く尋ねいるさの山の端にほの見し雲の色ぞ残れる（藤原公経）
157 初瀬山うつろふ花に春暮れて紛ひし雲ぞ嶺に残れる（藤原良経）

⑪ ③に同じ。

⑫ ⑨に同じ。

⑬ 101 末の松山も霞の絶え間より花の波越す春は来にけり（続拾遺・慈円）
161 散り残る汀の桜影見えて花の波立つ春風ぞ吹く（続千載・藤原泰宗）

第六章

動物は歌を詠むのか

『古今和歌集』「仮名序」いづれか歌を詠まざりける・再考

1　鶯と蛙の役割

大学院の学生だった頃、私立高校の非常勤講師として、古文を教えていた。当時、学年全体で同じ教材を使い、教師二人ほどが担当し、進度を揃えることになっていた。教材が「古今和歌集仮名序」の冒頭だったことがある。一文ごとに番号を付して引用する。

i和歌《やまとうた》は、人《ひと》の心《こゝろ》を種《たね》として、よろづの言《こと》の葉とぞなれりける。ii世中にある人、事《こと》・業《わざ》しげきものなれば、心に思《おも》ふことを、見るもの、聞《き》くものにつけて、言《い》ひ出《いだ》せるなり。iii花に鳴《な》く鶯《うぐひす》、水《みづ》に棲《す》む蛙《かはづ》の声《こゑ》を聞《き》けば、生《い》きとし生《い》けるもの、いづれか歌《うた》を詠《よ》まざりける。iv力《ちから》をも入れずして天地《あめつち》を動《うご》かし、目《め》に見《み》えぬ鬼神をもあはれと思《おも》はせ、男《をとこ》女のなかをもやはらげ、猛《たけ》き武士《もののふ》の心《こゝろ》をも慰《なぐさ》むるは歌《哥》なり。①

紀貫之によって最初の勅撰集に仮名文で書かれた冒頭に文学史上重要な意義があることは言うまでもない。これを高校生にいかに教えるか。当然、教師はあらかじめ準備して教壇に立つのだが、この教材に関しては筆者自身がどうしても納得のいかない点があって、解決がつかないまま、授業に臨むことになった。それは、三番目の次の文の解釈なのであった。

iii　花に鳴く鶯、水に棲む蛙の声を聞けば、生きとし生けるものいづれか歌を詠まざりける。

教師には教科書の他に指導書が持たされる。詳しい内容は忘れたが、この部分は「花に鳴く鶯や水に棲む蛙の声を聞くと（わかるように）、この世に生きる生き物で、歌を詠まないものがあろうか、皆歌を詠むのだ」あるいは「花に鳴く鶯や水に棲む蛙の声を聞くと、この世に生きる生き物で、歌を詠まないものがあろうか、皆歌を詠むのだ（ということがわかる）」という説明であった。要は、鶯や蛙といった動物が歌を詠む主体であると解釈しているのである。

しかも、この解釈は既に学界レベルで定説化していた。「聞くと」を現代語訳した場合、〈最後は「いづれかうたをよまざりける」だけでは落ち着かず、そのことがわかると結ぶべきである〉[②]という説明もある。つまり、歌を詠む主体が「鶯」「蛙」である、とするために、（　）を補足しないと意味が通らないのである。また、小学館日本古典文学全集7『古今和歌集』（一九七一）の現代語訳は「花間にさえずる鶯、清流に棲む河鹿の声を聞いてください。自然の間に生をいとなむものにして、どれが歌を詠まないと申せましょうか。」となっている。本来、現代語「聞くと」でおさまる古語「聞けば」が「聞いてください」と命令形に意訳されている。

「鶯」「蛙」を、歌を詠む主体と捉えようとすると、逐語訳には無理がある。何とか工夫して筋が通るよう、補足をするか、無理な意訳をしなければならないのである。なぜなのか。iiiでは、歌を詠むのは人であり、どのように詠むかといえば「見るもの聞くものにつけて」詠むのだと述べているのに、iiiで動物も歌を詠むことになる。この展開が、唐突で不自然だからではないだろうか。歌を詠むのは言語を持つ人だけの営為ではないのか、と腑に落ちなかったが、明確な根拠がなく、時間もない。指導書通りに生徒には説明した。幸か不幸か質問は出なかったが、この問題はその後も筆者の中で燻り続けた。

そして、一九九二年にiiiの主体は動物ではなく「人」であるという論考を発表した。③ 実はこの少し前にも、拙論と論証過程は異なるものの、同様の見解が出されていたのだが、④ 大きく取り上げられることはなく、迂闊にも筆者は知らなかった。さらに拙論に対しても反論はなかった。

歌を構成することばの領域という観点でみるならば、動物の鳴き声までを、ことば、あるいは、ことばに準ずるものに入れるか否かは、「仮名序」作者・紀貫之の言語認識を考える上で、重要な、かつ本質的な問題であろう。

しかし、「鶯」「蛙」が歌を詠むという解釈は今なお根強いのである。さらに年月を経たので、再論を試みたい。

2　動物が歌を詠むという解釈の根拠

Ⅰ顕昭の見解

虚心坦懐に読めば、既に述べた通り、先に引用した「仮名序」冒頭部iiiの歌を詠む主体は「人」ととるのが自然であるように思われる。実は研究史上、iiiの歌を詠む主体が「人」であるとする解釈がまったくなかったわけではない。平安末期の歌学書『古今集序注』（法橋顕昭『群書類従』巻二百八十六）に次のように書かれているのである。

　教長卿注云。ハナニナク鶯等者。聞二鶯蛙等聲一之人。何人不レ讀レ歌哉ト云也。

藤原教長は、「歌を詠む」主体は鶯や蛙の声を聞く「人」であると解する。しかし『古今集序注』の作者顕昭自身は決して教長を支持しているわけではなく、次のように述べている。

　今案。此義不レ然。不レ相二叶此序之前後一歟。上《ニ》見《ル》物聞者ニツケテ云出ト書タルコソ。見レ花聞レ鳥テ詠歌ヲスル心ニテハアレ。イキトシイケルモノト者。惣ジテ有レ情者皆可レ詠二歌一ト云也。卽鶯囀蛙鳴ヲ歌ト云ルナルベシ。タトヘバ鶯ヒトク〳〵。郭公クツテタハラン。

蟬ウツクシヨシ。蛬ツヾリサセ。此唱等自然相㆓准心心動言形之義㆒歟。餘禽獣之聲モ同事歟。若如㆓彼義㆒者。ハナニナクウグヒス。水ニスムカハヅノコエヲキヽテ。タレカウタヲヨマザラントゾカクベキ。況真名序ニ。已書㆘發㆓歌謡㆒云々㆖者。

顕昭は教長のようには考えない。〈生きとし生けるものというからには、すべての生き物を指すのである。鶯も蛙も郭公も蟬も蛬も歌うではないか。もし、動物を歌材ととり、歌を詠む主体を人とするならば、「花に鳴く鶯、水に棲む蛙の声を聞きて誰か歌を詠まざらん」と書くべきである。それに真名序も動物が歌謡を発すると書いているではないか。〉と言うのである。

解釈史上、教長の説は顧みられず、歌を詠む主体が動物とする顕昭の説の方が絶対的に優勢となる。例えば、時代が下り、江戸期の『古今和歌集正義』⑤にも

こゝは鳥虫の類ひにいたるまで世に生としいける物のときに感し物に應して發する聲はみな歌なるをいへり

とある。その他の古注も歌を詠む主体を「鶯」「蛙」として疑わない。この道筋が現行の解釈に連なると考えられる。

「鶯」「蛙」が歌を詠むと解する顕昭の根拠は、次の二点に集約出来よう。

1　「生きとし生けるもの」の意はすべての動物を含む。
2　「真名序」の対応箇所では動物が歌うと述べている。
それぞれについて検討したい。

Ⅱ「生きとし生けるもの」の範囲

「仮名序」に、「生きとし生けるものいづれか歌を詠まざりける」と書かれる「生きとし生けるもの」であるが、他作品に用例を捜すと意外に少ないのである。
すべての生き物を含む例は、

まして仏は、よろづのいきとしいけるものをば、みなひとしく、我子のごとく、かなしみあはれみ給へば
（『閑居友』十）

のように、ほとんどが、仏教的な内容の前後で使われる。また

一人間にかぎらず、いきとしいけるものごとに夫妻のかたらひをしらぬはなし
（『仮名草子』身の鏡）

も明らかに人を含め広い範囲の動物をさしている。

しかし、「仮名序」iiiの意は、諸注また、大方の辞書の説明にある「すべての生き物」「生きている動物のすべて」でよいのだろうか。大漢和辞典（大修館）には「生きている人」という意味も載せられている。

例は極めて少ないが『古今和歌集』成立年代に近い『東大寺諷誦文稿⑥』に

生《トシ》ニ生《ヌル》世中《ニ》一人《ハ》、无レ不レ蒙《ト云事》ニ父母之恩一

とあり、「生きとし生きぬる世の中の人」として人だけを示す用法も見出せる。江戸期になると、

いきとせ生るもの、子に迷はざるは一人もなし（『西鶴織留』六―二）

のような「人」に限定する意味も「生き物すべて」の意に並んで定着していたようである。

従って「仮名序」の場合、「この世に生きるすべての人々」ととるのも可能ではあるまいか。i「人」↓ii「世の中にある人」↓iii「生きとし生けるもの」へと、人間存在を普遍的空間に拡げる。「この世界に生きる人間」と捉えて、はじめて、iv「力をも入れずして天地を動かし……」以下が生きよう。

Ⅲ「真名序」の対応箇所

「仮名序」の

iii　花に鳴く鶯、水に棲む蛙の声を聞けば、生きとし生けるものいづれか歌を詠まざりける。

は、「真名序」の

v　若㆘夫春鶯之囀㆓花中㆒。秋蟬之吟㆗樹上㆖。雖㆓曲折㆒。各發㆓哥謡㆒。者皆有㆑之。自然之理也。

に照応すると顕昭は述べている。これが伝統的に受け継がれてきたと言える。確かに「真名序」の文意は歌う主体が「鶯」であり、「蝉」である。しかし、「真名序」の「蝉」が「仮名序」の「蛙」に代わっただけで、同じ内容であるとは言えない。

「仮名序」「真名序」それぞれの前後の文脈を無視して、右に挙げた部分が照応すると捉えるのは短絡に過ぎるように思われる。「仮名序」「真名序」それぞれの冒頭部の構造を視野に入れて丁寧に比較しておく必要があろう。

3　「真名序」と「仮名序」・冒頭部

I 真名序冒頭部

《「真名序」冒頭部の構成》

まず、「真名序」をみよう。「仮名序」に対応するとされている「真名序」冒頭部を引用すると次のごとくである。（先の「仮名序」同様、一文毎に番号を付す。）

i夫和歌者。託二其根於心地一。發二其花於詞林一者也。ii人之在レ世。不レ能二無為一。思慮易レ遷。哀樂相變。感生二於志一。詠形二於言一。是以逸者其聲樂。怨者其吟悲。可二以述レ懐。可二以發レ憤。iii動二天地一。感二鬼神一。化二人倫一。和二夫婦一。莫レ宜二於和歌一。iv々々有二六義一。一曰風。二曰賦。三曰比。四曰興。五曰雅。六曰頌。v若下夫春鶯之囀二花中一。秋蟬之吟中樹上上。雖二無曲折一。各發二哥謡一。者皆有レ之。自然之理也。

現代語訳をすれば次のようになろう。

i和歌というものは、其の根を人の心につけ、その花を言葉に咲かせるものである。

ii人がこの世に在れば、何もしないという事はあり得ず、考えは遷り行き、悲しみや楽しみも同じままではない。そうした感情は心の中で形作られ言葉となって表現される。満ちたり安らいで暮らすものの響きは楽しく、怨みを持てばその吟は悲しい。心の内を述懐することも憤りを発することも出来る。

iii天地を動かし、鬼神を感ぜせしめ、人を教化し、男女の仲を和らげるのは和歌をおいて他にはない。

iv和歌には六義がある。一に風、二に賦、三に比、四に興、五に雅、六に頌。

v春の鶯が花の中に囀り、秋の蝉が樹上で吟ずるように、細かな変化はないにしてもそれぞれが歌を歌っている。すべてがこのようであり、それは自然の理である。

松田武夫⑦は、「仮名序」「真名序」それぞれの冒頭の構成を、一文ごとに次のように示している。

真名序冒頭　i本質　ii敷衍　iii機能　iv種類　v領域

仮名序冒頭　i本質、ii敷衍、iii領域、iv機能、

松田の構成論に従って表に示せば次のようになる。

【表1】

真名序	i本質 夫和歌者。託㆓其根於心地㆒。發㆓其華於詞林㆒者也。 ii敷衍 人之在㆑世。不㆑能㆓無為㆒。思慮易㆑遷。哀樂相變。感生㆓於志㆒。詠形㆓於言㆒。是以逸者其聲樂。怨者其吟悲。可㆓以述㆑懐。可㆓以發㆑憤。 iii機能 動㆓天地㆒。感㆓鬼神㆒。化㆓人倫㆒。和㆓夫婦㆒。莫㆑宜㆓於和哥㆒。 iv種類 々々有㆓六義㆒。一曰風。二曰賦。三曰比。四曰興。五曰雅。六曰頌。 v領域 若㆘夫春鶯之囀㆓花中㆒。秋蟬之吟㆗樹上㆖。雖㆓曲折㆒。各發㆓哥謡㆒。物皆有㆑之。自然之理也。
仮名序	i本質 和歌は、人の心を種として、よろづの言の葉とぞなれりける。 ii敷衍 世の中にある人、事業しげきものなれば、心に思ふことを、見るもの、聞くものにつけて、言ひ出せるなり。 iii領域 花に鳴く鶯、水に棲む蛙の声をきけば、生きとし生けるもの、いづれか歌を詠まざりける。 iv機能 力をも入れずして、天地を動かし、目に見えぬ鬼神をも、あはれと思はせ、男女の仲をもやはらげ、猛き武士の心を慰むるは歌なり。

両序は、すべての内容が対応するわけではない。また、記述の順も異なる。
○〈真名序 i・ii〉は〈仮名序 i・ii〉に位置関係も内容も対応すると言える。
○〈真名序 iii〉に対応するのは、〈仮名序 iv〉である。
○〈真名序 iv〉の「種類」は仮名序の冒頭にはない。仮名序では「種類」が和歌の歴史を述べた後に展開される。
○〈真名序 v〉に対応するのは、〈仮名序 iii〉である。

文の位置が異なれば文脈が違ってくるはずである。それぞれの論理構造を把握するのに、位置関係の相違は看過出来ぬ要素であろう。

問題の中心である照応部の「真名序」v と「仮名序」iii をみよう。

v 若下夫春鶯之囀二花中一。秋蟬之吟中樹上上。雖二無曲折一。各發二哥謡一。者皆有レ之。自然之理也。

iii 花に鳴く鶯、水に棲む蛙の声を聞けば、生きとし生けるものいづれか歌を詠まざりける。

「真名序」では種類の後に v が配されるが、「仮名序」では和歌の本質を述べた直後に iii が配される。配置が異なる点に関連するのだが、「仮名序」iii と「真名序」v の論理展開も同じではない。

「真名序」v では「歌うことは動物にとってもごく自然なことである。抑々、詠歌の始まりは…」と、和歌の発生へ論が及ぶ。そして、神代にあっては感情が分化していないため、和歌が生まれなかった（時質人淳。情欲無レ分。和哥未レ作。）が、素戔嗚尊によって、初めて三十一文字になった（逮三于素戔嗚尊。到二出雲国一。始有二三十一文字之詠一。）由来が述べられる。言葉と感情の結びつきが未成熟であった時代に和歌はまだ生まれていない。その状況ならば、「真名序」が鳥や虫の囀り、鳴き声を人の思いに重ねるのは不自然ではあるまい。

抑々、「真名序」に於いて、鶯や蝉に代表される動物が歌を「詠む」とは述べられていない。「雖レ無二曲折一。各發二哥謡一。」は、複雑な表現ではないとしても歌を歌うという意味であろう。言葉を使った表現には至らないが「囀る声」や「鳴く声」は詠歌の原型である、という主張であろう。ここまでは「自然の理」である。だからこそ、続く、未分化な状態から三十一文字に定着していく和歌発生論が生かされる。ここで初めて詠歌となる。

一方の「仮名序」では、和歌の発生は、ivの後で、「このような大きな力をもつ和歌の由来は…」という論理展開になっている。

「真名序」「仮名序」とも冒頭は、竹岡正夫も指摘するように⑧和歌の起源と原理を述べていることは言うまでもない。しかし、両者の相違は重要であろう。「仮名序」iiiを「真名序」vと同じ内容の対応と捉えると、「仮名序」は、人の営為であるとする論理を飛躍させて動物が詠歌すると主張していることになってしまう。

Ⅱ「仮名序」の展開

「真名序」冒頭の構造が起承転結ではないことに留意したい。対して「仮名序」冒頭・i〜ivは、起承転結にまとめられている。文脈を辿りつつ、一文ごとに検討していきたい。

《i・ii》起承

i 和歌は、人の心を種として、よろづの言の葉とぞなれりける。

ii 世中にある人、事・業しげきものなれば、心に思ふことを、見るもの、聞くものにつけて、言ひ出せるなり。

iでは、「種」から芽が出て「葉」となるように、「人の心」が基になって豊かな「言葉」となって表出されたもの、それが和歌であると述べている。和歌を詠むのは人の営為であることが明確に打ち出されている。

傍線――部と═══部はそれぞれ照応する。i「心を種として」ii「心に思ふことを」の照応は、和歌が人の「心」を素材とするものであることを明確に述べる。i「よろづの言の葉とぞなれりける」ii「言ひ出せるなり」は、和歌が人の心から発した言葉の表現であると言うのである。

すなわち、iiではiの基本原理を受け、再度強調し、さらに発展させている。そして、〰〰部の「事・業しげきものなれば」、……部「見るもの、聞くものにつけて」が新たに加わる。この世で生きていると、さまざまなことに会う。さまざまに行動し、さまざまに感情が動く（〜部）。それを、目に映るもの、耳で聴くものに託して言葉に出すのだ（…部）、と言っている。

ここで重要なのは、「言葉」を優位にしていること、「人」だけが成し得る「言葉」の表現という明確な認識があることである。さらに重要なのは、和歌は人の心を直接表現するものではないということである。

すなわち、「和歌」は、「心」を「見るもの聞くもの」を通して「言葉」で表現した「人」の営為であるという、簡潔にして明快な和歌観が示されている。

《iii》転

iを起、iiを承とすれば、iiiは転である。

iii　花に鳴く鶯、水に棲む蛙の声を聞けば、生きとし生けるものいづれか歌を詠まざりける。

「真名序」「仮名序」の作者が参考にしたと思われる中国の詩論「詩品序」では、詩の素材として「春風春鳥」「秋月秋蟬」を挙げている。「真名序」は文意は異なるものの、「詩品序」を踏襲して「鶯」と「蟬」を春秋の代表的景物としている。一方の「仮名序」が「秋蟬」を「蛙」としたのは、後述するように美的対象としての作者の選択であろう。

ⅲは松田の分類に拠れば「領域」である。ここは、人が歌を詠むのみならず、自然を範とすれば、すべての生き物が歌を詠むという歌の領域の広がりを示している、という解釈である。これが定着していることは既に述べた。拙論では異を唱えたい。

もし、歌を詠む主体を動物とするならば、ⅰⅱに於いて「人の心の表現である言葉」の優位を主張した後で「言葉」を持たぬ動物の鳴き声までを「言葉」とみなして「歌」を詠む主体と捉えていることになる。ⅰⅱの論理構成の鮮やかさがにわかに色褪せてしまうのである。

ⅲは「領域」ではなく、人が歌を詠む「具体的な場面」である。

ⅰⅱを受け「人」の営為としての和歌を論じる姿勢を貫きつつ、詠歌の具体的場面の提示へ転ずる展開と捉え得る。ⅲ「花に鳴く鶯、水に棲む蛙の声」は、ⅱ「見るもの、聞くもの」の具体例であり、詠歌の主体ではなく対象である。「見るもの」として「花」「水」の絵画的美を背景に「聞くもの」として「鶯」「蛙」の声の音楽的共通性が選ばれたと考え得る。

因みに、この場合の「蛙」は田で鳴く蛙ではなく、澄んだ水に棲む「河鹿蛙」でなければならないだろう（本書第七章参照）。鶯のいる花も、河鹿のいる清らかな水も眼にやさしい。河鹿の声は、鶯と並べ賞されるにふさわしく、美しく耳に心地よい。まさしく「見るもの、聞くもの」の代表例である。そのような光景を前にして歌を詠まずにいられようか、と言うのである。

「仮名序」全体を見渡しても、動物が歌を詠むという発想は見当たらない。「人」が獲得した

表現としての「和歌」という姿勢が崩れることはない。先の冒頭部に続けて、

この歌、天地の開け始めける時より、出で来にけり。

という一文以下、歌というものが、神代から人の代に伝わり、三十一文字に韻律の整った由来が説明される。この場合の韻律は「言葉」の問題である。動物の鳴き声が入る余地はない。

かくてぞ花を愛で、鳥をうらやみ、霞をあはれび、露をかなしぶ心、言葉多く、さまざまになりにける。

に及んでは、まさに「言葉」を手段として、「見るもの、聞くものにつけて」詠む内容が広がり表現が多様化していく様相が述べられているのである。「仮名序」全体が「言葉」を媒体にした和歌論である、と言い得よう。

《iv》結

iv　力をも入れずして天地を動かし、目に見えぬ鬼神をもあはれと思はせ、男女のなかをもやはらげ、猛き武士の心をも慰むるは歌なり。

i～iiiで「心」が「見るもの聞くもの」に託されて「言葉」で表現される和歌である、と述

べた後、ⅳは結びとして、そのような和歌の本質にかかわる影響・和歌のもたらす状況を述べる。「力をも入れずして」世界に大きな影響を及ぼすのが和歌である。外的な力は一切用いずに、「天地」を動かし、「鬼神」をも感動させてしまう。「男女の仲」「猛き武士の心」を「やはらげ」「慰むる」のである。世界全体に遍く感動、安らぎ、潤い、慰めという柔和な情趣を醸す。人為的な他の力が作用する余地はない。自立した言語表現の威光、言葉の霊力は、力を入れない逆説的な和歌の力である。「歌」を通した「言葉」の力、あるいは「言葉」を通した「歌」の力は世界全体に調和と平安をもたらすのである。

Ⅲ「仮名序」の起承転結

以上に論じたように、「仮名序」冒頭部は見事な起承転結の構成である。

ⅰ人の心が言葉の表現になるのが和歌である。（起）

ⅱ人の心は直接ではなく、物象・現象（見るもの聞くもの）を通して言葉に表現される。（承）

ⅲたとえば花や澄んだ水を見、そこに鳴く鶯、河鹿の声を聞けば、どんな人も歌を詠まざるを得なくなる。（転）

ⅳ和歌は言葉の表現だけで世界と人々に感動、共感、調和、癒しをもたらす。（結）

従って文脈上も構成上も、ⅲに於ける歌を詠む主体は、言語を持つ「人」でなければならない。「鶯」と「蛙」は詠歌の対象の代表的な例である。

4　中国詩論と「真名序」「仮名序」

Ⅰ中国詩論の領域

さて、「真名序」と「仮名序」の差異はなぜ生じたのであろうか。ひとつには中国詩論の取り入れ方の相違ではないかと考えられる。「真名序」「仮名序」とも中国詩論の影響を受けていることは明確なのだが、その度合、何を取り入れ何を取り入れなかったかが、両者で異なるのである。

「仮名序」iiiに照応するとされる「真名序」の

Ｖ若下夫春鶯之囀二花中一。秋蟬之吟中樹上上。雖二曲折一。各發二哥謡一。者皆有レ之。自然之理也。

は、中国詩論「毛詩正義序」の

若夫哀樂之起冥於自然喜怒之端、非由人事、故燕雀表啁噍、鸞鳳有歌舞之容

（ところで哀楽の情が起ってくるのは、ありのままな心理状態の中から暗々裏に起ってくるのであ

り、喜怒の情が起る契機も、人間の作為に由って生ずるのではない。だから、燕や雀のような小鳥ですらも鳴きさえずって悲しみの感情を表わし、鸞や鳳のような神鳥でさえも歌い舞って喜びの態度を示すのである。）⑨

が出典であることが定説化している。動物にも人間同様の悲しみや喜びがあり、それを表現するというのである。

興膳宏⑩はさらに『文心雕龍』第一章原道篇

旁及二萬品一、動植皆文。龍鳳以二藻繪一呈レ瑞、虎豹以二炳蔚一擬レ姿。雲霞雕色、有レ踰二畫工之妙一、草木賁華、無レ待二錦匠之奇一。夫豈外飾、蓋自然耳。至二於林籟結響一、調如二竽瑟一、泉石激韻、和若二球鍠一。故形立則章成矣、聲發則文生矣。夫以二無識之物一、鬱然有レ彩、有心之器、其無レ文歟。

（旁く万物に及ぼしていうならば、動物や植物にも亦みな文《あや》がある。龍や鳳凰は美しい色彩を以てそのめでたい形を呈し、虎や豹は明らかな模様を以てその姿を凝らす。雲や霞の彫刻のようないろどりには、画工の妙技以上のものが有り、草や木の飾りたてた華の美しさは、錦匠の奇巧を待つ必要が無い。これらの色彩や模様は、人工的なものではなく、自然に具わったものである。林を渡る風の声が結ぶ響きは、竽や瑟の如く調和し泉水が石に激る韻は、玉声のごとく調和する。かく、形ができ上がれば章《あや》ができ、声となって外に発すれば、文《あや》が生まれる。このように、識《こころ》の無い物でさえ鬱然として自然の彩《いろどり》があるのだから、有心の器たる人間に文章の無いはずはない。)⑪

を引用し、ここで用いられる「自然」の意がきわめて「真名序」の用例に近いことを指摘し、さらに、中国詩論の中に、自然そのものが視覚聴覚に訴えかけてくる美を自ずと備えているとする捉え方が定着していて、「真名序」作者はそれを踏襲していると言及している。

Ⅱ言語の自立性

中国詩論では、鳥や獣の「姿」の美しさに注目するが、「真名序」も「仮名序」も共通して「声」に焦点がある。中国詩論は自然の景物がそのまま美の表現であると捉えていると言える。従って、詩歌の範囲はきわめて広くなる。言語芸術という観点でみるならば、自立した言葉の表象である詩歌の境界の不確定さ、他の芸術領域との親和性・融合性を、特徴として指摘し得よう。

たとえば、「真名序」「仮名序」に多大な影響を与えたと考え得る「毛詩大序」に次のようにある。

言レ之不レ足。故二嗟嘆之一。嗟二嘆之一不レ足。故永二歌之一。永二歌之一不レ足。不レ知二手之舞レ之、足之蹈レ之。情發二於聲一、聲成レ文。謂二之音一。
（ことばで表現しきれなくなる。すると嘆息する。嘆息するだけでは足りなくなる。すると声を長くひいて歌うことになる。歌うだけでは足りなくなる。思わず手を振り足踏みを始めるのである。哀楽の感情が言語の声となって発し、その声に調子がつけば、これが音である。）[12]

「毛詩大序」では、言語で表現しきれないものが、歌、手振り、足踏みとなり、声に調子がついていくと述べられている、即ち、自立出来ぬ言語が他の芸術表現と並び、相乗効果を呼ぶのである。

また、『文心雕龍』巻第一に、

逮二及商周一、文勝二其質一、雅頌所レ被、英華日新。
（殷、周の世になると、文章はその外飾がますます発達し、『詩経』の雅や頌は音楽にのせられ、日を追って華麗になった。）[13]

とあるごとく、詩は音楽と結びつく。

以上のように、中国詩論の伝統には言語の自立性、絶対性という発想は、きわめて稀薄であるように思われる。この影響の延長線上に、鶯や蟬の歌謡を自然之理とする「真名序」はあると言えるだろう。

Ⅲ啓蒙性・実用性

さらに、「真名序」「仮名序」の規範となった「毛詩大序」の冒頭を比較して言語認識の相違を確かめたい。【表2】は、「仮名序」i～ivに対応する「毛詩大序」「真名序」の箇所に番号及び傍線を付す。さらに「毛詩大序」「真名序」の類似箇所にアルファベット記号と□を付す。

【表2】

毛詩大序	真名序	仮名序
關雎后妃之徳也。風之始也。所下以風二天下一、而正中夫婦上也。故用二之鄉人一焉、用二之邦国一焉。風風也、教也。風以動レ之、A 教以化レ之。 i 詩者志之所レ也。在レ心爲レ志、發レ言爲レ詩。	i 夫和歌者。託二其根於心地一。發二其華於詞林一者也。	i 和歌は人の心を種として、よろづの言の葉とぞなれりける。

B　情動二於中一、而形二於言一。言レ之不レ足。故嗟二嘆之一。嗟二嘆之一不レ足。故永二歌之一。永二歌之一不レ足。不レ知二手之舞レ之、足之蹈一レ之也。情發二於聲一、聲成レ文。謂二之音一。

C　治世之音、安以樂、其政和。亂世之音、怨以怒。其政乖。亡国之音、哀以思。其民困。

iv　故正二得失一、動二天地一、感二鬼神一、莫レ近二於詩一。先生以レ是經二夫婦一、A 成二孝敬一、厚二人倫一、美二教化一、移二風俗一。

D　故詩有二六義一焉。一日風、二日賦、三日比、四日興、五日雅、六日頌

ii　人之在レ世。不レ能二無爲一。思慮易レ遷。哀樂相變。

B　感生二於志一。詠形二於言一。

C　是以逸者其聲樂。怨者其吟悲。可二以述一レ懐。可二以發一レ憤。

iv　動二天地一。感二鬼神一。A 化二人倫一。和二夫婦一。莫レ宜二於和哥一。

D　々々有二六義一。一曰風。二曰賦。三曰比。四曰興。五曰雅。六曰頌。

iii　若下夫春鶯之囀二花中一。秋蟬之吟中樹上上。雖レ無二曲折一。各發二哥謡一。物皆有レ之。自然之理也。

ii　世の中にある人、事業しげきものなれば、心に思ふことを、見るもの、聞くものにつけて、言ひ出せるなり。

iii　花に鳴く鶯、水に棲む蛙の声をきけば、生きとし生けるもの、いづれか歌を詠まざりける。

iv　力をも入れずして、天地を動かし、目に見えぬ鬼神をも、あはれと思はせ、男女の仲をもやはらげ、猛き武士の心を慰むるは歌なり。

「毛詩大序」は、

關雎后妃之德也。楓之始也。所㆘以風㆓天下㆒、而正㆗夫婦㆖也。故用㆓之郷人㆒焉、用㆓之邦国㆒焉。風風也、教也。風以動㆑之、教以化㆑之。

(「關雎」は后妃の徳について歌っている。文王が世を教化する最初のものである。天下の民を風化し、夫婦の道を正す手だてとなるものである。だから家老たちにこれで教えさせ、諸侯たちにこれで臣下を教えさせたりするのである。風とは諷であり、教えでもある。風諭して人を動かし、それから教戒して人を教化していくのである。)⑭

に始まり、冒頭から詩の実用性を説く。またC部

治世埜音、安以樂。其政和。亂世之音、怨以怒。其政乖。亡国之音、哀以思。其民困。

(治世の音は、安らかで楽しいものである。なぜならば、その国の政治が和平であるからである。乱世の音は恨みっぽく、怒ったようである。なぜならば、その国の政治が曲がっているからである。亡国の音は哀れっぽく、憂いに満ちている。なぜなら、その国の人々が困苦しているからである。)⑮

は、国の状態が即ち詩歌にそのまま出るとしている。「毛詩大序」には、政治道徳面で、詩が人民を教化する役割を担うとする、儒教的詩観が濃厚である。

「真名序」A部「化人倫」もまた、「毛詩大序」A部の「教以化之」「厚人倫」に共通し、和歌の効果を啓蒙教化に結びつけている。「真名序」C部も既に引用した「毛詩大序」C部と相似た詩観を述べている。

ところが、このような姿勢が「仮名序」冒頭ではまったくみられない。「仮名序」全体には正統の主張という意味で、宮廷芸術としての和歌の妥当性がおおいに論じられてはいる。和歌の衰退した現状を嘆き、かつての帝を中心とした和歌の隆盛を理想とする記述もある。しかし、それは啓蒙教化を第一にしたものではない。

むしろ、「仮名序」に於いて、和歌は実用性、政治的意図、道徳上の教化、啓蒙から解放されていると言い得るのである。それゆえ表現は自由になり、言語の自立を促す結果になる。

5　「仮名序」の和歌観

I 唐風からの脱却

たとえば「真名序」.ivは中国詩の六義そのままであるのにも注意したい。

々々（筆者注、前文を受けて和哥の意）有六義。一曰風。二曰賦。三曰比。四曰興。五曰雅。六曰頌。

これに対し「仮名序」は、はるか後段に至って

そもそも、歌の様、六つなり。漢の詩にもかくぞあるべき。

として、「そへ歌」「かぞへ歌」「なずらへ歌」「たとへ歌」「ただごと歌」「いはひ歌」に分け、各々例歌を挙げている。この点は、いささかの無理、生硬の感を免れ得ず、説得性に欠けるところであろうが、漢詩文を中心とした唐風文化が優勢であった当時に於いて、「やまとことば」による優れた詩歌の伝統を打ち立てようとする熱心な意図が痛いほど伝わってこよう。

Ⅱ人の表現としての和歌

因みに、中国理論にも、異なる発想があり、それが「仮名序」に重なることを看過出来ない。興膳⑯は、「詩品序」の次の文

若乃春風春鳥、秋月秋蟬、冬月祁寒、斯四候之感、諸詩者也。

を挙げ、先に掲げた『古今集序注』の、歌を詠む主体を人とする教長の解釈に近似することを

指摘している。右の引用箇所には四季折々の自然が詩の素材となることが述べられ、詩を作る主体は当然「人」なのである。

「仮名序」全体に動物が歌を詠むとする発想はないが、自然の景物を歌の素材とみる「詩品序」に通じる観点はむしろ安定している。

たとえば

富士の煙によそへて人を恋ひ、松虫の音に友をしのび、高砂、住の江の松も相生のやうに覚え、男山の昔を思ひ出でて、女郎花のひとときをくねるにも、歌をいひてぞなぐさめける。

また、

秋の夕べ龍田川に流るる紅葉をば、帝の御目には錦と見給ひ、春のあした、吉野の山の桜は人麻呂が心には雲かとのみなむおぼえける。

以上は、冒頭部ii「見るもの聞くものにつけて」詠む姿勢を、さらに具体的に詳述していると言えよう。

そして、『古今集』の由来を述べる次の箇所には、まさしく「詩品序」引用部の発想に共通するものが見出せる。

それが中に、梅をかざすよりはじめて、時鳥を聞き、紅葉を折り、雪を見るにいたるまで、また、鶴亀につけて君を思ひ、人も祝ひ、秋萩夏草を摘みて、妻を恋ひ、逢坂山に至りて手向けを祈り、あるは、春夏秋冬にも入らぬくさぐさの歌をなむ、選ばせ給ひける。すべて千歌二十巻、名付けて『古今和歌集』と言ふ。

Ⅲ和歌の本質と「仮名序」

《詠歌の姿勢》

抑々、「見るもの、聞くものにつけて」は、「毛詩大序」にも「真名序」にも照応箇所がない。「仮名序」独特の和歌観の表明である。これはきわめて重要なポイントである。人の心をそのまま喜怒哀楽の情感として生硬な形で表現せずに、外なる対象を通して、言語の世界を組み立てるのが和歌であるという主張であろう。

○とにかく、感動の世界をそのまゝのかたちでなまにうたい上るのではなく、言葉を意識的にあやつり、知と情を総合することによって、より深々とした調和のある表現世界を和歌の理想とした。（藤岡忠美⑰）

○外在物は副次的な存在物であり、あくまでうたおうとする人の心が中心なのである。ただそのためには心に思うことを一度自己から突き放して冷静にながめる醒めた目を必要とした。
（寺田純子⑱）

などの、先学の指摘する通り、対象を外に設定し、ひとまず自己の内面から離し、現実とは異次元の異化された言語の世界を構築することで、はじめて、和歌は個性と普遍性を兼ね備えた作品として完成する。

この点に関連して、夙に鈴木日出男⑲は、古代和歌に於いて心象表現が類型化している点を指摘し、それは集団としての普遍性を示すが、物象を詠むことで個性を獲得すると論じている。きわめて示唆的である。鈴木はまた、古代和歌について次のように述べている。

○こうして自然物象が歌中にひきよせられたとき、それはもはや単なる外在的自然なのではなく、心象的自然にほかならない。外界の素材に向かう精神の働きかけが、さらに内面において統一的に再構成される。かくしてこの対応構造は、イマジネーションというきわめて内面的な作用を意味する。結局、和歌におけるこの表現構造とは、イマジネーションに対して節度ある論理的な統制を加えていることになる。そして、外界の物象への独自な認識把握から、その物象は単なる現実とはむしろ対立的であり、そこに和歌は表現上一種の虚構の機能をもつことになる。だから、心象表現部分が類歌性のゆえをもって類同的没個性的であるとしても、外在物象のとらえ方、対応のさせ方によって、豊富にイマジネーションを作り拡げることができた。

○平安和歌において自然の事物現象の表現が前代の万葉に比べて衰弱したという見方もあろう。しかしながらその観点は、和歌には必ずや実在の自然と心が並立せねばならぬという偏向した価値観にすぎない。

万葉の次の時代の和歌の本質に触れた卓論であろう。物象を通して表現すること、そしてそれが何を意味するかは、仮名序の和歌観に通じる要点である。

すなわち、和歌に於いて心と言葉は直結しない。「見るもの、聞くもの」(「花に鳴く鶯」「水に棲む蛙」はその具体例である)という物象、外にある素材を通し、完結した小宇宙を異次元に創造するのが和歌である。この意味で和歌は虚構である。これが「仮名序」における和歌観の真髄であり、出発点である。

6　むすび

「真名序」が中国詩論をかなり忠実に踏襲しているのに対し、「仮名序」の詩論摂取は様相を異にする。類似語句はあるにしても文意が重なるとは限らず、意味の上で正確に対応するわけではない。

紀貫之には、中国詩論を消化吸収した上で換骨奪胎し、独自の和歌論をうちたてようとする醒めた姿勢が窺える。唐風に習い、範としながらも、模倣から脱却しようとする積極的な姿勢が漲っている。言語との真摯な関わりは、自ずと「やまとことば」に対する強烈な自覚を生み出し、「やまとことば」による詩歌の確立へ熱意を促すのである。

後年、女性仮託という意表を突く方法で、文学史上画期的な散文作品『土佐日記』を残した貫之は、表現の可能性への挑戦者であったと言っても過言ではない。「仮名序」の和歌観も言語というもののあくなき追究の結果生まれたと言ってよいだろう。

人の言語と、動物の鳴き声の相違が、「仮名序」作者にとって明白であったことは重ねて言うまでもあるまい。「仮名序」に示されているのは言語の自立という明確な言語認識に支えられている和歌観である。「仮名序」冒頭iiiの主語は、起承転結に整ったi〜ivの文脈の上からも論理の整合性からも「人」でなければならない。現代語訳をすれば次のようになろう。

i和歌は人の心を種に言の葉となったものである。iiこの世に暮らしている人は営みが多く、煩わしいものなので、心に思うことを（そのままではなく）見たり聞いたりするものに託して言い表すのである。iii花に鳴く鶯、水に棲む河鹿の声を聞くと、この世に生きる人の誰が歌を詠まずにいられようか。iv力を入れることなく天地を動かし、眼に見えない鬼神までも感動させ、男女の仲を睦まじくし、猛々しい武人の心まで穏やかにするのは和歌である。

常に本質を見据えた理性と鋭敏な感性に裏打ちされて、はじめて和歌観の理論化は可能である。漢詩文から離れた「やまとことば」独自の表現の可能性を探り、確かなる言語手段、文学表現を身につけていく過程の、ひとつの結実として、『古今和歌集』「仮名序」はある。

注

① 『仮名序』の引用は『新編国歌大観』(角川書店)に拠り、私に表記する。
② 久曽神昇『古今和歌集全訳注(一)』講談社学術文庫一九七九
③ 今関敏子「「いづれか歌をよまざりける」考—仮名序作者の言語意識—」日本文学Vol.41 一九九二・二
④ 藤井貞和「仮名序」『一冊の講座 古今集』有精堂一九八七
佐藤和喜「和歌表現の差異—泣血哀慟歌第二首を中心に」セミナー古代文学88 一九八八
⑤ 香川景樹 校訂・解説 滝沢貞夫 勉誠社一九七八

⑥　勉誠社文庫12中田祝夫解説　一九七六
⑦　『古今集の構造に関する研究』風間書房一九六五
⑧　『古今和歌集全評釈』右文書院一九七六
⑨　現代語訳は、岡村繁『毛詩正義訳注』（中国書店　一九八六）に拠る。
⑩　「古今集真名序覚書」『中国の文学理論』筑摩書房一九八八
⑪　現代語訳は、新釈漢文大系（明治書院）に拠る。
⑫　現代語訳は、全釈漢文大系（集英社）に拠る。
⑬　⑪に同じ。
⑭　⑫に同じ。
⑮　⑫に同じ。
⑯　⑩に同じ。
⑰　「古今集前後」講座日本文学3　三省堂一九六八
⑱　「紀貫之の和歌観」『古典和歌論集』笠間書院一九八四
⑲　「和歌の表現における心物対応構造」『古代和歌史論』序・第四章　東京大学出版会一九九〇

第七章 〈かはづ〉の鳴く場所

河鹿か蛙か

1 はじめに ―〈かはづ〉の声は美しいか

人はその人生・生活の中で様々なことに会い、また様々な思いをする。そして、時にはそれを表現したくなる。しかし感情の整理がつかぬまま、混沌とした未消化な状態で喜怒哀楽を直接に表現しても詩にはならない。時間を置き、また何かに託すことで見えてくるものは変わり、表現は洗練する。『古今和歌集』「仮名序」（以下「仮名序」と略す）に、「世中にある人、事・業しげきものなれば、心に思ふことを、見るもの、聞くものにつけて、言ひ出せるなり。①」とあるのは、そういうことであろう。そして、次に続く。

花に鳴《な》く鶯《うぐひす》、水《みづ》に棲《す》む蛙《かはづ》の声《こゑ》を聞《き》けば、生《い》きとし生《い》けるものいづれか歌《うた》を詠《よ》まざりける。

ここは、人と同じように鶯と蛙も歌を詠む、という解釈が根強い一文であるが、第六章で論じたように、「鶯」や「かはづ」のような動物は〈鳴く〉が、〈歌は詠まない〉。「花に鳴く鶯、水に棲む蛙」の「声」は、「見るもの、聞くもの」の例である。歌を詠むのは「世中にある人」である。鶯と蛙は歌材であり、詠歌の対象である。人は、鶯や蛙の鳴き声を聞くと歌を詠まずにはいられない、と述べているのである。

さて、「花に鳴く鶯」が人の心を惹きつけるものであることには異論はあるまい。「花」は「見るもの」にふさわしく、絵画の素材にもなる。そして、「鶯」の美しい声は「聴くもの」として愛でられる。梅と鶯は目と耳を楽しませる美的景物である。

しかし、〈かはづ〉の声はいかに。〈かはづ〉はその姿が観賞されることはまずない。和歌表現では伝統的に「鳴く」声が詠まれてきた。「鳴く」と表現されなくとも〈かはづ〉は当然鳴いているのである。現代の我々は一般にカエルと言い、カワズとはあまり言わなくなったが、あのカエルの声は鶯に並び称されるくらいに美しいだろうか。

本章は、「聞くもの」として〈かはづ〉はいかに和歌に詠まれてきたのかを辿り、「仮名序」作者・紀貫之の意図に近づく試みである。

2　〈かはづ〉の種類

Ⅰ万葉歌の〈かはづ〉

まずは『古今和歌集』に先立つこと約百五十年、最古の私撰集『万葉集』に〈かはづ〉がいかに詠まれてきたかをみよう。

〈かはづ〉の語例のある歌を列挙し、場所、取り合わされる景物、様態を下段に記す。

	場所	景物	様態
巻第三			
327 三諸の　神南備山に　五百枝さし…古き都は　山高み　河とほしろし 春の日は　山し見がほし　秋の夜は　河し清けし　朝雲に　鶴は乱れ 夕霧に　かはづは　さはぐ	神南備川	夕霧	さはぐ
359 今日もかも明日香の川の夕さらずかはづなく瀬の清けかるらむ（雑歌）	川瀬（明日香川）		鳴く
巻第四			
699 家人に恋ひ過ぎめやもかはづ鳴く泉の里に年の歴ぬれば（相聞）	泉の里		鳴く
巻第六			
918 …み芳野の　真木立つ山ゆ　見おろせば　川の瀬ごとに　明け来れば かはづ鳴くなへ　紐解かぬ　旅にしあれば　ひとりして　清き川原を 見らくし惜しも（雑歌）	川瀬（芳野）		鳴く
925 …芳野の河の　河の瀬の　浄きを見れば　上辺には　千鳥しば鳴き 下辺には　かはづ妻呼ぶ…（雑歌）	川瀬（芳野）	千鳥	妻呼ぶ
巻第七			
1127 佐保河の清き河原に鳴く千鳥かはづと二つ忘れかねつも（雑歌）	河原（佐保河）	千鳥	鳴く
巻第八			
1439 かはづ鳴く神南備河にかげ見えて今か咲くらむ山吹の花（雑歌）	神南備川	山吹	鳴く

巻第九			
1727 かはづ鳴く六田の川の川楊ねもころ見れど飽かぬ河かも（雑歌）	六田川	川柳	鳴く
1739 わが畳三重の河原の磯のうらに斯くしもがもと鳴くかはづかも（雑歌）	河原		鳴く
巻第十			
1872 かはづ鳴く吉野の河の滝の上のあしびの花ぞ地に置くなゆめ（雑歌）	滝（吉野川）	馬酔木	鳴く
2165 み吉野の石本去らず鳴くかはづうべも鳴きけり川をさやけみ（雑歌）	吉野川		鳴く
2166 神名火の山下響み行く水にかはづ鳴くなり秋といはむや（雑歌）	神南備川		鳴く
2167 草まくら旅にもの思ひわが聞けば夕片設けて鳴くかはづかも（雑歌）			鳴く
2168 瀬をはやみ落ちたぎちたる白波にかはづ鳴くなり朝夕ごとに（雑歌）	川瀬		鳴く
2169 上つ瀬にかはづ妻呼ぶ夕されば衣手寒み妻まかむとか（雑歌）	川瀬		妻呼ぶ
2226 夕さらずかはづ鳴くなる三輪川の清き瀬の音を聞かくし宜しも（雑歌）	川瀬（三輪川）		鳴く
2269 朝霞香火屋が下に鳴くかはづ声だに聞かば吾恋ひめやも（相聞）	香火屋	霞	鳴く
巻第十六			
3840 朝霞香火屋が下の鳴くかはづしのひつつありと告げむ兒もがも（有由縁雑歌）	香火屋	霞	鳴く

以上一八首。三首（699 2269 3840）は、恋の物思いである。叙景歌は一五首。『万葉集』に詠まれる叙景歌の〈かはづ〉には次のような特徴が引き出せよう。

《鳴く場所》

川である。

叙景歌のうち、川は詠まれぬ羅旅歌（2167）があるが、一四首に詠まれるのが川で鳴く〈かはづ〉である。川名が明記されている歌は、吉野川四首、神南備川三首、明日香川・佐保川・六田川・三輪川が各一首。川のどこで鳴いているかが表現されている場合は、六首が川瀬、二首が河原（磯）である。

□で囲んだ表現は川の状態を表わす。清流であり（327 359 918 925 1127 2165 2226）、流れの速いところ（2166 2168）、滝（1872）もある。また、川ではなくとも澄んだ水辺（699）で〈かはづ〉は鳴く。

《季節》

〈かはづ〉は春から夏にかけて鳴く動物であるが、秋を想定している傾向が強い。この点は万葉歌の特徴である。

山吹（1439）川柳（1727）馬酔木（1872）霞（2269 3840）が詠み込まれる歌の季節は春であろう。ところが■で囲んだ箇所は春ではない。秋と明記される歌が二首（327 2166）、旅愁を詠む2167番歌の季節も秋と思われる。さらに組み合わせが「千鳥」（925 1127）となると冬になろう。

明記されない場合、季節を判断し難いが、水の清らかさを表現している歌七首は、後代の秋の季語「水澄む」を連想させ、秋の深まりを感じさせる。また925 2169番歌の「妻呼ぶ」（925 2169）

鳴き声は、妻恋の秋の哀愁を感じさせる。

以上のように、万葉歌には、水辺の冷気の中で聞こえてくる〈かはづ〉の声がイメージされる傾向がある。

Ⅱ河鹿の声

万葉歌の〈かはづ〉は流水、時には激流で鳴くのである。それは即ち「河鹿」と呼ばれる種類であろう。

河鹿は、田や人の近くにはいない。濁りのない湖・泉、清流にしか棲まない。強い水流にも流されないよう、岩にしがみつくのに適すべく、オタマジャクシの口中と成体の四肢には吸盤がある。

何より顕著な特徴はその鳴き声である。鳴き声が聞かれる季節は春から夏の終りである。『万葉集』に秋が設定される歌が多いのは、河鹿が人里離れた場所に棲むため、その生態がわかりにくいからでもあろうか。後代では夏の季語となる。河の鹿と表記されるのは、鳴き声が「妻呼ぶ」鹿を連想させると言われ、これも秋の風物になる理由であろう。ただし、音質はかなり違う。

河鹿の声は、小鳥の囀り、また秋の虫にきわめて近い澄んだ音色である。都会に住んでいるとまず聞く機会がないが、筆者の母は子どもの頃家で飼っていたそうで、いかにきれいな声で鳴くかをよく話してくれたものだった。残念ながら河鹿を見たこともなく、生の声を聞いた経験もない娘は、書物でその生態を調べ、映像の音声で初めて鳴き声を聞いた。そして、その妙なる響きに感動し、多少は耳馴れている〝カエルの合唱〟との相違に驚いた次第である。

Ⅲ 『仮名序』の〈かはづ〉

「仮名序」の「水に棲む蛙」については田で鳴くカエルとする解釈もある。こちらの方が現代の我々には馴染みのある種類である。無論、田にも水が引き込まれているのだが、たまり水・濁り水であり流水ではない。「水に棲む」と表現するのは些か不自然であろう。

万葉時代から約一五〇年後、『古今和歌集』が編纂され、埋もれている和歌の隆盛を願って「仮名序」は書かれた。万葉の伝統はまだ生きていよう。紀貫之が想定している〈かはづ〉は、澄んだ水辺に鳴く美声の河鹿ではないかと思われる。

3　〈かはづ〉詠の変容

I 八代集に詠まれる〈かはづ〉

それでは、『古今集』以降、〈かはづ〉はいかに和歌に詠まれているのか。時代の傾向が顕著に反映されていると考え得る勅撰集に辿ってみたい。まずは『古今集』から『新古今集』までの八代集をみよう。

『万葉集』同様に〈かはづ〉の詠み込まれている和歌を取り出し、居る場所、組み合わされる景物、様態と詠歌内容に照らし合わせて、河鹿とみられるものに◎、カエルに○、判断のつき難いものに△を付すと次のようになる。（なお、二度本『金葉和歌集』及び『詞花和歌集』には〈かはづ〉の用例はない。）

	場所	景物	様態
古今集 **春歌下** 題知らず　よみ人しらず ◎125かはづ鳴く井手の山吹散りにけり花のさかりにあはましものを	井手	山吹	鳴く
後撰集 **春下** 県の井戸といふ家より、藤原治方につかはしける　橘きんひらが女 ◎104都人きてもをらなむかはづ鳴く県の井戸の山吹の花	県の井戸	山吹	鳴く
恋二 人を言ひ初めむとて　忠房 △606隠沼に侘び侘びぬる我が身かな井手のかはづとなりやしなまし	井手		―
拾遺集 **春** 題しらず　よみ人しらず △71沢水にかはづ鳴くなり山吹の移ろふ影や底に見ゆらむ	沢水	山吹	鳴く
後拾遺集 **春下** 題しらず　大弐高遠 △158沼水にかはづ鳴くなりむべしこそ岸の山吹さかりなりけれ	沼水	山吹	鳴く

金葉集三			
春			
寛和二年華山院歌合に詠める　藤原惟成			
◎79 かはづ鳴く井手のわたりに駒なめて行く手にも見む山吹の花	井手	山吹	鳴く
千載集			
春歌下			
堀河院時百首のうち、山吹を詠める　藤原基俊			
◎112 山吹の花咲きにけりかはづ鳴く井手の里人いまや訪はまし	井手	山吹	鳴く
堀河院御時、肥後が家によき山吹ありときこしめしてめしたりければ、奉るとて、結びつけて侍りける　二条皇太后宮肥後			
◎113 九重に八重山吹をうつしては井手のかはづの心をぞ汲む	井手	山吹	―
百首歌奉りける時、山吹の歌とて詠める　藤原清輔			
◎117 山吹の花のつまとはきかねどもうつろふなへに鳴くかはづかな		山吹	鳴く
夏歌			
題しらず　源俊頼			
△203 漁りせし水の水錆に閉ぢられて菱の浮き葉にかはづ鳴くなり	水錆	菱の浮き葉	鳴く
新古今集			
春歌下			
題しらず　厚見王			
◎161 かはづ鳴く神南備川に影見えていまか咲くらむ山吹の花	神南備川	山吹	鳴く
延喜十三年、亭子院歌合歌　藤原興風			
◎162 あしびきの山吹の花散りにけり井手のかはづはいまや鳴くらむ	井手	山吹	鳴く

八代集では、以上一二首に〈かはづ〉が詠み込まれる。『万葉集』に比較するとかなり詠歌傾向が変容している。明らかに河鹿を想定して詠まれたと想定される歌は八首。田に居るカエルの詠歌がないのも八代集の特徴である。

《鳴く場所》

万葉歌同様、川で鳴く例が多い。ただし、『万葉集』に重なる川は、「神南備川」（新古今161）一首のみ。歌枕は「県の井戸」（後撰104）の他は、万葉歌にはみられなかった「井手の玉川」が最多である。『古今集』を皮切りに「井手」が六首、すなわち半数以上に見出せる。

万葉歌にはみられない傾向として、たまり水に鳴く〈かはづ〉が詠まれるようになる。特に「漁りせし水の水錆に閉ぢられて菱の浮き葉にかはづ鳴くなり」（『千載集』203）は、人の眼の届くたまり水に居て鳴く〈かはづ〉である。場所が詠まれない歌（千載117）が一首、さらに具体的な場所を特定しない歌に「沢水」（拾遺71）、「沼水」（後拾遺158）がみえる。

《〈かはづ〉と山吹》

万葉歌では霞や霧という天象と組み合わせる例がみられたが、八代集に特徴的なのは、植物との取り合わせである。中でも万葉歌では一首のみに詠まれた「山吹」が圧倒的に多く、語例は一〇首にみられる。例外はわずか二例（組合わせなし・後撰606、「菱の浮き葉」千載203）。

そして、一〇首中七首、すなわち半数以上が「山吹」を主体とした詠歌である。〈かはづ〉

は登場しても中心の詠歌対象ではなく、山吹の美しさを引きたて、移ろう様に情趣を添え聴覚で捉える背景、脇役として、鳴き声が詠まれる傾向がある。

《季節》

春の終りから夏の始めである。現実に〈かはづ〉の鳴く季節であり、万葉歌にみられた秋冬は皆無である。そして、〈かはづ〉の様態は特に記されないもの二例の他は、「鳴く」と表現され、万葉歌にみられた「さはぐ」「妻呼ぶ」はない。

《八代集の〈かはづ〉の種類》

井手の山吹とともに詠まれるのは河鹿、たまり水で鳴くのはカエルとおおまかには捉え得よう。ただし、和歌は必ずしも眼前の実景を詠むものではない。叙景歌は必ずしも眼前の現実が素材ではない。歌枕からの連想、景物に対する共通概念で創造されることは実に多い。たとえ、たまり水でも山吹と組み合わされる場合は河鹿のイメージで詠んでいる可能性がある。明確には判断出来ないので、△印にとどまった。

このように判断し難い理由のひとつは、詠歌対象としての〈かはづ〉の捉え方であろう。河鹿がカエルかを判明し難いのは現代の享受者だけの問題ではない。当の歌人たちの認識も明確とは言い難いように思われる。京の都に住む貴族たちにとっては遠出して谷川や湖を見る機会がない限り、現実に河鹿の声を聞くことはきわめて稀であったと想像される。

Ⅱ　類型と混同

「井手」「山吹」「かはづ」の組み合わせが類型化し、そこを基点に表現が変様するのが八代集の特徴と言えよう。その一方、『後撰集』『拾遺集』あたりから少しずつ、河鹿とカエルが混同されているのではないかと思われる歌が出現するのである。

鎌倉期初期の歌論書『無名抄』の一六段「ゐでの山吹かはづ」は、作者・鴨長明が井手に宿したことのある「ある人」の語ったことを書き留めたという体裁である。ある人は「井手」について述べた後、次のように〈かはづ〉に言及したというのである。

（上略）それにとりて、井手《ゐで》のかはづと申すことこそ様《やう》あることにて侍れ。世《よ》の人の思ひて侍るは、ただ蛙《かへる》をば、皆《みな》かはづと言《い》ふぞと思ひて侍るめり。それも違《たが》ひて侍らず。されど、かはづと申す蛙《かへる》は、外《ほか》にさらに侍らず、ただ、この井手《ゐで》の河にのみ侍るなり。色黒《いろくろ》きやうにて、いと大《おほ》きにもあらず、世《よ》の常《つね》の蛙《かへる》のやうに、あらはに躍《をど》り歩《あり》くことなどもいとし侍らず。常《つね》には水にのみ棲《す》みて、夜更《よふ》くるほどに、かれが鳴《な》きたるは、いみじく心澄《す》み、物あはれなる聲《こゑ》にてなん侍る。春《はる》、夏《なつ》のころ、必《かなら》ずおはして聞き給へ』と申し侍りしかど、その後《のち》、とかくまぎれて未《いま》だ尋《たづ》ね侍らず」となん語《かた》り侍りし。②

内容を現代語訳すれば以下のようになろう。

「井手のかはづ」ということですが、それはもう格別な風情なのですよ。世の中の人は単に蛙をすべてかはづと言うのだと思っているようですね。それも間違いではないのです。でも「かはづ」と呼ばれる蛙は、余所にはいない、ただ、井手にのみいるのです。色の黒い身体で、大きさはそれほどではなく、よく見かける「かへる」のように外で活発に動き回ることはありません。いつもは水にばかり棲んでいて、夜が更けてからあのものが鳴く声は澄み昇り、感傷を誘われる音色です。春夏の季節にぜひ行って聞いてごらんなさい、と言われたが、雑事に紛れてまだ訪ねてはいません、とある人は語った。

まず、〈かはづ〉はカエルと同じではないという弁が注目されよう。ある人の語った姿態や様態、鳴き声から導き出せる〈かはづ〉はまさしく河鹿である。〈かはづ〉と言えば河鹿のことですよ、とある人は言ったのである。無論、ある人が言うように、河鹿は井手にのみ居るわけではない。しかし、日常的に人の近くにいるのではなく、わざわざ出向かなければその声を聞くことの出来ない生き物なのである。ある人も長明も未だ「井手のかはづ」（＝河鹿）の声を聞いていない。それほど稀な存在だったのである。さればこそ、カエルと混同されてしまう。それが『新古今集』編纂前後の様相であったことが窺える。

「仮名序」と『無名抄』の間には約三百年の隔たりがある。この間に八代集は編纂されてきた。歌集の時代が遡る程、〈かはづ〉と言えば河鹿が想定されたが、時代が下るにつれ、カエルと混同されていくと考えられる。

4　十三代集の〈かはづ〉詠

さらなる変容をみよう。八代集に続く十三代集では〈かはづ〉はどのように詠まれていくのか。八代集同様に表に示す。（なお、『続拾遺和歌集』『新後撰和歌集』『新拾遺集』には〈かはづ〉の用例はない。）

	場所	景物	様態
新勅撰集 **恋歌一** 千五百番歌合に ◎691 かはづ鳴く神南備川に咲く花の言はぬ色をも人の問へかし 二条院讃岐	神南備川	花	鳴く
春歌下 **続後撰集** 亭子院歌合に ◎150 水底に春やくるらむみ吉野の吉野の河にかはづ鳴くなり 醍醐天皇	吉野川		鳴く

山吹を　土御門院			
◎151浪かくる井手の山吹咲きしよりをられぬ水にかはづ鳴くなり	井手	山吹	鳴く
延喜十七年歌奉れと仰せられけるに　紀貫之			
◎154流れゆくかはづ鳴くなりあしひきの山吹の花いまや散るらむ	(川)	山吹	鳴く
題しらず　後鳥羽院			
◎155かはづ鳴く県の井戸に春暮れて散りやしぬらむ山吹の花	県の井戸	山吹	鳴く
続古今集			
春歌下			
河款冬　後鳥羽院			
◎162玉川の岸の山吹影見えて色なる波にかはづ鳴くなり	玉川	山吹	鳴く
玉葉集			
春歌下			
題しらず　よみ人しらず			
◎265み吉野の岩本去らず鳴くかはづむべも鳴きけりこの河の瀬に	吉野川		鳴く
夏歌			
夏歌の中に　順徳院			
○409夕立の名残ばかりの庭たづみ日ごろも聞かぬかはづ鳴くなり	庭	夕立	鳴く
続千載集			
雑体			
題しらず			
○709……夕霧にかはづはさはぐ……		霧	さはぐ

続後拾遺集			
春歌下			
百首歌の中に　源重之			
△142 今日聞けば井手のかはづもすだくなり苗代水を誰まかすらむ	井手・苗代		すだく
寛和二年内裏歌合に款冬　藤原惟成			
◎143 かはづ鳴く井手のわたりに駒なめて行く手にも見む山吹の花	井手	山吹	鳴く
堀河院百首歌に同じ心を　師頼			
◎144 かはづ鳴く水の小川の水清み底にぞ映る岸の山吹	小川	山吹	鳴く
題しらず　後鳥羽院			
◎145 春雨に濡れつつ折らむかはづ鳴く水の小川の山吹の花	小川	山吹	鳴く
風雅集			
春歌下			
百首御歌の中に　太上天皇			
△266 水底のかはづの声もものふりて木深き池の春の暮れ方	池		声
建保四年百首御歌に　後鳥羽院			
○267 堰かくる小田の苗代水澄みて畔こす波にかはづ鳴くなり	苗代		鳴く
春の歌の中に　西行			
○268 ますげおふるあらたに水をまかすれば嬉し顔にも鳴くかはづかな	新田	真菅	鳴く
殷富門院大輔			
○269 身隠れてすだくかはづの声ながらまかせてけりな小田の苗代	苗代		声・すだく

蛙鳴苗代といふことを詠める ○270 春の田の苗代水をまかすればすだくかはづの声ぞながるる　慈円	苗代		声・すだく
題しらず ○271 小夜深く月は霞みて水おつる木陰の池にかはづ鳴くなり　伏見院	池	月	鳴く
新千載集 **春歌下** ◎272 山吹の花の盛りはかはづ鳴く井手にや春も立ち留まるらむ　中務	井手	山吹	鳴く
性助法親王家に五十首歌よみ侍りける時 ◎173 堰とめぬ井手のしがらみ波越えて春の別れに鳴くかはづかな　津守国助	井手		鳴く
新後拾遺集 **春歌下** 題しらず ◎145 色も香もなつかしきかなかはづ鳴く井手のわたりの山吹の花　小野小町	井手	山吹	鳴く
夏歌 千五百番歌合に ○257 風をいたみ蓮の浮き葉に宿占めて涼しき玉にかはづ鳴くなり　後鳥羽院		蓮浮葉	鳴く

雑体一例を含め、「蛙（かはづ）」の語例をみる和歌は二三首。

八代集で半数を占めていた典型的な歌枕「井手」は六例。「井手の玉川」を想定していると思われる後鳥羽院詠にみえる「玉川」一例（続古今162）を加えても七例。全体の三分の一弱、激減である。

《鳴く場所》

その他の歌枕は八代集にもみられた「県の井戸」一例（続後撰155）、「神南備川」一例（新勅撰691）。『万葉集』にはみられたが、八代集にはない歌枕として「吉野川」二例（続後撰150、玉葉265）。ただし、この場合、山吹は詠まれない。

歌枕以外の場所で鳴く〈かはづ〉詠が増えるのも八代集とは異なる傾向である。場所を特定しない貫之詠（続後撰154）の〈かはづ〉は河鹿に相違あるまい。また、岸辺に山吹の咲く「小川」二例（続後拾遺144、145）に詠まれるのも河鹿であろう。

しかし、「池」二例（風雅266、271）は清水か否かわからず、詠歌者の意図は判断し難いが、山吹は詠み込まれていない点、前後の配列からはカエルであろう。「庭」の水たまり一例（玉葉409）となると、河鹿である可能性はさらに低い。

最も注目すべきは、八代集にはみられない苗代が詠まれるようになることである。『続後拾遺集』（春歌下）にある「142今日聞けば井手のかはづもすだくなり苗代水を誰まかすらむ」は、

〈かはづ〉と苗代の組み合わされる和歌の勅選集初出である。詠者・源重之は平安中期の歌人であるが、井手と苗代水の取り合わせは八代集にはない。「苗代」の用例はこれを皮切りに『風雅集』に三例（267 269 270）、「新田」も同集に一例（268）見出せる。

鳴く表現に「さはぐ」（続千載709）一例があるが、これは赤人の万葉歌327に同歌。万葉歌にも八代集歌にもない表現「すだく」が三例。先に挙げた重之歌及び『風雅集』269 270は、いずれも苗代の〝カエルの合唱〟である。

《季節》

八代集同様、春から夏（万葉歌に重なる327番歌のみ秋の景物・霧が詠み込まれる）であり、田で鳴くカエルが季節の風物詩になる傾向も見出せる。組み合わされる景物の季節も八代集に重なる。

《組み合わされる景物》

景物が植物である点は八代集に変わらないが、〈かはづ〉の鳴く場所の変化に付随して植物にも変動がある。「山吹」は九首、全体の四割弱。八代集で八割以上を占めていたのに比べればこれもまた激減である。このうち「井手」に咲くと想定されているものが五首（玉川を含め）。『新勅撰集』恋歌一619番歌には「花」とあって、桜か山吹か特定し難い。ともあれ、以上は河鹿を想定した可能性が高い。「蓮の浮き葉」（新後拾遺257）、「真菅」（風雅268）で鳴くのは前後の配列を考えてもカエルであろう。

《詠歌傾向の変容》

『玉葉集』『風雅集』あたりから、田の風景が詠まれ、カエルが表舞台に出てくるのである。八代集では〈かはづ〉が詠み込まれていても歌の主題は山吹であることが多く、例外的に恋心の表現もあったが、〈かはづ〉はほとんど主人公ではなく音声背景に近かった。十三代集では、主なる詠歌対象が〈かはづ〉であるものが一二首。この変化は見逃し難い。

5　おわりに

万葉歌の流れを汲み、八代集に所収される歌のほとんどは、清流で鳴く河鹿と捉えて詠まれている。十三代集になると、時代が下るにつれて、人の近く、田で鳴くカエルが詠まれるようになる。ただし、歌人たちが想定している〈かはづ〉が河鹿なのかカエルなのかは、明確には判断し難い場合もあり、平安期から鎌倉期にかけては『無名抄』にみるごとき混同も起きていると思われる。

河鹿の声を聞いたことがなくとも、歌枕や伝聞を手がかりに〈かはづ〉の歌は詠める。具体像を知らずとも想像上の〈かはづ〉が幻想と情趣を生み出す。この傾向はすでに万葉時代にあって、秋の景物という捉え方も出てくるのかも知れない。

時代が下り、最終の勅撰集から二五〇年近くになるとさらに様相が変る。江戸期の芭蕉の句「古池やかはづ飛び込む水の音」の〈かはづ〉はカエルである。そして、鳴き声ではなく、身体の動きが生み出す水音へ向ける繊細な聴覚は、王朝和歌とは異質の詩情を醸していよう。

最後に、『古今和歌集』「仮名序」の「花に鳴く鶯、水に棲む蛙《かはづ》の声を聞けば、生きとし生けるものいづれか歌を詠まざりける」に戻って稿を閉じたい。

「仮名序」の〈かはづ〉の背景は「水」である。「花に鳴く鶯」なら、「水に鳴く蛙《かはづ》」と対にしてもよさそうなものだが、「棲む」としたのは、表現の重複を避け、また河鹿の生息する「澄む水」を連想させる意図があろう。「仮名序」は、鶯と並ぶ河鹿の声の美しさ、梅と並ぶ清流の絵画的美に着眼したのである。さらに万葉歌の〈かはづ〉に愁思が投影されていたことに鑑みれば、貫之は春の鶯・秋の河鹿という季節の代表的景物として並べたと考えられる。かくも美しい「見るもの、聞くもの」に出会っては、人は歌を詠まずにはいられない、と言うのである。

紀貫之が想定した〈かはづ〉は、澄んだ水に鳴く美声の河鹿に相違あるまい。

注

① 『古今和歌集仮名序』及び本章における和歌の引用は、『新編国歌大観』に拠り、私に表記する。

② 引用は、『方丈記』(細野哲雄校註　日本古典全書　朝日新聞社)所収「無名抄」に拠る。

第八章

まな板の上の雁

実朝の視線

1　はじめに

まな板といふものの上に、雁をあらぬさまにして置きたるを見て詠める
あはれなり雲居のよそに行く雁もかかる姿になりぬと思へば①

「まな板というものの上に、雁を変わり果てた様で置いてあるのを見て詠んだ歌」という詞書に続けて「はかないことだ、大空の彼方を自由に飛ぶ雁もこのような姿になってしまうのだと思うと」と詠まれる。源実朝自撰とみられる定家所伝本『金槐和歌集』五六五番目に載る歌である②。

状況を俄かに想像し難い歌ではないだろうか。猟が趣味でもない限り、またプロの料理人でもない限り、現代の我々がまな板の上に載っている野鳥の亡骸を見ることはまずないであろう。王朝和歌の伝統上も、破格な歌であり、詞書の「まな板」の用例すら見出し難い。しかも、まな板の上にあるのは鯉ならぬ雁である。きわめて珍しい歌材であり、視点である。

将軍・実朝が厨房に出入りして眼にした光景とは考え難い。いったい、どこの、どのような場面だったのであろうか。詞書の「あらぬさま」とはどのような様態なのであろうか。

2　実朝の動物詠

Ⅰ動物詠の独自性

伝統上、天象、風景、植物同様、動物もまた歌材として歌に詠まれてきた。鳥や虫、鹿の鳴き声、水辺の千鳥、雁の飛ぶ姿は歌人たちの心を捉えてきた。源実朝もまた動物を対象に多くの歌を詠んだ。そこには、実朝独自の趣向が見出せる。

たとえば、定家所伝本『金槐和歌集』秋部の次の歌。

201　声高み林に叫ぶ猿よりも我ぞもの思ふ秋の夕べは

「声高く林に叫ぶ猿よりも、私の方がよほど物思いを深くしているのだ、秋の夕暮は」——猿の鳴き声に誘発されて我が身の愁思の深さを思う詠。猿はまず歌材として珍しく、二十一代集に、歌語「マシラ（猿）」を詠み込んだ僅か三首の用例が見出せるに過ぎない。いずれも「鳴く」猿《ましら》を詠む。一方、右の実朝詠は「サル（猿）」であり、声高く「叫ぶ」のである。「叫ぶ猿」の表象は漢詩の伝統上にあり、和歌ではきわめて珍しい。猿の声を耳にすることが珍しくはない環境に身を置いていたと思われる詠である。④

また、雑雑部の千鳥詠も独自である。

605　朝ぼらけ跡なき波に鳴く千鳥あなことごとしあはれいつまで

「夜明け方、足跡をかき消す波に鳴く千鳥の何て大げさなこと、ああ、いつまでそうしていられるやら⑤」。近景に見る千鳥である。古典和歌の傾向として、千鳥詠は夕刻から夜を背景にしていることが圧倒的に多い。朝の千鳥は珍しい歌材である。しかも足跡を次々にかき消す波と戯れるように群れて鳴いている声の喧しさが詠まれる。海が身近な生活環境であればこその詠であろう。

また、「慈悲の心を」の詞書で載る次の歌は動物に寄せる慈しみが表現される。

607　もの言はぬ四方の獣すらだにもあはれなるかなや親の子を思ふ

「ものを言わない諸々の動物でさえも、何と胸に迫ることか、親が子を慈しむ」。「四方の獣」という表現は実朝独特である。

Ⅱ背景

以上のような特徴は言うまでもなく詠者の感性・資質に帰するものである。しかしそればかりではなく、京の歌人たちとの詠歌環境の相違も大きいと思われる。

実朝の生きた時代、文化の中心は京にあった。京は政治のみならず、学問・芸術・美意識――すべての文化規範であった。言うまでもなく歌壇の権威も京にあった。鎌倉三代将軍である実朝の、歌人としての自己認識は後鳥羽院廷臣であった。後に「鎌倉右大臣」として実朝の歌は勅撰集に撰取されることになる。

この在り方は、歌人としてきわめて特殊である。実朝は、身を終生東国に置き、書物を頼りに独学で、また、言わば今日で言う通信教育のような形で藤原定家に和歌を学び、その才能を開花させたのである。

しかし、いかに京に憧れ、京を範として学んでも、距離は縮まることはない。忠誠を誓う後鳥羽院⑥には面識がない。都と地方、中心と周縁の差異は大きい。

遠隔の地・鎌倉は、京都盆地とは異なり、海を前にし、起伏に富む地形である。土地環境ばかりではない。風土の相違は文化環境の相違に他ならない。いかに京を規範としても、限界は越えられない。実朝が日常的に目にしていたもの、包まれる空気は、京の貴族たちとは全く異なるのである。

京の歌人にはない実朝独特の空間認識、景物把握、詠法というものが出てくるのは必然であろう。その微妙な差異は正統からの逸脱すれすれの均衡を保ちつつ、独自性、個性として実朝の和歌に表出される。
それはまず地理条件に直接関連する海の詠歌の臨場感や、歌枕把握に顕著な傾向を見せ、実朝独自の異色な詠歌も可能にした。⑦ その傾向は動物詠にも見出されるのである。

3 実朝と雁

I 雁を詠む伝統

雁は、歌材として古典和歌史上よく詠まれてきた鳥である。渡り鳥である雁は、秋に日本に到来し、春に北へ移動する。来雁は秋の、帰雁は春の景物である。飛ぶ雁、鳴く雁、田の面に舞い降りて羽を休める雁は、よく詠まれる雁の姿態である。また「雁の使ひ」「雁の玉章」という歌語は、便りをもたらす鳥という象徴化であり、雁は恋歌の歌材にもなる。

実朝にも雁の詠は多い。定家所伝本『金槐和歌集』を見渡しても、春部二首、秋部一八首、恋部七首、雑部四首見出せる。全歌数六六三首のうちの三一首、全体の四・七%、五%に近い比率は動物詠として決して少ない数ではない。鶯、雉、時鳥、千鳥に比して『金槐和歌集』では最も多く詠まれる鳥である。⑧ そして基本的には、実朝は王朝和歌の伝統に学び、踏襲し、詠法を取り入れているのである。まず、この点を押さえておきたい。

Ⅱ実朝の雁

《声》

先に挙げた猿も千鳥も聴覚に訴える鳴き声が詠まれるが、定家所伝本『金槐和歌集』に載る雁の声の詠も看過出来まい。まず、春部の帰雁を詠む歌をみよう。

如月の廿日あまりのほどにやありけむ、北向きの縁に立ち出て夕暮の空を眺めて一人居るに、雁の鳴くを聞きてよめる

57　眺めつつ思ふも悲し帰る雁行くらむ方の夕暮の空

「二月の二十日過ぎであったろうか、北向きの縁に出て、夕暮の空を眺めてひとりでいる時、雁が鳴くのを聞いて詠んだ歌」という詞書がある一首の意は、「眺めつつ想像するのも心が痛む、帰る雁が飛んで行く北の彼方の夕暮の空は」。眼に入るのは暮れていく空。遠く雁の声が聞こえる。詞書と和歌が一体になり、春の終りの哀愁を醸し出している一首である。

雑部の次の歌からは、雁の声しか聞こえない。

黒

621　うばたまや闇の暗きに天雲の八重雲隠れ雁ぞ鳴くなる

「闇の暗いところへさらに天雲が幾重にも重なり、その雲隠れに雁が鳴いている」。この歌の次に「白」と題して「622かもめゐる沖の白洲に降る雪の晴れ行く空の月のさやけさ」（かもめのいる沖の白い砂の洲に降る雪がやみ、晴れ渡っていく空の明るさよ）が配される。白い鷗は目に映る景物として詠まれる。〈白、月、雪、光、明るさ、静けさ、鷗の姿〉とは対照的な〈黒、闇、暗さ、雲、雁の声〉に雁の姿はない。視覚を閉ざす暗さ、見えない雁の声は先に挙げた猿の声に近かろう。詠者の心情を投影しているような独特な一首である。

《羽風》

春部の次の歌には、雁の声もない。

花散れる所に雁の飛ぶを

56　雁金の帰る翼に香るなり花を恨むる春の山風

「花が散っている所に雁が飛ぶのを」という詞書のある歌意は、「帰雁の羽風に誘われて散り、翼に香っている、そんな花を恨めしく思って吹く春の山風よ」。桜の落花と雁を取り合わせた屏風絵を見て詠んだ一首。花と風が擬人化されている。

ただし、京の詠歌の伝統と実朝詠には微妙な齟齬があるせいか、現代の研究者にとってはいささか難解な一首であったようで、先学諸氏は解釈に苦心しておられる。翼、香る花、山風の関係が摑みにくく、なぜ「恨む」ことになるのかがわかりにくい歌である。

現代、とりわけ都会の人間は遠景の雁しか知らない。しかも隊列を作って飛んでいる雁の空すら近頃では珍しい。雁の存在を身近に感じることはまずない筆者であるが、偶々聞いた友人の話におおいに触発された。岡山市郊外に生まれ育った友人は、雁が田畑に降りているのをよく見かけたと言う。そばで見ると意外に大きな鳥という印象があり、飛び立つときはバタバタと大きな羽音をたてて辺りの空気を揺るがし、土埃や塵までを舞い上げる力強さだそうである。

このような雁の羽風の強さを知っていれば、右に挙げた屏風歌の発想は容易に理解出来よう。まだ落花の時期ではない。山風の力は花を散らすには及ばない。それなのに早くも帰雁の羽風に散り、翼に香っているとは。そんな上調子な桜を山風が恨んでいるという趣向であろう。先行する類歌⑨を参考にしてはいようが、屏風の絵からここまでの想像をめぐらすことが出来るのは、詠者が生き物としての雁を身近に知っていたからであろう。

雁もまた、猿や千鳥同様、実朝にとって身近な鳥であったに相違ない。実朝は、都の貴族たちとは異なる視点で雁を見ていたと言えそうである。

実朝の知る力強い雁であるが、いまやその亡骸が、まな板の上にある。なぜ、そこにあるのか。いかなる状況なのか。

4　雁を食べる人々

Ⅰ食材としての雁

まな板の上にあるからには、雁は食材だった、それを食する目的で置かれていると捉えるのが自然であろう。いったい、雁は食べるものなのか。現代の我々が食する鳥の肉は、鶏や鴨が一般的であり、雁が食卓に上ることはまずない。しかし、近代文学には、食材としての雁が見出せる。

たとえば、森鷗外の『雁』では、囲い者のお玉と帝大の医学生岡田の淡い恋心の終りを告げる、言わば小道具が、雁であった。

洋行を目前にした岡田にちょっとした事件が起こる。散歩に出た不忍池で雁に石を当てて殺めてしまうのである。それを人に気取られぬよう、岡田の外套で隠し両側を友人が歩く。そして、そのまま岡田はお玉の前を通り過ぎた。そうせざるを得なかった。言葉を交わす暇はなかった。この後二人が会うことはなかった。

さて、その雁をどうしたのか。明治という時代の若者たちは食べたのである。雁を肴に学生たちは酒を飲んだ。

また、宮沢賢治の『銀河鉄道の夜』に登場する「鳥を捕る人」は鳥を集めて白い巾で包んで運んでいる。食べるための白鳥や鷺や鶴、そして雁である。ジョバンニは、鳥捕りのくれた「チョコレートよりおいしい」雁の足を食べて「こんな雁が飛んでいるもんか」と思うのである。

現代では雁は禁鳥（保護鳥）である。明治時代の大学生が雁にうっかり石を当てた不忍池は狩猟場ではないので殺生は御法度であろうが、つい先ごろまで、雁は狩猟の対象でもあり食材であった。そこにいかなる文化伝統があったのか。

Ⅱ近世における雁の調理法

江戸期には既に雁は食材のひとつであった。雁のみならず鳥類の肉は広く食されていた。日本人の食卓はなかなか豊かであったと言えそうである。

『料理物語』（一六四三年）、『大和本草』（貝原益軒・一七〇九年）には、雁の調理法ばかりではなく、鶴、白鳥、鴨、雉、鷺、鶉、鴫等の調理法が記載されている。調理も一通りではなく、汁物、茹で鳥、皮炒り、焼き鳥、串焼き、鍋物、酒浸、刺身、膾など多種多様であったことが知られる。渡り鳥である雁は、季節を限る御馳走であったろう。

何をどのように食べるかは、階層差、貧富の差によって違ってくる。たとえば、『武家調味故実」（『群書類従』巻第三百六十六飲食部三）には、武家における配膳の仕方・食材の調理法が記されている。食材は野菜類から魚類、肉類まで多岐に及ぶ。鳥の料理法も多種多様、実に具体的である。一例を挙げよう。

一鳥のれうり庖丁の事。付水鳥。羽ぶしあへとは。はぶしをこまかにたゝきて。ひつたれの身をほそく身とりて。しろめて。うすく作て。わさびをもてあへてまいらすべし。

羽節の肉の調理法である。羽節の肉を細かに切り、引垂（手羽と一緒に引き取った胸肉）の身を繊維に沿って薄く削ぎ搾め、薄く形を整え山葵で和えて供する、鳥の刺身と言えようか。

また、雁の身の下ろし方に

一鴈のくぼねつぐ事。たとへば鴈のくぼねをつぐ事は。左右の羽ぶしを切て。くぼねをば鳥に付ながら。身をおろす事有。くびをぬきぬれば見にくき事あるゆへに。かやうに切事もあり。

とある。首の骨がないと醜いので、羽節を切り、首の骨を付けたまま下ろすこともあるという。また、火を入れた雁の料理には、一鴈のもゝきいりの事。もゝきのうちの皮をすきて。ほそくわりてうすひろに作りて。酒と鹽と入てよくあへて。皮いりするやうに石鍋にているべし。鹽をすこし多入て。常の皮いりよりもいりすごし。さて取あぐる時かふちのすをしぼりかけて進すべし。

内臓（もゝき）を炒って料理する方法である。「皮炒り」は鳥の調理法としてよくなされたもののようであるが、内臓の場合は皮より味を濃いめに火も多く入れ、橙を絞ってかけて進める。以上は、ほんの一例にすぎないのだが、近代以前の、社会的階層の高い人々の食生活の豊かさが窺われる。江戸の武家における調理法は、火加減、味加減、見た目の美しさまで細やかに配慮されており、きわめて高度に洗練された食文化であった。

このような江戸時代にいたるまで、どのような経緯があったのか。

Ⅲ肉食と日本人

我々は、仏教思想の関連から、古来、日本人は伝統的に殺生・肉食に縁が無い、あるいは縁が薄いように思いがちかも知れない。果たしてそうなのだろうか。原田信男は、[10]

これまでわが国では、天武天皇四年（六七五）の四月に、第一回の肉食禁止令が出されたとされており、『日本書紀』（日本古典文学大系　岩波書店）には、

> 且莫レ食二牛馬犬猿鶏之宍一。以外不レ在二禁例一。若有レ犯者罪之。

とあるが、これまでの食物史家は、このすぐ前にある「亦四月朔以後、九月三十日以前」という部分を見落として解釈してきた。

と、禁止令が期限付きであることを指摘し、さらに佐伯有清の説を援用して次のように述べている。

> すでに日本古代の殺牛祭の研究をすすめてきた佐伯有清氏は、『古語拾遺』にみえる、農耕をはじめる日に農民に牛肉を食べさせたところ、ミトシノカミが怒ってイナゴを放ち、苗が枯れてしまった、という話に着目して、農耕期には肉食を断たないとミトシノカミの怒りを買う、という信仰が日本古代にはあったのではないかとされている（『牛と古代人の生活』至文堂、日本歴史新書）。さらに佐伯氏は一歩すすめて、さきの天武四年の肉食禁止令もそうした立場から読むべきだ、と主張しているが、水田農耕集団を主とした天皇政権は、たんに仏教思想から肉食を禁止したのではなく、古代の農耕儀礼との関係から、臨時的に、四月から九月という農耕期間にかぎって肉食を禁止したのだ、と考えた方が理解しやすいように思われる。

狩猟が禁止される期間の制限が、主として農耕儀礼と関わると指摘し、「日本では肉食一般を禁止した法令は制定されていないと考えてよいだろう。」と結論づけている。さらに原田は、狩猟は肉食を目的とするものであると明記し、その例を中世の往来物・本草書・料理書に挙げている。

Ⅳ鎌倉時代

古来、肉食の禁令は四足に重きが置かれているようで、雁を含む鳥については禁忌が軽そうである。とりわけ文人に雉が好まれたらしい。石川松太郎は、藤原明衡の『明衡往来』の手紙文から次のように推測している。⑪

平安後期の貴族社会において、雉が贈答に使われるほどに珍重される食品であったこと、そして明衡のごとき学者（文章博士）は才子（学生、大学寮の生徒）とともに、雉を賞味しながら庚申の夜をすごす慣習があったこと、などが察せられる。

時代が下り、近世の将軍の鷹狩では、「四月の雉の御成、鶉の御成、十月の雁・鴨の御成、鶴の御成と季節の獲物が獲られる（「鷹飼装束　鈴木敬三　参考『古事類苑』遊戯部）」と、『有職故実大辞典』に記載されている。この風習の萌芽は実朝の時代に既にあったと考えられる。

『吾妻鏡』を見渡すと、特に頼朝の時代に狩の記事が多い。建久四年五月の記事には、富士の裾野の巻狩（曽我兄弟の仇討で有名である）で、頼家が鹿を射とめたことを頼朝がたいそう喜んだ、とある。実朝の生まれた翌年のことである。

また、定家所伝本『金槐和歌集』が成立したとほぼ同じ頃と思われる[12]建保元年十二月七日の記事には、神社に納める供物の他の鷹狩を禁止する、とある。神社に納める以外という条件付きであり、これもまた、無期限ではあるまい[13]。

鎌倉時代の武家階級には、狩がしばしば興じられ、その獲物を食することも楽しまれたと考えられる。射止められた動物が、貴人に献上されるのも珍しいことではなかったであろう。

V 和歌に詠まれる生き物・まな板の雁

実朝は食べ物として準備されている雁をまな板の上に見たに相違ない。

ただし、古典和歌には、人に食べられるものであることは決して表現されない生き物の一面がある。しかし、現実には、鳥はその姿や鳴き声が美なるものとして愛でられたばかりではなく、食材でもあったのである。

「古来、わが国には食物について言葉に表現することを軽視乃至は蔑視する傾向があった。」と、戸田秀典は述べている[14]が、確かにこの姿勢は文学作品にとりわけ顕著である。

社会の上層部（貴族階級・武士階級・僧侶など）は、食べ物や食事という、直接に身体・生命を支える事柄に言及することを忌む傾向があった。何よりも彼らは生産に関わらない。熾烈な権力闘争に明け暮れつつ、贅を尽くし、とりわけ貴族は独自の美の世界に生きた。彼らの眼は自ずと人間同士の関係性・人事、優美・風雅な趣に向う。『宇治拾遺物語』巻第一―十三に載る話などは好例であろう。比叡の山に桜が散るのを見て泣いている田舎の子どもがいた。僧が「桜ははかなく散るものなのだ、嘆くことはない」と慰めると、子どもは「桜はどうということはない、この風で麦の花が散って実が生らないのではないかとつらい」としゃくり上げる。意外な反応に「うたてしやな」と結ばれている。田舎の子どもにとっては、麦の不作は生活に関わる切実な問題である。しかし、僧にとっては興醒めなこと、落花を惜しむ風流な心意気に価値が置かれているのである。当然のことながら王朝和歌に食べるものは詠まれない。食べることは主題にならない。

歌材とその視点に禁忌があるか否かという点は、和歌と現代短歌の相違点のひとつであろう。現代短歌にはタブーがないと言える。一方古典和歌は、植物を取り上げるにしても詠まれるのはその美しさ、風情である。花や葉は詠まれても、食べ物として野菜・果物が詠まれることはまずない。動物も、その姿や声の美しさ、哀しさが称揚され、しかも詠み手と対象の間には距離がある。人が動物に直接触れたり撫でたりすることはない。従って、身近な犬や猫が愛玩動物として王朝和歌に詠まれることはまずない。

このような伝統に鑑みると、実朝の動物詠は比較的対象との距離が近いと言えるだろう。先に触れた千鳥詠も遠景ではない。そして、「あはれなり……」と詠まれるまな板の雁はさらに詠者に近い。しかも飛ぶことも鳴くこともない亡骸である。命のない食材として眼前にある。実に特異な詠である。

5　まな板と庖丁

Ｉ庖丁式・式庖丁の伝統

まな板と必ず一揃いになるのは庖丁である。伝統的に、料理の基本は庖丁捌きにあった。先に述べた洗練された江戸期の料理の基本になるのは庖丁の技術であった。料理人は庖丁人・庖丁者と呼ばれた。庖丁捌きには所作の美しさが要求された。観賞にふさわしいものとして、「庖丁式」「式庖丁」の様式が整っていく。

その過程のあらましを遠藤元男は次のように述べている。⑮

庖丁というのは、もともとは古代の料理人夫のことであったが、その庖丁の使っている刀、つまり庖丁刀が略されて庖丁となり、その刃物をいうようになった。（中略）庖丁師あるいは庖丁人の必須の道具は、真魚板と真魚箸とこの包丁刀とであった。その真魚（俎）板の前に座って、右手に刀、左手に箸をもって、魚や鳥を調理したのである。（中略）こうした庖丁師は、公家・武家といったその当時の都市・京都を背景として消費生活を営んでいたいた支配層を対象として成長したものであり、その調理の方式にもいくつかの流派が生まれ、それぞれ秘伝として相伝された。

その中で名人と謳われる人物も出てくる。たとえば、鎌倉期の作品『徒然草』二百三十一段に「園の別当入道は、さうなき庖丁者なり。」とあり、園の別当入道と呼ばれた藤原基藤が並ぶ者のない優れた庖丁名人であったことと、それに纏わるエピソードが記される。美しい所作は人々の目を奪った。

四条流・大草流・進士流ほか、様々な分流があって現代に引き継がれ、神社などで庖丁式・式庖丁が披露されている。今日では魚が捌かれることがほとんどだが、本来扱われる食材は魚だけではない。鳥もまな板の上に載ったのである。四条流の庖丁書『庖丁聞書』（『群書類従巻』第三百六十六）には、次のように記されている。

一　三鳥と云は鶴。雉。雁を云也。此作法にて餘鳥をも切也。

一　五魚と云は鯛。鯉。鱸。鮀。王餘魚をいふ。此作法にて餘の魚をも切也。

すなわち、「三鳥五魚」とは、鶴・雉・雁、鯛・鯉・鱸・真鰹・鰈を指し、この包丁作法が基本である。江戸期には俳句の季語にもなっている「鶴庖丁（つるのほうちょう）」⑯と呼ばれる儀式が宮中であり、鶴が捌かれた。

代々、所作が継承され、様々な切形が残されている。庖丁者の動きも、まな板の上も絵画的・美術的に美しくなければならなかった。貴人の前で披露し、また饗宴の席で群臣を感心させる庖丁自慢が評判を呼ぶ。

Ⅱ饗宴と庖丁

美なる庖丁捌きは、儀式的な所作として正式な饗宴の場で披露され、「式庖丁」が確立されていく。下房俊一は次のように述べている。⑰

古代から中世にかけて、正月の二宮大饗や任大臣大饗では、鯉や雉の庖丁がしばしば行われた。この公家社会の風習は武家にも受継がれ、鎌倉時代には埦飯を始めとする酒肴の席で魚鳥を切ることが慣例となった。こうした過程において、式庖丁と呼ばれる包丁の作法が、次第に整って来たものと思われる。

貴族の「大饗（だいきやう）」は、武家の「垸飯（おうばん）」へと変化していく。「垸飯」という語は現代「椀飯振舞」「大盤振舞」として残っているが、「垸飯」は、もともとは王朝時代、公家の饗宴の献立のひとつであった。鈴木敬三（『有職故実大辞典』吉川構文館・執筆項目）に拠れば、次の如くである。

盛りつけの編糅（ひめいい）の垸を中心に、副食物をそえ、盃酒を加えた饗饌をいう。公家の恒例・臨時の行事に際して垸飯は、殿上人以下に支給した食膳である。殿上の垸飯と所々の垸飯があり、所管の殿上人に賦課として調達させるのを例とした。殿上の垸飯は、折敷に据えた飯器・汁器・盤（さら）・窪器・箸に、折櫃（おひつ）の中の笥（け）に盛った菜と、行器（ほがい）に入れた菓子、小折敷の上の盃に瓶子を配したもので『山槐記』治承三年（一一七九）正月六日条に「或曰、垸飯者、折櫃内居レ笥盛レ菜也云々」としている。所々の垸飯は大盤に飯器と箸をすえ、折櫃の中の笥に盛る菜と行器の中の菓子は同様とするが、内容は時期によって相違する。

これが、東国では次のようになるという。

地方では、国司に対して在庁の官人からの垸飯の饗応があり、源頼朝の開府以後は、在地の武士たちの儲けの例にならって、将軍の饗膳にも垸飯が調達された。とくに庖丁と称して、饗宴中、即席に新鮮な生魚の料理をみせ、興趣をそえて進献するほかは、海月・打鮑・梅干の三種に、塩・酢を配して、折敷に載せて出すのを普通の肴組とした。将軍には、正月一日から数日にかけて宿将から祝儀として乗馬・太刀・弓矢の類をそえて調進するのがするのが例となり、室町時代には形式化して、その調進も華やかに年頭の一日は管領、二日は土岐、三日は佐々木、七日は赤松、十五日は山名からとなったが、応仁の乱以来すたれた。

公家の「垸飯（おうばん）」が将軍の饗宴料理として定着していくこと、その折に人々の目の前で新鮮な魚を捌く「庖丁」と称する振舞があったこと（傍線部）が注目される。『吾妻鏡』に食材・料理の内容が書かれることはまずなく、また「庖丁」という語も見当たらないのだが、たびたび酒宴が開かれたことが記されている。とりわけ正月の記事を中心に「垸飯（おうばん）」の語が散見する。東国においても、大臣大饗のごとく、庖丁捌きが垸飯の場で披露されたことは確実であろう。

Ⅲ武家と庖丁

こうして庖丁の技がひとつの芸道としてさらに武家社会に定着していくのである。先に挙げた下房俊一は、

伊勢流の礼法を伝える『河村誓真聞書』が「若人は、弓・鞠・歌道・兵法・庖丁…稽古候て可然候」と教えているように、当時庖丁は、武人たる者の教養の一つと考えられていた。

と述べている。室町中期以降、庖丁が使えることは武士の教養・嗜みともなった。貴族社会から武家社会へ移り行く間に、人をもてなす饗宴の儀式的座興でもあった庖丁の作法は、技術・芸道として成熟していったのである。

この流れに鑑みれば、鎌倉武家にとって、庖丁が重んじられるのは、自然の道筋であったと思われる。鎌倉の弓馬の家は、文武両道を旨とした。実朝の家臣・信生法師（宇都宮朝業）の遺した『信生法師集』には、貴種であり文武両道を生きた実朝像が回想されている。⑱笠懸・流鏑馬・競馬は、武家の恒例行事の中にある。実朝の時代、将軍が庖丁を手にしたとは考えにくいが、武道にも通じる要素として式庖丁は尊重されたであろう。

将軍という立場上、実朝は、家臣たちに埦飯を振る舞い、宴の座興として庖丁の儀を観るこ

とも、しばしばあったであろう。また、鶴岡八幡宮に参詣し、伊豆山権現・箱根権現に二所詣していている実朝が、神饌の儀としての庖丁式に参列した可能性も考えられる。

6 おわりに

まな板の雁の歌に戻ろう。

まな板といふものの上に、雁をあらぬさまにして置きたるを見て詠める
あはれなり雲居のよそに行く雁もかかる姿になりぬと思へば

この状況はたとえば次の如くに想像出来よう。

埦飯の席である。家臣たちが列座している。狩の獲物として、将軍実朝に献上された雁がまな板に載せられ、居並ぶ人々の眼前で、庖丁人による見事な庖丁捌きが披露される。座興の後のまな板の上の雁の「あらぬさま」は、もはや生前の姿をとどめてはいないが決して醜悪な亡骸ではない。庖丁の技ゆえに端正に切り並べられている。それから雁はさらに食膳に上るべく料理されることになるのである。

実朝の何度も目にした光景であろう。力強い生き物も人の手にかかってはかなわない。生き

るものは死を免れ得ない。天翔る勇壮さ、飛ぶ姿の美しさ、独特な鳴き声は二度と戻っては来ない。

酣を迎えようとする饗宴の席にあって、東国の歌人の心をよぎるのは、四方の獣への慈悲、命の光と影ではなかったか。

注

① 定家所伝本『金槐和歌集』。本論中の引用及び歌番号は、今関敏子『実朝の歌　金槐和歌集訳注』（青簡舎二〇一三）に拠る。

② 江戸期の版本、貞享本『金槐和歌集』では七〇五番目に載る。

③ わびしらにましらな鳴きそあしひきの山のかひあるけふにやはあらぬ（古今集1067）
空清く有明の月は影すみて小高き杉にましら鳴くなり（風雅集1567）
旅衣いとどひがたき夜の雨に山の端遠くましら鳴くなり（新続古今集930）

④ 今関敏子『金槐和歌集の時空』（和泉書院二〇〇〇）第一章第四節「〝叫び〟と〝崩壊〟―最終歌への道程」

⑤ 「跡なき波」を「舟の航跡」ととる解釈がほとんどである。しかし、この場合は次々に波にかき消される千鳥の足跡であればこその味わいがあろう。

⑥定家所伝本『金槐和歌集』の最終は次の三首で締め括られる。狂おしいまでの後鳥羽院への帰属意識が窺えよう。

太上天皇御書下（し）預（りし）時（の）歌

661大君の勅をかしこみちちわくに心は別くとも人に言はめやも
662東の国に我が居れば朝日射す藐姑射の山の影となりにき
663山は裂け海は浅せなむ世なりとも君にふた心我があらめやも

⑦実朝歌の特色については、『金槐和歌集論―定家所伝本と実朝』（青簡舎二〇一六）で論述した。

⑧定家所伝本『金槐和歌集』における雁の歌については、⑦の拙著第二章第四節「雁」において論じた。

なお、雁を詠んだ歌全歌を挙げ、取り合せる景物に傍線を施す。……は天象、〰〰は背景、══は植物。（　）内は貞享本の歌番号。

〈春〉

花散れる所に雁の飛ぶを

56 雁金の帰る翼に香るなり花を恨むる春の山風（104）

如月の廿日あまりのほどにやありけむ、北向きの縁に立ち出て夕暮の空を眺めて一人居るに、雁の鳴くを聞きて詠める

57眺めつつ思ふも悲し帰る雁行くらむ方の夕暮の空（103）

〈秋〉

（秋の歌）

204 雁鳴きて秋風寒くなりにけりひとりや寝なむ夜の衣薄し（231）

月前雁

217 天の原ふりさけ見ればますかがみ清き月夜に雁鳴きわたる（229）
218 むばたまの夜は更けぬらし雁金の聞こゆる空に月傾きぬ（230）
219 鳴きわたる雁の羽風に雲消えて夜深き空に澄める月影（227）
220 九重の雲居をわけてひさかたの月の都に雁ぞ鳴くなる（226）
221 天の戸を明け方の空に鳴く雁の翼の露に宿る月影（228）

海の辺を過ぐとて詠める

222 海の原八重の潮路に飛ぶ雁の翼の波に秋風ぞ吹く（225）

雁を

224 秋風に山飛び越ゆる初雁の翼に分くる峰の白雲（232）
225 あしひきの山飛び越ゆる秋の雁幾重の霧をしのぎ来ぬらむ（233）
226 雁金は友惑はせり信楽や真木の杣山霧立たるらし（234）

夕雁

227 夕されば稲葉のなびく秋風に空飛ぶ雁の声も悲しや（223）

田家夕雁

228 雁の居る門田の稲葉うちそよぎたそがれ時に秋風ぞ吹く（224）

野辺露

229 ひさかたの天飛ぶ雁の涙かもおほあらき野の笹が上の露（222）

秋の末に詠める

260 雁鳴きて吹く風寒み高円の野辺の浅茅は色づきにけり（301）

261 雁鳴きて寒き朝明の露霜に矢野の神山色づきにけり（302）

名所紅葉

262 初雁の羽風の寒くなるままに佐保の山辺は色づきにけり（298）

263 雁鳴きて寒き嵐の吹くなへに龍田の山は色づきにけり（299）

雁の鳴くを聞きて詠める

264 今朝来鳴く雁金寒み唐衣龍田の山は紅葉しぬらむ（300）

〈恋〉

（恋歌）

378 雲隠れ鳴きて行くなる初雁のはつかに見てぞ人は恋しき（540）

（ある人のもとにつかはし侍し）

383 雁の居る羽風に騒ぐ秋の田の思ひ乱れて穂にぞ出でぬる（562）

恋の心をよめる

384 小夜更けて雁の翼に置く露の消えてもものは思ふかぎりを（417）

秋頃言ひなれにし人の、ものへ罷れりしに、便りにつけて文など遣はすとて

424 逢ふことを雲居のよそに行く雁の遠ざかればや声も聞こえぬ（418）

遠き国へ罷れりし人、八月ばかりに帰り参るべきよしを申して、九月まで見えざりし

かば、かの人のもとに遣はし侍し歌

425来むとしも頼めぬ上の空にだに秋風吹けば雁は来にけり（605）

426いま来むと頼めし人は見えなくに秋風寒み雁は来にけり（606）

雁に寄する恋

427忍びあまり恋しき時は天の原空飛ぶ雁の音に鳴きぬべし（539）

〈雑〉

海辺春望

543難波潟漕ぎ出づる舟の目も遥に霞に消えて帰る雁金（102）

まな板といふものの上に、雁をあらぬさまにして置きたるを見てよめる

565あはれなり雲居のよそに行く雁もかかる姿になりぬと思へば（704）

黒

621うばたまや闇の暗きに天雲の八重雲隠れ雁ぞ鳴くなる（705）

近う召し使ふ女房、遠き国に罷らんといとま申侍（り）しかば

630山遠み雲居に雁の越えて去なば我のみひとり音にやなきなむ（604）

⑨雁金の帰る羽風や誘ふらむ過ぎ行く峰の花も残らぬ（新古今集120）

散りにけりあはれ恨みの誰なれば花の跡訪ふ春の山風（新古今集155）

⑩「中世の狩猟・漁撈と庶民生活―おもに肉食との関係から―」『全集日本の食文化第四巻　魚・野菜・肉』雄山閣出版一九九七

⑪「古往来にみられる食生活関係記事―古代および中世の食品・食物・食事―」『全集日本の食

文化第二巻　食生活と食物史』雄山閣出版一九九九

⑫ 定家所伝本『金槐和歌集』が成立したのは奥書に拠れば建暦三年十二月であるが、建久は十二月六日に建保と改元されており、作品成立の謎のひとつである。

⑬ 原田は鎌倉時代の肉食についても次のように触れている。

弘長元年（一二六一）の関東新制では、魚類・禽獣の殺生禁断が定められているが、これも「六斎幷二季彼岸」という限定が設けられている。また同じく「専以二肉者一成二群飲一及二飽満一、既背二禁戒一」の一条があるが、これも僧坊の酒宴の規定で、一般人のばあいからすれば例外とみなすべきものと思われる。（「中世の狩猟・漁撈と庶民生活―おもに肉食との関係から―」『全集日本の食文化第四巻　魚・野菜・肉』雄山閣出版一九九七

⑭「平安時代の食物」『全集日本の食文化第二巻　食生活と食物史』雄山閣出版一九九九

⑮「出職の庖丁師と居職の板前」『全集日本の食文化第七巻　日本料理の発展』雄山閣出版一九九八

⑯『有職故実大辞典』には

正月十七日（のちには十九日）に清涼殿東庭（後には小御所東庭）で幕府の将軍から献上した鶴を料理して天皇に供する儀。豊臣秀吉が年始に鶴を献上したのが最初という（『（諸国図解）年中行事大成』）（中略）『後水尾院当時年中行事』正月十九日条によると、この儀は、清涼殿東庭に左右の楽屋を構え、廂に翠簾を懸け渡して御見物所とし、鶴の庖丁は小預が奉仕、仕事が終って御太刀を賜るが、蔵人が東階に臨んでこれを下すとある。また、『嘉永年中行事』正月十九日条には「今朝、小御所の東庭にて鶴庖丁のさほうあり、

御厨子所の人々順番に奉仕す、左義長の如く御覧あり、事おはりて六位蔵人綿をもて階に臨む、包丁の人進み綿を給はり退出す」とある。御厨子所預の高橋家と小預の大隅家とが隔年に勤めた。調理された鶴はこのあと行われる舞御覧の時の膳に供された。（古事類苑飲食部『図説宮中行事』中村義雄）
と説明されている。

⑰「武家庖丁の成立」『全集日本の食文化第七巻　日本料理の発展』雄山閣出版一九九八

⑱「抑、かたじけなく天枝帝葉の塵より出でて、兵馬甲の道を伝へ給ふ事は、思ふに、生まれて世々になりぬる中に、広く唐土の文を習ひ、その道を見給へかし。」（今関敏子『信生法師集新訳註』風間書房二〇〇二）と文武両道に生きた主君実朝を回想する一文がある。

あとがき

若き日に、比較研究・学際研究を旨とする大学院に籍を置き、国文学学徒はもとより、異なる分野の様々な研究テーマをお持ちの先生方、学友たちからおおいに刺激を受け、多くを学びました。とりわけ、外山滋比古先生のご講義は、目から鱗の連続——独創的な着眼・発想とその広がりの豊かさ、論理の明快さに魅せられる時間でした。

その後職を得て、学生たちに「学問の出発点は当たり前と思われていることを疑うこと、調べ方を見つけて自分の頭で考えること」と言ってきましたが、思えば自分自身に言い聞かせているようなものでした。これまで歩んできた道は、行き詰まっては考え直し、再び暗礁に乗り上げては振り出しに戻る、という試行錯誤の、きりのない繰り返しでしたが、それが楽しくて仕方ありませんでした。その間に、大学という場の実学尊重主義は加速化し、多くの文学部文学科が消えていきました。学問とは何なのか、「文学を研究する」とはいかなることなのかを改めて捉え直さざるを得ません。

文学研究は、当然印象批評にとどまるべきではなく、言うまでもなく論証が要です。しかし、印象と論理は必ずしも対立するものではないのではないか――おぼろげにずっと抱えていた「優れた論理は優れた感性に支えられる」という思いが、年をとって確信に近いものになりました。まさしく、日暮れて道遠し。歩むべき方向を模索しています。

なつかしい外山先生もこの夏、旅立たれました。前田愛先生、松村誠一先生、関根慶子先生、井本農一先生、犬養廉先生をはじめ、学恩を賜り、温かくまた厳しく背中を押してくださった恩師、先学諸氏が、この世にいらっしゃらなくなります。

今年一月には岩佐美代子先生が他界されました。数多の思い出が甦ります。幸せな、有難い出会いでした。御一緒に弥次喜多道中のような旅をし、おいしいものをいただき、いろいろなことをたくさんおしゃべりして、何とよく笑ったことでしょう。「こんなことを考えているのですが」とお話しすると、「まあ、面白い、お書きなさい」とおっしゃって下さるのですが、すぐには実行に移さず道草が始まってし

まうものですから「のんびり屋のノンちゃん」とからかわれておりました。見解の相違は尊重して下さり、また学界に関しては、現在の評価が絶対ではないという信念をお持ちの先生でした。

数々の恵みが生かされているか否か、甚だ心もとないのですが、過去の仕事を省み、あれでは足りないもう一言、さらに一言と思って書いておいたものをまとめました。文学とは何か——人はなぜ語るのか、歌うのか、日本文化の流れの中でどのように残され享受されていくのか——という根本の一端に今出来る方法で触れ、新たな出発点になることを願っています。

出版をご快諾下さいました編集者の大貫祥子氏に厚く御礼申し上げます。

敬愛する国文学者であり、人生の師であり、大の親友でありました岩佐美代子先生に、このささやかな書を捧げます。

二〇二〇年八月　猛暑の東京にて

今関　敏子

今関敏子

日本文学研究者
川村学園女子大学名誉教授

単著書

中世女流日記文学論考（和泉書院 一九八七）
校注弁内侍日記（和泉書院 一九八九）
〈色好み〉の系譜―女たちのゆくえ（世界思想社 一九九六）
『金槐和歌集』の時空―定家所伝本の配列構成（和泉書院 二〇〇〇）
信生法師集新訳註（風間書房 二〇〇二）
旅する女たち―超越と逸脱の王朝文学（笠間書院 二〇〇四）
実朝の歌―金槐和歌集訳注（青簡舎 二〇一三）
仮名日記文学論―王朝女性たちの時空と自我・その表象（笠間書院 二〇一三）
金槐和歌集論―定家所伝本と実朝（青簡舎 二〇一六）

共著書

中世文学研究（双文社出版 一九九七）
成熟と老い（世界思想社 一九九八）

単編著書

中世日記・随筆（日本文学研究論文集成13）（若草書房 一九九九）
涙の文化学―人はなぜ泣くのか（青簡舎 二〇〇九）
家の文化学（青簡舎 二〇一八）

共編著書

はじめて学ぶ日本女性文学史［古典編］（ミネルヴァ書房 二〇〇三）

平安鎌倉文学めぐり
――虚構の真実・詩情のいのち

二〇二一年一月一七日　初版第一刷発行

著　者　今関敏子
発行者　大貫祥子
発行所　株式会社青簡舎
〒一〇一-〇〇五一
東京都千代田区神田神保町二-一四
電話　〇三-五二一三-四八八一
振替　〇〇一七〇-九-四六五四五二
装　幀　水橋真奈美（ヒロ工房）
印刷・製本　藤原印刷株式会社

ISBN978-4-909181-28-2 C3093